Guy Chevreau

Der Toronto-Segen

*Erlebte Erneuerung
und Erweckung*

Projektion J Buch- und Musikverlag GmbH, Wiesbaden

Titel der Originalausgabe:
Catch the Fire
The Toronto Blessing. An Experience of Renewal and Revival

© 1994 by Guy Chevreau
Published by Harper Collins Publishers Ltd.,
77-85 Fullham Palace Road, London W6 8JB

© 1994 der deutschen Ausgabe
by Projektion J Buch- und Musikverlag GmbH,
Rheingaustraße 132, 65203 Wiesbaden

ISBN 3-89490-056-3

Die Bibelstellen wurden, soweit nicht anders angegeben,
der Einheitsübersetzung entnommen.

Übersetzung: Beate Peter, M.A.
Umschlaggestaltung: Petra Louis
Satz: Projektion J Buch- und Musikverlag GmbH
Druck: J. Ebner Ulm, Graphische Betriebe GmbH & Co. KG, 89007 Ulm
Nachdruck, auch auszugsweise, nur mit Genehmigung des Verlages.
2   3   4   97   96   95

*Der große Komponist Johann Sebastian Bach
setzte die Buchstaben J. J.
an den Anfang vieler seiner Kompositionen;
die Buchstaben S. D. G. schrieb er an das Ende.
Diese Abkürzungen standen für die lateinischen Worte
»Jesu Juva« und »Soli Deo Gloria« –
»Jesus, hilf« und »Gott allein sei Ehre«.*

*In demselben Geist der Demut und Dankbarkeit
ist auch dieses Buch IHM gewidmet.*

INHALT

DANK

Durch Gottes Gnade genoß ich das Vorrecht, einen großen Teil dieses Sommers Recherchen zu betreiben, zu lesen und zu schreiben. Für mich war es genau das, was ich brauchte. Meine Kinder Graham und Caitlin hatten zwar weniger von ihrem Papa, als sie sich erhofft hatten, aber uns blieb noch genügend gemeinsame Zeit. Für ihr Verständnis danke ich ihnen und auch für den Spaß, den wir bei unseren vielen Spielen hatten.

Auch meiner Frau Janis gilt mein Dank. Für die praktische Hilfe beim Tippen und Korrekturlesen, für die Bereitwilligkeit, mit der sie ihre eigenen Erwartungen zurücksteckte und allen übrigen Anforderungen gerecht wurde – ich danke Dir.

Ich weiß zwar, daß sie nicht darauf erpicht sind, aber es wäre sträflich nachlässig von mir, »B« und »L« nicht für ihren Enthusiasmus für mein Buch zu danken, ebenso für ihre äußerst praktische Hilfe, als es mit dem Buch in die Endphase ging.

Mein Dank an Jeremy Sinnott, Ian Ross, Gary Patton, Judy Greenough und Dr. Chris Page für ihren schonungslosen Umgang mit meiner Syntax; für alle Ratschläge, die unbeachtet geblieben sind, übernehme ich die Verantwortung!

Über das Schreiben dieses Buches hinaus schulde ich Randy Clark Dank für seine Treue, mit der er die Berufung des Herrn erfüllt hat, für seine Offenheit und Umgänglichkeit, seine Freundschaft und seinen Rat und für seine Bereitwilligkeit, mit der er mich den Elischa spielen und von seinem Beispiel lernen ließ; den Mitarbeitern des *Airport Vineyard* danke ich für ihre Liebe und Gastfreundschaft, ihre Großzügigkeit, ihre grenzenlose Geduld inmitten des Zeitdrucks und für den Eifer, mit dem sie sich durch den Heiligen Geist für eine Erweckung einsetzen lassen und allen Mitgliedern des Gemeindeteams für ihre warmherzige Nächstenliebe und ihre Fürbitte.

Die freundliche Aufnahme, die ich bei John und Carol Arnott gefunden habe, ihre Freundschaft, ihr Zuvorkommen und ihre Ermutigung lassen mich Gott jedesmal, wenn ich an sie denke, für sie danken.

Meinen lieben Freunden Geri und Lilo Keller gegenüber empfinde ich große Dankbarkeit, beileibe nicht nur für ihre Ratschläge und Gedanken bei der Mitarbeit an der deutschen Ausgabe dieses Buches.

Guy Chevreau   29. August 1994

9

VORWORT DES DEUTSCHEN HERAUSGEBERS

Was in einer Gemeinde am Rande des Flughafens von Toronto begann, hat sich in kürzester Zeit zu dem erstaunlichsten und gleichzeitig im wahrsten Sinne des Wortes frag-würdigsten Phänomen des Christentums vor der Jahrtausendwende entwickelt. Wenn es ein Geschehen ist, das der Geist Gottes initiiert hat, dann sind wir Zeugen einer Erweckung, deren Auswirkungen noch nicht abzusehen sind. Wenn es nicht »von Gott« ist, wie einige ernstzunehmende Kritiker meinen, dann wird es eine fundierte Auseinandersetzung mit den »Vertretern des Toronto-Segens« geben müssen.

Guy Chevreaus Buch bietet einen ehrlichen Einblick in das, was innerlich und äußerlich in der *Airport Vineyard*-Gemeinde von Toronto geschieht. Er weiß um die Ambivalenz körperlicher Manifestationen, vor allem bei Versammlungen mit großen Menschenmengen. Seine Bibelkenntnis und sein historisches Wissen leisten ein gutes Stück Vorarbeit, Außenstehenden zumindest einen ersten Zugang zu den ungewöhnlichen Phänomenen zu verschaffen, die jeder zunächst mit dem »Toronto-Segen« verbindet. Insofern ist dieses Buch eine Einladung zum Dialog und keine Werbebroschüre.

Wir wünschen uns sehr, daß Sie als Leser des »Toronto-Segens« in die Lage versetzt werden, sich ein eigenes Urteil zu bilden. Alte Fragen stellen sich auf einmal mit ganz neuer Aktualität. Etwa: Wie weit reicht die »Freiheit« Gottes? Kann er sich auch biblisch-theologisch ungeschützt verhalten? Welche Rolle spielen der Geschmack oder die Mentalität bei der Beurteilung körperlicher »Manifestationen«? Wenn das Entscheidende doch im Herzen des Menschen geschieht, warum benutzt Gott umständliche und für manche Zuschauer abstoßende Umwege? Fragen, die längst nicht nur Toronto und seinen »Segen« betreffen, an ihm aber besonders deutlich werden und durch ihn vielleicht sogar eine Antwort finden.

10

VORWORT

Die vor kurzem erlebte Ausgießung des Heiligen Geistes kam für niemanden so überraschend wie für meine Frau Carol und mich. Über das, was Gott während der letzten sieben Monate in und durch unsere Gemeinde getan hat, können wir nur staunen. Es ist weit über alles hinausgegangen, was wir in den ersten paar Wochen geahnt oder für möglich gehalten hätten! Angesichts des großen Andrangs sind wir jeden Abend aufs neue davon überwältigt, wie viele Menschen gekommen sind, die so sehr nach dem hungern, was Gott für sie bereithält. Während ihres Aufenthaltes bei uns werden die meisten von ihnen auf irgendeine Weise geprägt, viele durch eine lebensverändernde Erfahrung des Heiligen Geistes, die sie nie vergessen werden. Immer wieder hören wir beeindruckende Zeugnisse der radikal verändernden Gnade Gottes. Ihm sei alle Ehre!

Ob es sich nun um einen neuen Anfang mit Gott oder eine Erstbekehrung, um außergewöhnliche körperliche Heilungen oder um seelische Genesung handelt, diese Menschen erhalten alle eine viel tiefere Liebe zu Jesus und hungern plötzlich ganz neu nach seinem Wort und dem Gespräch mit ihm.

Objektiv betrachtet haben wir es hier mit einem namenlosen und gesichtslosen Wirken des Heiligen Geistes zu tun. Es kommt nicht darauf an, wer die Predigt hält. Viele verschiedene Personen haben die Zusammenkünfte geleitet, und das Ergebnis ist immer gleich. Nach der Anbetung, nach den Interviews mit den Zeugnisgebenden und dem Predigen des Wortes Gottes kommt der Heilige Geist, um Menschen mit seiner Macht anzurühren und zu verändern. Dies geschieht keineswegs im ursächlichen Zusammenhang mit bekannten oder prominenten Podiumsgästen.

Die äußeren Anzeichen, welche die Ausschüttung des Geistes in unserer Mitte begleitet haben, sind zwar zahlreich und vielfältig, aber wir möchten uns nicht so sehr auf sie konzentrieren, sondern eher auf das innere Wirken der Gnade und Bevollmächtigung, das stets als Frucht zu erkennen ist.

Mit Begeisterung beobachten wir, wie dieses Wirken des Geistes weltweit Kreise zieht: Tausende von Pastoren und Gemeindeleitern sind aus vielen Ländern der Welt gekommen und von der Macht des Heiligen Geistes berührt worden. Bei ihrer Heimkehr haben sie nicht nur an sich selbst eine Veränderung festgestellt, sondern auch an ihren Gemeinden, denn der Heilige Geist kam und erfüllte sie in einer neuen,»erfrischenden« Art. Es ist unser ständiges Gebet, daß dieser Raum der Erfrischung an Tiefe und Breite gewinnt, bis die Erde mit der Erkenntnis der Herrlichkeit des Herrn so gefüllt ist wie das Meer mit Wasser (Hab 2,14). Dies hat schon begonnen – es ist so belebend, daß die Unterschiede zwischen den Konfessionen in den Hintergrund gerückt sind, während eine neue Liebe zu Jesus in den Vordergrund getreten ist; Gemeindeleiter aus allen Glaubensrichtungen sind gekommen und haben neue Kraft und Begeisterung für ihren Dienst erhalten. Der Heilige Geist ist der einzige, der wirklich Einheit unter uns zu stiften vermag!

Für die organisatorische Seite der regelmäßigen Veranstaltungen haben wir natürlich unseren Mitarbeitern und unserem Gemeindeteam zu danken. Diese Leute arbeiten oft bis in die frühen Morgenstunden, um»das Geschenkte weiterzuverschenken«. Berge von Briefen und Postkarten mit den Worten»Einen besonderen Dank an das Gemeindeteam« sind bei uns eingegangen; immer wieder sind sie»die zusätzliche Meile gegangen« (Mt 5,41). Ohne ihren treuen Einsatz hätten wir die Arbeit nicht weiterführen können. Viele andere Ortsgemeinden, *Vineyard*-Gemeinden sowie andere, haben uns auf vielfältige Weise geholfen, indem sie uns ihre Mitarbeiter und ihre Musikteams geliehen haben, so daß wir Abend für Abend eine gute Organisation, Einsatzteams und Anbetung haben konnten. Unser besonderer Dank gilt Randy Clark sowie seiner Familie und der *Vineyard*-Gemeinde in St. Louis, die ihn während der ersten beiden Monate zu längeren Besuchen nach Toronto entließen, was dazu beitrug, daß das Feuer erst richtig angefacht wurde.

Wir sind Guy Chevreau zu tiefem Dank verpflichtet. Wir haben ihn als guten und treuen Freund sowie als fähigen Sachkenner schätzen gelernt. Bis vor kurzem hat Guy eine frischgegründete Baptistengemeinde in Oakville (Ontario) geleitet. Er hat einen Doktortitel in Historischer Theologie, und er hat sich viele Jahre lang mit dem erneuernden Wirken des Heiligen Geistes beschäftigt, ohne je selbst eine Erweckung miterlebt zu haben. Die erste Zusammenkunft, die er besuchte, war im Februar 1994. Seither hat er sich unserem Erneuerungsteam angeschlossen. Wir sind besonders dankbar für Guys Lektionen über Jonathan Edwards, die er mittwochs nachmittags für Pastoren und Gemeindeleiter hält. Durch seine Mitarbeit hier bei uns ist er bestens dafür qualifiziert, die diversen Stränge und Komponenten der Entstehung der *Airport Vineyard*-Gemeinde zu einem Ganzen zusammenzuweben und das Wirken des Heiligen Geistes im einzelnen nachzuzeichnen. Guy hat diese Dinge in einem wertvollen Buch zusammengetragen, das sich, so glauben wir, als informativ und hilfreich erweisen wird. Wer sich über die Anfänge der gegenwärtigen Ausgießung informieren möchte, ist mit diesem hilfreichen und erkenntnisreichen Buch ebenso gut beraten wie die, welche ein besseres Verständnis der tieferen Dimensionen des Lebens mit Gott gewinnen möchten.

Carol und ich sind dankbarer, als wir es in Worte fassen können; der Heilige Geist hat uns seine Treue ein ums andere Mal erwiesen. Es ist unser Gebet, daß er nicht nur unter uns wirken möge, sondern daß er auch in Ihrem Leben Großes tun wird. Wir wünschen Ihnen, daß dieses Buch Ihrer Sehnsucht entgegenkommt, mehr vom Heiligen Geist zu erfahren und es Ihnen eine »erfrischende« Offenbarung seines wunderbaren Wirkens schenkt. Genauso möge es Ihnen eine neue Hoffnung vermitteln, daß auch Sie die Werke Jesu in der Vollmacht des Heiligen Geistes tun können.

Sein Reich komme, und sein Wille geschehe auf Erden wie im Himmel. Alle Ehre gehört Jesus Christus, dem Sohn Gottes, unserem auferstandenen Retter und Herrn.

John Arnott   Toronto Airport Vineyard
Hauptpastor   28. August 1994

J. J.

Kapitel 1

Aus der Reserve gelockt

Anstelle eines Prologes

»Er aber, der durch die Macht, die in uns wirkt, unendlich viel mehr tun kann, als wir erbitten oder uns ausdenken können, er werde verherrlicht durch die Kirche und durch Christus Jesus in allen Generationen, für ewige Zeiten. Amen« (Eph 3,20-21).

Jeder hat seine Lieblingsschriftsteller; Annie Dillard gehört zu meinen. Ich bin von ihren Büchern deshalb so begeistert, weil sie mit der Art, wie sie sieht und hört, in mir eine starke Resonanz hervorruft. Ihr Denken hat wirklich mit dem Leben zu tun. In ihrem Buch *Teaching a Stone to Talk*[1] denkt sie über ihre Erfahrungen mit Kirche und Gottesdiensten nach: »Es ist der zweite Adventssonntag. ... Niemand, am allerwenigsten der Organist, konnte den Eingangschoral finden. Dann stellte sich heraus, daß ihn ohnehin niemand singen konnte. ... Statt einer Predigt gab es nur Ankündigungen.«

Ohne alle Vor- und Rücksicht wundert sie sich über den unglaublichen Widerspruch, ja sogar die Gefahr, die eine Zusammenkunft darstellt, die beispielsweise das Sanktus betet:

Heilig, heilig, heilig bist du, Herr,
Gott der Macht und Stärke,
Himmel und Erde sind von deiner Herrlichkeit erfüllt ...

»Wieso gleichen wir Kirchgänger einer Gruppe von heiter gelaunten, hirnlosen Touristen auf einer Pauschalreise ins Land des Absoluten? ... Im großen und ganzen habe ich den Eindruck, daß sich die Christen außerhalb der Katakomben nicht ausreichend im klaren über die Gegebenheiten sind. Hat

15

überhaupt jemand die entfernteste Vorstellung von der Macht, die wir da so unbekümmert anrufen? Oder sieht die Sache, und dies vermute ich, eher so aus, daß im Grunde niemand auch nur ein Wort davon glaubt? Die Kirchen sind Kinder, die auf dem Fußboden mit ihren Chemiekästen spielen und sich eine Ladung TNT zusammenmischen, mit der sie einen Sonntagmorgen töten wollen. Es ist der reinste Wahn, daß die Damen sich Strohhüte und Samthüte zum Kirchgang aufsetzen: Sturzhelme sollten wir allesamt tragen. Die Platzanweiser sollten Rettungsringe und Signalbomben austeilen; sie sollten uns auf den Kirchenbänken festschnallen. Denn der schlafende Gott könnte eines Tages aufwachen und sich beleidigt fühlen, oder der wachende Gott könnte uns aus unserer Reserve hervorlocken und uns an einen Ort bringen, von dem es kein Zurück gibt.«[1]

In diesem Buch geht es um diesen Ort, »von dem es kein Zurück gibt«. Und um es von vorneherein zu sagen:»Der Toronto-Segen« ist keine objektive Dokumentation einer bemerkenswerten Handlung Gottes, in die auch theologische und historische Perspektiven einfließen; vielmehr schreibe ich in erster Linie als einer, der »aus der Reserve gelockt und an einen Ort gebracht wurde, von dem es kein Zurück gibt«.

Ich wurde 1972 Christ und zwar durch die überkonfessionelle Organisation *Young Life*, deren Zielgruppe Oberschüler ohne kirchliche Einbindung sind. Zu Anfang ging ich nur der hübschen Mädchen wegen zu den Veranstaltungen; was mich jedoch zum Bleiben veranlaßte, war die mitmenschliche Hilfe, die ich dort erhielt. Nach mehreren Monaten fragte ich einen der Leiter, was es nur war, das er zu besitzen schien, während es mir fehlte. Er antwortete:»Jesus«, und er erklärte mir das Evangelium. Mehrere Monate danach, als ich mich gerade ausgesprochen unglücklich fühlte, sagte ich:»Gott, falls es dich gibt – ich habe ein heilloses Durcheinander angerichtet. Du kannst mein Leben haben, wenn es dich überhaupt interessiert und damit machen, was dir paßt.«

Kein sehr orthodoxes Glaubensbekenntnis, doch der Anfang war gemacht. Ich fing an, das Neue Testament zu lesen, und unter anderem fragte ich meine neuen Freunde, die mich in der Nachfolge Jesu anleiteten:»Heilt Jesus auch heute noch Krankheiten?« In groben Zügen lautete die Antwort: »Die Wunderheilungen starben mit dem Tod der ersten Apostel aus; sie sind heute nicht mehr notwendig. Wir haben die Verkündigung des Wortes, mit der der Glaube vermehrt wird.« Ich habe achtzehn Jahre dazu gebraucht, um den Durchblick in dieser Sache zu gewinnen.

Als ich Anfang Zwanzig war, überlegte ich, was ich beruflich mit meinem Leben anfangen sollte. Als Student im Grundstudium beschäftigte ich mich mit Philosophie, und samstags morgens hörte ich meinen Vater des öfteren hinter den Stellenangeboten seiner Zeitung *The Globe and Mail* murmeln: »Diese Woche wieder keine Angebote für junge Starphilosophen.«

In meiner »Stillen Zeit« las ich gerade das Alte Testament. Als ich an Esra, Kapitel 7, Vers 10 geriet, war mir, als durchströme mich der Geist Gottes: »Denn Esra war von ganzem Herzen darauf aus, das Gesetz des Herrn zu erforschen und danach zu handeln und es als Satzung und Recht in Israel zu lehren.« Genau das wollte auch ich mit meinem Leben tun. Im darauffolgenden Herbst fing ich im Predigerseminar an.

Ich bin froh über meine Jahre im Theologischen College, und dreien meiner Professoren bin ich für alles, was sie mir vermittelt haben, zu tiefstem Dank verpflichtet. Teile des Studienganges waren jedoch auch problematisch. Zu den Pflichtkursen gehörten »Homiletik I und II«, »Predigtaufbau« und »Übungskurs im Predigen«. Der zweite dieser beiden Kurse war brutal: jeden Donnerstag nachmittag zwei Stunden, und in diesen zwei Stunden wurden vier Predigten der Reihe nach vorgetragen, besprochen und in alle Einzelteile zerpflückt. Wer als letzter dran war, konnte sich darauf gefaßt machen, in Stücke gerissen zu werden, ganz egal, wie sehr er auch auf der Kanzel geglänzt hatte. Im wesentlichen wurde uns folgende Predigtstruktur beigebracht: Einführung, drei inhaltliche Punkte und ein Gedicht. Der Sinn des Ganzen, auf den alles hinauslief, war Überzeugen. Eines der Lehrbücher über das Predigen hieß *Reaching People from the Pulpit* (etwa: »Menschen von der Kanzel aus erreichen«; Anm. d. Übers.).

Als ich 1981 mit dem Studium fertig war, zog ich nach McAdam, einer Kleinstadt im ländlichen New Brunswick. Ich tat mein Bestes, überzeugend zu predigen, und ich lernte viel von der *Rockland-Drive-Gemeinde*. Während meiner Zeit dort legte mir der Geist Gottes einen weiteren »Vers fürs Leben« nahe, diesmal 1 Korinther 4,20: »Denn nicht in Worten erweist sich die Herrschaft Gottes, sondern in der Kraft.« Diesmal war die Wirkung eher quälend als inspirierend. Um ehrlich zu sein, geriet ich innerlich aus den Fugen. Als ich meinen Predigtdienst und mich selbst in meiner Funktion als Pastor kritisch in Augenschein nahm, konnte ich nur verzweifelt ausrufen: »Mein Gott, das ist alles viel zu dürftig. Es muß doch mehr geben!«

Ich war von einem solchen Hunger beseelt, daß ich einen Doktortitel in »Christlicher Spiritualität« ansteuerte und erwarb, immer in der Hoffnung, die Beschäftigung mit den »Meistern« werde mir den Zugang zu diesem »Mehr« eröffnen. Auch für diese Gelegenheit, mit einem derartigen Tiefgang und einer solchen Breite arbeiten zu dürfen, bin ich sehr dankbar. Doch auch hier entdeckte ich nicht das, was ich suchte – dieses Mehr. Meine Ausdrucksweise über das Königreich wurde lediglich ein wenig gelehrter, weiter nichts. Ich verfügte über ein größeres Hintergrundwissen und entwickelte

17

eine breitere Perspektive, doch die »Vollmacht«, wie sie die Apostel ganz selbstverständlich hatten, blieb mir nach wie vor verschlossen.

Als nächstes wurde ich Pastor der *First Baptist Church* von Niagara Falls und bemühte mich, Erneuerung und ein neues Sendungsbewußtsein in eine hundertjährige Gemeinde zu bringen. Was meine Predigten betraf … nun ja, ab und zu brachte ich die Zuhörer zum Lachen. Ab und zu trieb ich ihnen Tränen in die Augen. Doch im Grunde wurde ich immer unzufriedener mit meinem »Dienst« und seinem Mangel an Effektivität.

Während meiner Zeit in Niagara wurde ich zu einer Veranstaltung über Gemeindewachstum in Guelph eingeladen. Mike Turrigiano, der Hauptredner der Veranstaltung, wurde vorgestellt, und mein erster Eindruck von ihm war, daß er wohl eben von einer Reise um die halbe Welt aus dem Flugzeug gestiegen sein mußte, so gründlich zerknittert wirkte er.

Es dauerte nicht lange, bis er meine gesamte Aufmerksamkeit besaß. In seinem breiten Bronx-Dialekt begann er, seinen Dienst unter Heroinsüchtigen im Großstadtghetto zu schildern. Er berichtete, wie diesen Drogensüchtigen von Jesus erzählt wurde und wie sie ein neues Leben begannen. Er sprach von den Prostituierten, die eine Liebe erlebten, die ihnen völlig neu war; von Gebeten für Kranke, die daraufhin geheilt wurden; von einem Dienst der Befreiung, einem Dienst, den die Ausbildung im Seminar völlig entmythologisiert hatte.

Diese Veranstaltung werde ich nie vergessen. Die ganze Zeit konnte ich nur mit dem Kopf schütteln. Und ich werde Mike mein Leben lang dankbar sein. Jedesmal, wenn ich an Mike denke, fallen mir die Worte des Apostel Paulus aus dem 1. Korintherbrief ein:

> »Meine Botschaft und Verkündigung war nicht Überredung durch gewandte und kluge Worte, sondern war mit dem Erweis von Geist und Kraft verbunden, damit sich euer Glaube nicht auf Menschenweisheit stützte, sondern auf die Kraft Gottes. … Vielmehr verkündigen wir das Geheimnis der verborgenen Weisheit Gottes, die Gott vor allen Zeiten vorausbestimmt hat zu unserer Verherrlichung. … Nein, wir verkündigen, wie es in der Schrift heißt, was kein Auge gesehen und kein Ohr gehört hat, was keinem Menschen in den Sinn gekommen ist: das Große, das Gott denen bereitet hat, die ihn lieben.
> Denn uns hat es Gott enthüllt durch den Geist. Der Geist ergründet nämlich alles, auch die Tiefen Gottes. … Wir aber haben nicht den Geist der Welt empfangen, sondern den Geist, der aus Gott stammt, damit wir das erkennen, was uns von Gott geschenkt worden ist« (1 Kor 2, 4-5; 7;9-10; 12).

Mike baute mit hochgekrempelten Hemdsärmeln am Königreich Gottes, indem er das Evangelium aktiv demonstrierte. Ich konnte lediglich darüber theologisieren und das obendrein aus einer Perspektive, die das Übernatürliche entmythologisiert hatte. Ich hatte nicht die Erwartungshaltung, daß »Zeichen und Wunder« auch in der heutigen Zeit zur Verkündigung der Guten Nachricht dienen konnten; eine machterfüllte Darstellung des Evangeliums hatte ich wirklich noch nie erlebt.

Mike sprach von einem Mann namens John Wimber. Damals hatte ich noch nie von ihm gehört. Mike hatte mich jedoch derartig beeindruckt, daß ich mir Wimbers Bücher *Power Evangelism* und *Power Healing* bestellte und sie las. Zur Untermauerung und als Ergänzung betrieb ich ausgiebige historische Recherchen. Meine Doktorarbeit hatte ich über J. Calvins Anweisungen zum persönlichen Gebet geschrieben, und da ich mit seinen Schriften recht vertraut war, fing ich mit ihnen an. Calvin kann als einer der Hauptbegründer der protestantischen Theologie gelten und als dieser legt er das theologische Fundament, auf das viele Menschen ihren Glauben stützen. Das Charakteristische an Fundamenten ist, daß man sie nicht sieht oder sich vielleicht nicht einmal ihrer Existenz bewußt ist, da sie in den Boden eingelassen sind. Ob wir uns ihrer nun bewußt sind oder nicht, so sind sie dennoch die Träger unserer Erwartungen und der Rahmen unserer Erfahrung.

Zwei Passagen aus Calvins Schriften sprechen Bände, was unser evangelikales Erbe betrifft. In seinem »Kommentar« zu Matthäus Kapitel 10, Verse 1-10, wo Jesus seinen Jüngern Macht zur Verkündigung und Bezeugung des Evangeliums gibt und sie aussendet, schreibt Calvin, die Jünger seien ...

»... lediglich als seine Assistenten in Dienst genommen, um ihm dort Gehör zu verschaffen, wo man seine Stimme nicht vernehmen konnte; später übergibt er ihnen dann den Dienst des Lehrens. Es ist von größter Wichtigkeit, daß wir uns über eines im klaren sind: Wir dürfen keinesfalls davon ausgehen, daß dies die Regel für alle Diener des Wortes ist, wenn unser Herr die Prediger seiner Lehre mit etwas beauftragt, das sie eine kurze Zeitlang ausüben sollen.«[2]

Wenn wir Calvins Worte hier interpretieren, dann sagt er, daß wir nicht erwarten sollten, heilen und befreien zu können. Calvin vertritt die These, daß Wunder nur zu Anfang der Kirchengeschichte aufgetreten sind. Eine ähnliche Aussage findet sich in seinem Hauptwerk, der »Institutio der christlichen Religion«. Die folgende Passage stammt aus seiner Abhandlung über die Sakramente, in der es unter anderem um das Auflegen von Händen geht:

»Ganz sicher ist der Heilige Geist auch heute noch unter Gottes Volk gegenwärtig, denn die Kirche kann ohne seine Führung und Leitung nicht bestehen. ... Doch die wunderwirkenden Mächte und Bekundungen, die durch das Auflegen von Händen ausgeteilt wurden, bestehen nicht mehr. Sie haben aus gutem Grund nur für eine kurze Zeit Bestand gehabt. Denn es war angebracht, daß die anfängliche Verkündigung des Evangeliums und das neue Reich Christi durch noch nie dagewesene, außergewöhnliche Wunder erleuchtet und verherrlicht wurden. Als der Herr jedoch von diesen abließ, kehrte er sich damit keineswegs von seiner Kirche ab; vielmehr gab er zu verstehen, daß die Größe seines Königreiches und die Würde seines Wortes nun exzellent genug verkündet worden waren.«[3]

Die Lage wird noch klarer, wenn man sich vergegenwärtigt, daß der gängige Ausdruck für »in die Kirche gehen« auf französisch, Calvins Muttersprache, *aller au sermon* (»zur Predigt gehen«) lautete. Zweifellos stand die Lehre im Mittelpunkt der Erwartungen. Calvins Werk beruht zu einem großen Teil auf den frühen Kirchenvätern, doch mit seiner Auffassung, Wunder und Heilungen hätten schon in der Väterzeit aufgehört, lag er falsch. Für die Kirchenväter galt etwas ganz anderes. Zwei Beispiele sollen genügen: Um 250 n. Chr., also etwa einhundertfünfzig Jahre nach dem Tod des letzten Apostels, war Novatian römischer Presbyter. Er schrieb eine Abhandlung über die Dreieinigkeit. Kapitel 29, in dem vom Heiligen Geist und den Gaben des Geistes die Rede ist, beginnt mit einem Zitat des Propheten Joël: »Danach aber wird es geschehen, daß ich meinen Geist ausgieße ... «. Novatian schreibt über Verheißung und Erfüllung, und er arbeitet den Gegensatz zwischen der Zeit vor Jesu Auferstehung und der Zeit danach heraus, indem er der »früheren Zeit« zuschreibt, nur hin und wieder und nicht sonderlich stark ein Wirken des Heiligen Geistes erfahren zu haben, während er nach dem Pfingstereignis »reichlich ausgegossen« wurde und sich oft manifestierte.

Dann geht er zur Abschiedsrede im Johannesevangelium über, in der Jesus den »Beistand«, den »Geist der Wahrheit« verheißt (Joh 14,16-17; 16,7.13). Novatian schreibt:

»... denn sie [die verfolgten Gläubigen] *waren durch ihn* [den Heiligen Geist] *nunmehr gewappnet und gerüstet, weil sie die Gaben in sich trugen, die eben dieser Geist der Kirche Christi als der Braut gleichsam wie einen kostbaren Schmuck überreicht und mitgibt. Er ist es ja, der die Propheten in der Kirche erweckt, die Lehrer unterweist, die Sprachengabe ordnet, Machterweise und Krankenheilungen wirkt, staunenswerte*

20

Taten vollbringt, die Unterscheidung der Geister gewährt, zur Leitung beruft, mit Rat zur Seite steht und die übrigen Gnadengaben alle in Maß und Ordnung schenkt. Und so führt er die Kirche des Herrn in jeder Hinsicht und in allen Bereichen zur höchsten Vollkommenheit.«[4]

Beachten Sie, daß die Zeitform der Verben in dieser Passage von der Vergangenheitsform im Zusammenhang mit der Urgemeinde zur Gegenwartsform im Zusammenhang mit seiner unmittelbaren Erwartung und Erfahrung überwechselt. Wenn wir hier zwischen den Zeilen lesen, sehen wir, daß für Novatian galt: Kein Geist + keine übernatürlichen Gaben = keine Kirche.

Augustinus war von 393 bis 430 n. Chr. Bischof in Nordafrika; sein Einfluß war in der gesamten westlichen Christenheit spürbar. Historisch gesehen hat Augustinus das theologische Verständnis des christlichen Glaubens in einem Maß geprägt, das nur von dem Apostel Paulus übertroffen wird. Seine Werke übten einen großen Einfluß auf Luther und Calvin aus, um nur zwei andere bedeutende Theologen zu nennen. Sein Werk »Der Gottesstaat« ist als »das Meisterwerk des größten Intellekts unter den lateinischen Kirchenvätern« bezeichnet worden.[5] Es enthält einen dreizehnseitigen Bericht von Heilungen und Befreiungen, die er persönlich erlebt hat. Dieser Teil des Buches trägt die Überschrift: »Von Wundern, die geschahen, damit die Welt an Christus glaubt, Wundern, die nicht aufhörten, als die Welt glaubte.« Er schildert Blinde, die wieder sehend gemacht wurden, Heilungen von Brustkrebs, Gicht, Nierensteinen und Leistenbrüchen; er erzählt von einem kleinen Jungen, der unter einen Ochsenkarren geraten war und von seinen Verletzungen geheilt wurde und er schildert, wie Dämonen ausgetrieben wurden. Dann schreibt er:

»Was soll ich tun? Will ich dieses Werk [sein Buch »Der Gottesstaat«] *je vollenden, so kann ich nicht alle Wunder, von denen ich weiß, niederschreiben ... «*

Nach weiteren vier Seiten schreibt er:

»Auch jetzt noch werden viele Wunder vollbracht; derselbe Gott, der jene, von denen wir lesen [in den Evangelien], *vollbrachte, tut sie auch weiterhin, durch wen und wie es ihm wohlgefällt.«*[6]

Als sich meine Recherchen auf meine Predigten auswirkten, erlebten wir, wie einige Menschen geheilt wurden. Während einer Predigtserie über die Heilungen Jesu im Lukasevangelium nahm eine unserer Seniorinnen ihr

Infrarot-Hörgerät ab und legte es auf die Bank neben sich. Über das ganze Gesicht strahlend sah sie ihren Mann an. Tränen liefen ihm über die Wangen. Beide sahen mich mit leuchtenden Gesichtern an. Während der Verkündigung der Heilungen Jesu hatte der Herr sie in seiner Souveränität von ihrer schweren Hörbehinderung geheilt und ihr Gehör zu 80 Prozent wiederhergestellt. Wir erlebten noch andere Wunderheilungen, die weniger dramatisch, aber ebenso bedeutsam waren; gleichzeitig fanden wir uns plötzlich auf dem Schlachtfeld eines geistlichen Kampfes wieder. Es ist keine Übertreibung, wenn ich sage, daß wir eine Menge zu lernen hatten.

Neben Wimbers Büchern las ich auch anderes Material über Gemeindewachstum: über Leiterschaft, Neuerung, Infrastruktur, Umgang mit Zeit, Zielsetzung und strategisches Planen, Paradigmenwechsel und Missionsphilosophie. Ich lernte manche sehr hilfreiche, absolut notwendige Dinge. Einige Jahre später legte ich mein Amt in meiner traditionellen, etablierten Kirchengemeinde nieder, um in einer neugegründeten Gemeinde tätig zu werden, wo ich mir eine größere Freiheit erhoffte, eine Gemeinde zu formen, die nicht nur existierte, um sich selbst zu verteidigen; eine Glaubensgemeinschaft, die reich an geistlichen Gaben war und das Evangelium durch zwischenmenschliche Beziehungen nach draußen trug.

Leider erlitten wir eine »Krise der Weinschläuche«. Für mich persönlich war der Winter 1993/94 eine der anstrengendsten Zeiten meines Lebens. Ich fühlte mich vollkommen ausgelaugt. Anfang Mai stand fest, daß die Arbeit nicht existenzfähig war, und im folgenden Monat brachen wir das Projekt ab.

Am letzten Wochenende im Januar fuhr meine Frau Janis zu einer Frauenfreizeit. Dort hörte sie von einem »außergewöhnlichen« Wirken des Heiligen Geistes in der *Toronto Airport Vineyard*-Gemeinde. Ich war einige Male in dieser Gemeinde gewesen, kannte einige Leute dort und schätzte ihre Leiterschaft sehr. Als Janis mir die Erlebnisse einiger Leute schilderte, die wir kannten, erschien mir das Ganze allerdings höchst fragwürdig. Den Beschreibungen nach hatten die Leute eine derartig kraftvolle Erfahrung mit dem Heiligen Geist, daß sie »des Geistes trunken« waren. Sie fielen zu Boden und lachten hysterisch.

Am nächsten Abend gingen wir zu der Veranstaltung der *Airport-Vineyard*-Gemeinde. Meine Verzweiflung war größer als meine Neugier, und ich war zu verzweifelt, um kritisch zu sein. Als Baptistenpastor hatte ich noch nicht viel an sichtbaren Bekundungen der Macht oder Gegenwart des Geistes erlebt, wenn man von ein paar stillen Tränen hin und wieder absieht. Es ist untertrieben zu sagen, daß mir die Art der Bekundungen, die wir bei den *Airport*-Veranstaltungen erlebten, fremd war: unkontrollierbares Lachen und untröstliches Weinen; heftiges Zittern und Hinfallen; Leute, deren Arme windmühlenartig durch die Luft kreisen oder die mit den Unterarmen nach Judo-Manier in die Luft hackten.

Als wir regelmäßig wiederkamen, sah ich mich gezwungen, eine Antwort auf die Frage nach dem zu suchen, was ich eigentlich erwartete: Wie stellte ich mir die persönliche und kollektive Erneuerung vor, die der Geist Gottes bringen konnte? Mit Sicherheit würde sie nicht durch die Vorträge eines Meisterpredigers kommen, auch nicht durch eine weitere Konferenz oder von irgendwelchen Seminarnotizen, die mir abhanden gekommen waren. Das hatte ich alles längst abgecheckt. Ich kam zu dem Schluß, daß es etwas völlig anderes sein mußte, doch ich hatte einfach kein klares Konzept von dem, was ich bei den Zusammenkünften zu spüren schien.

Dazu kam noch, daß Janis nun selber »von dieser Freude erfüllt« wurde. Und das ist noch ein milder Ausdruck für das, was mit ihr los war. Mehrfach lag sie am Boden und lachte hysterisch. John Arnott, der Hauptpastor der *Airport Vineyard*-Gemeinde, hatte gebetet, daß sie achtundvierzig Stunden in diesem Zustand bleiben würde. Das tat sie dann auch, sogar noch länger. Manchmal konnte sie nicht einmal gerade gehen; an Autofahren war gar nicht zu denken, und sie schaffte es auch nicht, die Gäste, die am nächsten Abend zum Essen kamen, zu bewirten.

Meistens bereitet sie das Essen im voraus vor, damit wir uns auf die Unterhaltung mit unseren Gästen konzentrieren können. Als ich an diesem Abend von der Arbeit nach Hause kam, fanden sich keine Anzeichen einer fertigen Mahlzeit in der Küche, und als ich mich nach den Essensplänen erkundigte, bekam Janis einen solchen hysterischen Lachanfall, daß sie fast zu Boden gefallen wäre. Ich setzte mich ins Auto und besorgte uns Fisch und Pommes frites.

Als ich zurückkehrte, saßen die Gäste schon am – bezeichnenderweise ungedeckten – Tisch. Janis nahm die heißen, in Fett ausgebackenen Fischfilets und warf sie uns einfach zu; die Schachtel mit den Pommes frites schüttete sie auf der Tischplatte aus und schob jedem von uns einen kleinen Haufen davon zu. Sie schien das alles umwerfend komisch zu finden.

Am darauffolgenden Abend kam ich zum Gebet nach vorn; alle, die hauptamtlich im Gemeindedienst tätig sind, waren aufgefordert worden, nach vorne zu kommen. Ich gab einem Gefühl von Schwäche und Schwere nach und »fiel zu Boden«. Ohne kognitive oder emotiale Wahrnehmungen lag ich da und dachte: »Ich weiß nicht … der Mann, der da für mich gebetet hat, hat ziemlich fest zugeschlagen … hat er mich umgeworfen?« Als ich ein zweites Mal zum Gebet nach vorn kam, war ich in einer schlechten

Stimmung. Wieder ging ich zu Boden und während ich dalag, sagte ich: »Gott, es ist mir egal, ob du das bist oder nicht … ich bin so müde, ich bleibe jetzt einfach eine Weile hier liegen.«

Das dritte Mal war bei der Wochentagsveranstaltung für Pastoren. Randy Clark, der Gastredner, hatte einen Vortrag gehalten, ein paar Fragen beantwortet und danach hatte er sich erboten, für uns zu beten. Wir stellten uns vorn im Gemeindesaal in einer Schlange auf.

Er kam nur einfach auf Janis zu, und da lag sie auch schon wieder wie eine Schwachsinnige am Boden. Randy betete sehr einfühlsam, sehr ruhig für mich und ich fiel hin, weil ich mich einfach zu erschöpft fühlte, um stehenzubleiben. Als ich dalag, fing ich an zu weinen. Um ehrlich zu sein, heulte ich wie ein Schloßhund, und zwar ungefähr eine Dreiviertelstunde lang. Ich erlebte zwar keinerlei bewußte, kognitiv wahrnehmbare Bilder, Erinnerungen oder Eindrücke, doch während dieses heftigen Weinens wurde eine langjährige Verbitterung, ein tiefer Groll von mir genommen. Ich spürte auch, daß ich ein etwas größeres Verständnis von Gottes souveräner Autorität und seiner Fürsorge für mein Leben bekommen hatte.

Viele Pfingstler würden sagen, mich habe »der Geist niedergestreckt«, ein Ausdruck, der das »Zu-Boden-Sinken« unter der Macht des Geistes beschreibt, doch Francis McNutts Wendung »im Geist ruhen« erscheint mir zutreffender für das, was ich erlebte. Der tiefe Frieden, den ich spürte, brachte eher Leben, nicht den Tod. Das »Im-Geist-Ruhen« sagt jedoch zu wenig über die machtvolle Erfüllung, die mir zuteil wurde, als ich auf dem Boden lag und am ganzen Körper unkontrollierbar zitterte.

Später an diesem Nachmittag »hörte« ich in meinem Geist eine »gesprochene« Neuaussendung vom Herrn. So klar hatte ich den Herrn noch nie reden hören. Eine halbe Stunde danach sprachen zwei Männer mit prophetischen Gaben, Larry Randolf und Marc Dupont, und erboten sich dann, den Anwesenden mit ihren Gaben zu dienen. Janis und ich waren die ersten, die sie nach vorne riefen. Ich kann es nur so beschreiben, daß Larry aus meinem Tagebuch der letzten drei Jahre vorlas, und dann sagte Marc das, was ich während der nächsten drei Jahre hineinschreiben werde. Wie noch nie zuvor wurden wir, um mit Paulus zu sprechen, »aufgebaut, ermutigt, getröstet« (1 Kor 14,3). In Anbetracht dessen, was in den nächsten drei Monaten auf uns zukommen sollte, hätten wir ohne die anhaltende Hoffnung, die wir an diesem Nachmittag empfingen, auf verlorenem Posten gestanden.

Durchschnittlich haben wir neben den Nachmittagstreffen für Pastoren zwei Abendveranstaltungen pro Woche besucht. Ich komme regelmäßig zum Gebet nach vorn; in den meisten Fällen halten sich die sichtbaren Manifestationen in Grenzen. Meistens bleibe ich stehen, während jemand vom

24

Gemeindeteam für mich betet. Der 8. Mai, ein Sonntag, stellte eine Ausnahme dar. Die Pastoren waren wieder zum Gebet nach vorn gerufen worden; diesmal fiel ich zu Boden. Als ich bäuchlings dalag, stand jemand über mir und betete im Geist für mich. Etwas Nasses fiel auf meine Wange; ich glaubte zuerst, dem Beter sei bei der Intensität seines Gebetes Speichel aus dem Mund geflossen und auf mir gelandet. Dann wurde mir auf eine Offenbarung hin klar, daß es sich nicht um das handelte, was ich vermutet hatte, sondern um eine Träne. Ich begann zu weinen und weinte die nächsten dreieinhalb Stunden lang. Ich werde Carol Arnott bis an mein Lebensende für die Hilfe dankbar sein, die sie mir an diesem Abend gab. Den ganzen Abend saß sie neben mir auf dem Boden und betete, diente und befreite mehr, als ich je begreifen werde. Bewußt ist mir nur, daß ich eine viel tiefere Erfahrung der Liebe meines himmlischen Vaters erhielt, mit der er mich in Christus beschenkt, und damit zugleich auch eine Klärung von Konflikten, die mit Kontrolle und Selbstbestimmung zu tun hatten. An diesem Abend war mir, als sei mir etwas von Ezechiels »neuem Herzen« zuteil geworden (Ez 36,26-27). Die Brustschmerzen, die ich dabei spürte, waren teilweise so heftig, daß ich einfach laut schreien mußte.

Seit unserem ersten Veranstaltungsbesuch in der *Airport Vineyard*-Gemeinde im Februar hege ich keinerlei Zweifel daran, daß Gott eine tiefe Heilung in mir vollbracht hat, so daß nun das »Alte« vergangen ist; »Neues ist geworden« (2 Kor 5,17). Meine neue Vertrautheit mit Jesus ist kostbarer, als ich beschreiben kann, und der neue Hunger nach dem Wort ist an sich schon belebend. Ich habe eine neue Hoffnung und die Zuversicht, daß mein Vater die souveräne Autorität über mein Leben und meinen Dienst besitzt und für mich sorgen wird. Ich spüre die Gunst und die Freude, mit der er mich, seinen Sohn, betrachtet, und obendrein habe ich nun wenigstens einen Erfahrungshintergrund für das Wirken des Geistes in unserer Mitte, der nicht nur *mehr* tut, sondern »unendlich viel mehr … als wir erbitten oder uns ausdenken können« (Eph 3,20). Und wenn ich es mir recht überlege, gehe ich weiterhin zu den Veranstaltungen in die *Airport*-Gemeinde, weil ich eine Kluft sehe: eine Kluft zwischen der Art, wie der Apostel Paulus das Evangelium gepredigt hat und meiner eigenen Erfahrung als Verkündiger. Oder besser gesagt: meiner fehlenden Erfahrung. Doch um mit Annie Dillard zu sprechen: »Ich bin aus der Reserve gelockt und an einen Ort gebracht worden, von dem es kein Zurück gibt.«

N. B.: Abgesehen von diesem »Prolog« ist dieses Buch keineswegs meine Erlebnisgeschichte. Tausende sind aus der Reserve gelockt und an einen Ort gebracht worden, von dem es kein Zurück gibt. Seit der ersten Veranstaltung mit Randy Clark am 20. Januar 1994 ist die *Airport Vineyard*-Gemeinde Schauplatz eines erneuernden Wirkens Gottes geworden, das eine langersehnte Erweckung des Glaubens, der Hoffnung und der Liebe mit sich gebracht hat. Wir erleben ein höchst bemerkenswertes Phänomen der Freiheit und Heilung, der Freude und Macht – jeden Abend außer montags werden regelmäßige Veranstaltungen gehalten. Den bewußt vorsichtigen Schätzungen am 1. September zufolge haben insgesamt 90 000 Menschen die Veranstaltungen besucht, von denen 30 000 zum ersten Mal hier waren. Über vierhundert Pastoren aus der Umgebung sind gekommen, sei es auch nur aus Neugier. Über 4 000 Pastoren mit Ehepartnern und Gemeindeleiter aus ganz Nordamerika und sogar aus Ländern wie England, Chile, Argentinien, der Schweiz, Frankreich, Deutschland, Skandinavien, Südafrika, Nigeria, Kenia, Japan, Neuseeland und Australien sind gekommen, um selber die Kraft des Heiligen Geistes zu empfangen. Und obwohl dies so gut wie unmöglich zu belegen ist, haben die Gemeindeteams mit über 2 000 »verlorenen Söhnen« Kontakt gehabt, die zum Gebet nach vorn gekommen sind, um einen neuen Anfang mit Gott zu machen; über vierhundertundfünfzig haben sich zum erstenmal für ein Leben mit Gott entschieden.

Diese Zahlen errechnen sich folgendermaßen: Fast jeden Abend werden die Anwesenden gefragt: »Wie viele unter Ihnen sind zum erstenmal hier?«, »Können einige von Ihnen uns sagen, woher Sie kommen?«, »Wie viele sind Pastoren, mit Pastoren verheiratet oder Gemeindeleiter?« Bei dem Mittwoch-Treffen für Pastoren und Gemeindeleiter werden ähnliche Fragen gestellt, und die Anwesenden haben die Gelegenheit, ihre Namen und Adressen auf die Anschriftenliste setzen zu lassen. Die Gesamtzahl der Besucher wird errechnet, indem die Kapazität des Gemeindesaals – vierhundert – mit der Anzahl der Tage – zweihundertundfünfundzwanzig – multipliziert wird; dies ergibt jedoch nur einen Näherungswert, da hier weder die fünfzehn Veranstaltungen berücksichtigt werden, zu denen größere Säle angemietet wurden, noch die Veranstaltungen der letzten zwei Monate, bei denen über hundert Personen nur noch Stehplätze finden konnten. Diese Zahlen lassen sich leicht erstellen; schwieriger ist es, die »verlorenen Söhne« und Erstbekehrungen statistisch zu erfassen. Ein speziell geschultes Gemeindeteam bemüht sich, mit allen, die nach vorn kommen, zu sprechen, ihnen zu helfen, für sie zu beten und Nachsorge zu betreiben. Die Zahlen jener, die sich allein bekehren oder einen neuen Anfang mit Gott machen, läßt sich nicht erfassen.

Eine Folge war, daß Tausende, die ein siegloses, entmutigtes und daher oft ausgebranntes Dasein als Christ führten, zu ihrer »ersten Liebe« (Offb 2,4) zurückgekehrt sind. Viele erfuhren, wie ihre Vertrautheit mit dem Herrn wiederhergestellt wurde und haben eine Erneuerung ihrer Hingabe und Berufung erlebt, eine Erweiterung und Präzisierung der geistlichen Perspektive und eine neue Leidenschaft für Jesus und das Werk seines Reiches. Tausende von verzweifelten und ausgebrannten Pastoren und ihren Ehepartnern haben eine »Erfrischung«, eine neue Berufung und eine Stärkung für ihren Dienst erfahren …

Einige der sichtbaren Manifestationen, die dieses Handeln Gottes begleiten, wirken verunsichernd; viele vermissen einen Erfahrungshintergrund, ein Raster, an dem sie ihre Erlebnisse festmachen können. Deshalb folgt auf eine kurze Einführung in die Arbeit der *Airport Vineyard*-Gemeinde eine dreiteilige Darstellung. Im ersten Teil wird ein biblisches Fundament für Erneuerung und Erweckung gelegt; der zweite Teil bietet den historischen Kontext und stützt sich auf die Schriften von Jonathan Edwards, dem theologischen Architekten der »Großen Erweckung«. Der dritte Teil enthält einige persönliche Zeugnisse sowie eine Dokumentation der Auswirkungen, die diese Ausgießung des Heiligen Geistes nach der Rückkehr von Pastoren und Gemeindeleitern auf ihre Gemeinden hatte und wie diese Dynamik auf ganz unterschiedliche Weise von ihnen übernommen wurde. Das letzte Kapitel dient als Zusammenfassung und Synthese.

Es ist mein Gebet, daß Sie beim Lesen der folgenden Seiten einen großen Herzenswunsch nach »mehr« verspüren.

Kapitel 2

Durch Verschenken reicher geworden

Eine kurze Einführung in die
Toronto Vineyard-Gemeinde

»Oder ist unter euch ein Vater, der seinem Sohn eine Schlange gibt, wenn er um einen Fisch bittet, oder einen Skorpion, wenn er um ein Ei bittet? Wenn nun schon ihr, die ihr böse seid, euren Kindern gebt, was gut ist, wieviel mehr wird der Vater im Himmel den Heiligen Geist denen geben, die ihn bitten« (Lk 11,11-13).

Eine der Fragen, die immer wieder gestellt werden, lautet: »Warum hat Gott sich ausgerechnet die *Toronto Airport Vineyard*-Gemeinde für diese Ausgießung seines Geistes ausgesucht?« John Arnott, der Gründer und Hauptpastor der Kirche, grinst verlegen und antwortet: »Ich würde Ihnen liebend gern sagen, daß dies die Folge unserer inbrünstigen Gebete ist. Wir würden liebend gern behaupten, eine gewisse Rolle dabei gespielt zu haben, daß Gott heute hier so handelt, aber das entspricht einfach nicht den Tatsachen. Es war ausschließlich Gottes souveräner Wille.«

Ich habe die größte Hochachtung vor John und seiner Frau Carol; sie gehören zu den gütigsten, großzügigsten und bescheidensten Menschen, die ich kenne. Sie haben bemerkenswert offene Herzen für den gesamten Leib Christi, und sie hungern unbeschreiblich nach dem Geist Gottes. Es ist ihr größter Wunsch gewesen, daß der Leib Christi eine lebendige Ausgießung des Heiligen Geistes erfährt, und sie haben alles getan, um von jenen zu lernen, welche der Gegenwart und Macht Gottes in ihrer Arbeit nichts in den Weg stellen. Natürlich haben sie sich auch selbst in dieser Richtung engagiert.

Ende der 60er und Anfang der 70er Jahre wurde John wesentlich durch Kathryn Kuhlmans Arbeit und später durch Benny Hinn beeinflußt, dessen Arbeit in Toronto ihren Anfang genommen hatte. Bei beiden gab es auch

Dinge, die man hinterfragen konnte, sicher, doch John war zutiefst von der Frucht beeindruckt, von dem, was durch den Dienst beider geschah. Er hatte erlebt, wie Hunderte von Menschen durch den Herrn auf mächtige, lebensverändernde Weise angerührt wurden. Er ging zu vielen ihrer Veranstaltungen, die ihn, was seine künftige Richtung und seinen Verkündigungsstil betraf, nachhaltig prägten.

1980 unternahmen John und Carol eine Reise nach Indonesien, und was sie dort erlebten, bewegte sie dazu, ihre beruflichen Aktivitäten zugunsten eines missionarischen Engagements aufzugeben. Kurz nach ihrer Rückkehr wurden sie dazu berufen, in Stratford (Ontario), Carols Geburtsort, eine unabhängige Gemeinde zu gründen. Die Gemeindestruktur entsprach mehr oder weniger dem *Calvary-Chapel*-Modell und mit Gottes Segen dauerte es nicht lange, bis sie im vollzeitlichen Dienst standen.

1986 besuchten sie eine *Vineyard*-Konferenz mit John Wimber in Vancouver und eine weitere in Ohio. Nur wenige Monate später kam es zur Zusammenarbeit. Bereits 1987 wurden John und Carol Mitglieder der *Vineyard*-Gemeinden. Mehrere Aspekte zogen sie zu Wimbers Arbeit hin: seine persönliche Aufrichtigkeit und Klarheit, seine Bescheidenheit und Umgänglichkeit und vor allem sein Ziel, *jeden* Gläubigen für Gottes Wirken auszurüsten. John Arnott war zu der Überzeugung gelangt, daß »sogar« er etwas in Bewegung setzen könnte, das dem Heiligen Geist genügend Freiraum einräumt, übernatürlich zu wirken.

Noch im selben Jahr gründeten sie einen Hauskreis im Westen von Toronto, Johns Geburtsort. Jeremy und Connie Sinnott schlossen sich ihnen an und bildeten mit ihren musikalischen Talenten eine gute Ergänzung. Die Gemeinde in Toronto wuchs in dieser Zeit, in der die Arnotts zwischen den beiden neugegründeten Gemeinden in Stratford und Toronto hin- und herpendelten. Im Sommer 1992 war die Arbeit in Toronto so weit fortgeschritten, daß sowohl John als auch Jeremy vollzeitlich tätig sein konnten; die Leiterschaft in Stratford war gesichert, und John betraute Jerry Steingard, einen der Assistenzpastoren dort, mit dieser Arbeit. Beide Gemeinden gediehen, und die Arnotts konzentrierten sich darauf, sowohl Mitarbeiter als auch ein Gemeindeteam zu formieren und auszubilden.

Die *Airport Vineyard*-Gemeinde hat in einem gewissen Sinn einen Lehrgang für innere Heilung und Befreiung gemacht, da sie als Gemeinde in mancher Hinsicht viel an Wachstum durch die Konferenzen gewann, die sie beherbergt hat. Man strebte jedoch nicht nur das Sammeln und Ausbauen der Ortsgemeinde für den Dienst an, sondern auch die Ausrüstung und Ermutigung eines möglichst großen Teils des Leibes Christi.

Im September 1992 besuchten Carol und John mehrere von Benny Hinns Veranstaltungen in Toronto. John hatte schon vor mehreren Jahren zu Beginn seiner Arbeit in Toronto Freundschaft mit Benny geschlossen. In dem Bestreben, eine ähnliche Ermächtigung zu erleben, durch die sie die Autorität von Gottes Reich in dem Leben von Menschen wirksam machen konnten, mischten sie sich unter die Besuchermenge von *Maple Leaf Gardens*. Überwältigt schauten die Arnotts zu, wie über tausend Menschen sich für ein Leben mit Christus entschieden, und sie verließen die Veranstaltung mit der Überzeugung: »Ja, wir haben einen mächtigen Gott. Er kann Toronto erreichen. Und er kann es mit Macht und Stärke tun.«

Im darauffolgenden Jahr, im Juni 1993, waren sie in Texas, wo sie Johns Töchter besuchten, und gingen zu einer Veranstaltung von Rodney Howard Browne. Rodney ist ein pfingstlerischer Evangelist aus Südafrika, dessen Dienst durch den Ausbruch von »heiligem Lachen« gekennzeichnet ist. Bei der Veranstaltung in Fort Worth wurden alle Pastoren und deren Ehepartner nach vorn gerufen. Etwa zweihundert folgten dem Aufruf. Rodney schritt die Reihe ab und betete dabei: »Erfülle sie. Erfülle sie. Erfülle sie.« Als sich der Staub nach dem Sturm gelegt hatte, standen nur noch John und ein anderer Mann. Dies war typisch für ihn geworden, sei es hier, bei den Hinn-Veranstaltungen oder anderen Gelegenheiten: Wenn andere »unter der Kraft des Heiligen Geistes zu Boden fielen«, blieb John regelmäßig stehen. Oft grübelte er: »Herr, was ist nur mit meinem Herzen los?«

Ein bedeutender Durchbruch kam im November 1993, als John und Carol mit einem Gemeindeteam nach Argentinien reisten. Dort begegneten sie Claudio Freidzon, dem Leiter des Pfingstgemeindenverbandes in Argentinien. Er hatte eine von Benny Hinns Veranstaltungen besucht und war mit neuer Vollmacht ausgerüstet nach Hause zurückgekehrt, etwas, was John sich für sich selbst ersehnt hatte. Claudio arbeitete unter den Spanischsprechenden in Argentinien, doch bei einer Konferenz, die die Arnotts besuchten, betete er zuerst für die Gäste. John und Carol kamen nach vorn, und laut John »ging es bei Carol sofort los«.

Er selbst fiel zu Boden, doch er fing sofort an zu analysieren: »Herr, warst du das wirklich, oder bin ich nur hingefallen, weil ich dich um jeden Preis will? Was soll ich tun? Ich weiß nicht, ob ich stehen, fallen, umherrollen oder das Ganze einfach vergessen soll?«

Nachdem John wieder aufgestanden war, kam Claudio zu ihm hin. John stand mit erhobenen Händen da, um seine Offenheit dem Herrn gegenüber zu bekunden, und Claudio sah ihn an und fragte: »Willst du es?« Er sagte: »Ja, ich will es wirklich.« Daraufhin sagte Claudio: »Dann nimm es!«, und er schlug John auf beide Hände. Wieder fiel John hin. Doch diesmal ließ er das

Analysieren sein und sagte einfach nur: »Jetzt ist mir alles egal. Ich nehme einfach, was Gott mir gibt.« In dem Moment fiel in seinem Herzen der Groschen. Ihm war, als hörte er den Herrn sagen: »Nimmst du es jetzt endlich? Bitte, es gehört dir.« Nun merkte John, daß ein gewisses Element des Glaubens eine Rolle spielt; es genügt nicht, einfach nur die Ausgießung des Geistes herbeizusehnen. Wer die Bevollmächtigung durch den Heiligen Geist erfahren hat, durch ihn eine ganz neue Kraft erhalten hat, der muß sich auch auf eine völlig neue Ebene seines Dienstes einlassen.

Im selben Monat erzählte Happy Leman, einer der regionalen Beauftragten, John Arnott bei der Jahresversammlung des *Vineyard*-Gemeinde-Zusammenschlußes, was sich bei der Regionalversammlung im Oktober ereignet hatte: Bei diesem Treffen hatte man eine machtvolle Äußerung der Gegenwart Gottes erlebt. Rein äußerlich betrachtet war der Auslöser dieses Aufbruchs Randy Clark gewesen, der Gründer und Pastor der *Vineyard Christian Fellowship* in St. Louis (Missouri). Nachdem er jahrelang wenig Frucht und Vollmacht in seiner Arbeit erlebt hatte, bekam Randys Hunger nach Gott etwas Verzweifeltes. Er hatte von den ungewöhnlichen Manifestationen der Gegenwart Gottes durch die Arbeit von Rodney Howard Browne gehört und eine von Rodneys Veranstaltungen in Tulsa (Oklahoma) besucht. Randy ließ nicht locker; er wollte die erneuernde Gnade des Herrn selbst erleben und nahm wiederholt das fürbittende Gebet in Anspruch. Fünf Monate später, als Randy eine Browne-Veranstaltung in Lakeland (Florida) besuchte, spürte Rodney, wie in Randy eine geisterfüllte Vollmacht freigesetzt wurde. Er kam auf ihn zu und sagte: »Dies ist das Feuer Gottes in deinen Händen. Fahr nach Hause und bete für alle in deiner Gemeinde.« Am ersten Sonntag nach seiner Heimkehr tat Randy das, was Rodney ihm aufgetragen hatte, und erlebte einen ähnlichen Aufbruch wie bei Rodney nun auch in seinem Dienst. Bei der Regionalversammlung der *Vineyard*-Gemeinden im Mittleren Westen wurde Randy von Happy Leman gebeten, von den Ereignissen in seiner Gemeinde zu berichten, und als sie daraufhin einen Segnungsgottesdienst abhielten, erlebten viele der Anwesenden eine wunderbare Freude und Macht. John bat Randy unverzüglich, im Januar nach Toronto zu kommen, um dort zu sprechen und mit ihm gemeinsam die Veranstaltungen zu leiten.

Am Tag vor Randys Abreise nach Toronto bekam er einen Anruf von einem Freund namens Richard Holcomb. Richard hatte während der letzten zehn Jahre eine bedeutsame Rolle in Randys Leben gespielt und ihm oft zur rechten Zeit Mut zugesprochen. Richard hatte keine Ahnung von dem, was Randy gerade vorhatte, doch er spürte, daß Gott ein Wort für Randy hatte: »Prüfe mich jetzt, prüfe mich jetzt, prüfe mich jetzt. Habe keine Angst; ich werde dich stärken. Ich will, daß deine Augen offen für meine Hilfe im Himmel werden, so wie dem Gehasi die Augen geöffnet wurden. Und sorge dich nicht, denn wenn du dir Sorgen machst, kannst du mich nicht hören.« Es ist nicht übertrieben zu sagen, daß Randys Glaube durch dieses Wort außerordentlich gestärkt wurde.

John hatte ihn ursprünglich für vier Tage eingeladen, doch daraus wurden zehn. Randy wurde auf mächtige Weise von Gott dazu benutzt, das Feuer der Erneuerung anzuzünden, und er leitete den ganzen Februar und bis Mitte März einen Teil der Veranstaltungen, bis es dringend erforderlich wurde, daß er zu seiner Familie und seiner Gemeinde nach St. Louis zurückkehrte.

Anfangs befürchtete man zwar, die Dynamik der Erneuerung sei von Randys Gegenwart abhängig, doch bald stellte sich zur allgemeinen Überraschung heraus, daß sich Randys »Wirkung« einfach auf die Gemeinde übertragen hatte. Mitte Februar leiteten John und Carol eine Heilungskonferenz in einer anderen Stadt, und als sie von dem berichteten, was daheim geschah, fiel dort auf die Leute ein heiliges Lachen, eine »Erfrischung« durch den Heiligen Geist, die sie nur kurze Zeit später auch in ihrer eigenen Gemeinde erleben sollten. Am Ende dieses Monats waren die Arnotts in Ungarn und erlebten dort den Ausbruch einer Erneuerung. Von den Pastoren und Gemeindeleitern, welche die *Airport Vineyard*-Gemeinde besuchten, um innerlich »erfrischt« zu werden, schrieben viele später nach ihrer Rückkehr, daß der Geist eine ähnliche Erneuerung und Erweckung in ihren Heimatgemeinden bewirkt habe.

Der Titel dieses Buches lautet »Der Toronto-Segen«. So haben viele Pastoren und Gemeindeleiter aus England – sichtlich berührt – die Erfahrung benannt, die einen derartigen Effekt auch auf ihre eigenen Gemeinden in ganz England gehabt hat, ganz besonders nach Meinung vieler auf die *Holy-Trinity-Brompton*-Gemeinde in London und die *South West London Vineyard*-Gemeinde.[1] Kapitel 5 enthält mehrere Berichte des erneuernden, erweckenden Wirkens des Geistes aus anderen Gemeinden.

Unter den Gastrednern nach Randy waren Larry Randolf und die *Vineyard*-Pastoren Mike Turrigiano, Happy Leman, Wes Campbell, Ralph Kucera und Ron Allen. Sie sind nicht nur zum Dienen gekommen; sie alle haben berichtet, auch selbst viel Segen und Kraft vom Heiligen Geistes empfangen zu haben; sie sind zu ihren eigenen Gemeinden zurückgekehrt, wo sie als »Zündfunken der Erweckung« von Gott benutzt wurden. Auch John White und John Wimber haben bei Veranstaltungen der *Airport Vineyard*-Gemeinde mitgewirkt und ihre Erfahrung, Weisheit und Ratschläge in den geistgewirkten Aufbruch eingebracht.

Sowohl John als auch Randy wurden durch die Arbeit von Rodney Howard Browne geprägt, doch die Durchführung oder das Modell der Veranstaltungen in der *Airport*-Gemeinde ist deutlich anders: Bei Rodneys Veranstaltungen ist er der einzige, der für die Anwesenden betet, während in der *Airport*-Gemeinde ein Team von dreißig geschulten Mitarbeitern für alle betet, die nach vorn kommen, um sich segnen zu lassen. Durch den Einsatz eines Teams in der *Airport*-Gemeinde können mehr Leute häufiger Gebet empfangen; die Anwesenden werden sogar dazu aufgefordert, wiederholt nach vorn zu kommen und für sich beten zu lassen; wenn sie im Geist ruhen, sollen sie einfach am Boden liegenbleiben und den Segen »aufsaugen«, während Team-Mitglieder mehrfach wiederkommen und erneut für sie beten.

Die verschiedenen äußerlichen Manifestationen, die buchstäblich von Tausenden und Abertausenden erlebt worden sind – unkontrollierbares Lachen, »Trunkenheit« im Geist, heftiges Weinen, Hinfallen, Schüttelkrämpfe oder Zuckungen, Luftsprünge, lautes Rufen, Visionen, prophetische Worte und Ankündigungen, häufig begleitet durch physische Erscheinungen – diese Manifestationen fallen dem Besucher, der zum erstenmal da ist, sofort ins Auge. Es gibt immer solche, die die Veranstaltung besuchen, einen Blick auf das Geschehen werfen und zu dem Schluß kommen, der Lärm und der Überschwang passen eher zu einem Fußball-Spiel als zu einem Gottesdienst; kopfschüttelnd gehen sie wieder nach Hause und sagen sich: »Das kann nicht von Gott sein, und ich will nichts damit zu tun haben.«

Andererseits gibt es Tausende, die gekommen sind und lange genug geblieben sind, um sich an dem Anbetungsprozeß zu beteiligen, die Zeugnisse auf sich wirken zu lassen und der Verkündigung des Wortes zuzuhören und die dann der Einladung gefolgt sind, nach vorn zu kommen, um für sich beten zu lassen. Die Hingabe und Glaubenserwartung, die Abend für Abend die Atmosphäre bestimmen, sind etwas Wunderbares, und ob man die Manifestationen, die die Veranstaltungen kennzeichnen, nun »mag« oder nicht, so sagen diejenigen, die ihr Zeugnis geben, immer wieder, daß der Herr ihnen persönlich und mit lebensverändernden Folgen begegnet sei. Oft wird dies durch die Manifestationen signalisiert, aber genau das sind sie auch nur: Signale. Es ist, als werde eine fremde, nonverbale Sprache dazu benutzt, um das zu beschreiben und zu erklären, was der Geist Gottes in dem Leben des Betreffenden bewirkt, sei es eine Erfrischung oder eine Wiederherstellung, eine Heilung oder eine radikale Vertiefung von Glaube und Hoffnung, eine Neuberufung zum Dienst oder eine Ermächtigung für einen Dienst unter völlig neuen Aspekten.

Gleichzeitig mit den Erlebnissen der Arnotts 1992 und 1993 gab es mehrere prophetische Ankündigungen, die dieses bemerkenswerte Handeln des

Geistes in der *Airport Vineyard*-Gemeinde voraussahen. Marc Dupont schloß sich den Mitarbeitern der *Airport*-Gemeinde im Frühjahr 1992 an; seine Gabe ist die der prophetischen Ermunterung und Lehre, sowohl vor Ort als auch international. Was folgt, ist eine überarbeitete Abschrift seiner zweiteiligen Prophetie vom Mai 1992 und Juli 1993.

»Teil 1: Mai '92, während eines Aufenthalts in Toronto, für das Gebiet Südontario:
I. Eine Vision von Wasser, das auf und über einen extrem großen Fels-brocken floß. Die Wassermenge glich der der Niagara-Fälle.
A. Toronto wird ein Ort sein, wo viel lebendiges Wasser fließen wird, ob-wohl die Kirche und die Stadt zur Zeit großen Felsbrocken gleichen: kalt und hart, [und resistent] gegen Gottes Liebe und seinen Geist. Der Wasserfall wird so mächtig sein, daß er die großen Felsbrocken in kleine Steine zerschmettern wird, die sich für den Bau des Reiches eignen. Jene Steine, die sich dem Geist widersetzen, werden zu Staub zermahlen.
Es wird keine wahre Einheit unter den Gemeinden geben, bis sie dem prophetischen Ruf des Vaters folgen. Das Zerbrechen von Stolz und Starrheit wird Christen und Gemeinden hervorbringen, die sich in der Hand des Baumeisters [wie Steine] zusammenfügen lassen. Zur Zeit las-sen sich die ›lebendigen Steine‹ nicht kompakt zusammenfügen, weil sie erhebliche Unebenheiten aufweisen, die eine Distanz zwischen den Gemeindeleitern verursachen. Diese Unebenheiten sind Stolz und Arroganz.
Die Einheit unter den Gemeinden wird [jedoch] ein wachsendes und mächtiges Instrument sein, das die Liebe Christi in diese Stadt hinein-trägt. Es wird einen neuen Standard der Zusammenarbeit zwischen ver-schiedenen Pastoren geben, [wenn sie] gemeinsam Verkündigung betrei-ben und gemeinsam beten.

B. Der Felsen in der Vision wird von einem Felsen des Todes in den Felsen aus Psalm 40 umgewandelt werden und in den Felsen, von dem Jesus sagte, er werde nicht von den Mächten der Unterwelt überwältigt werden. Die Menschen in Toronto werden Gott anrufen, und der Herr wird ihnen antworten, indem er ihre Füße auf seinen Felsen stellt, [mit einem erneuerten Bewußtsein] der innigen Verbindung zu ihm. Dann werden unsere Füße zu Füßen werden, die mit dem Evangelium gegen die Mächte der Unterwelt voranschreiten können. Viele Menschen wer-den das neue Lied hören, das Gott seinem Volk in den Mund legen wird, und viele werden den Herrn fürchten lernen. Ein neues Lied wird aus dem Herzen der Kirche hervorströmen, wenn wir dem Wirken des Heiligen Geistes folgen. Damit ist nicht etwa ein ›neues Lied‹ im eigentlichen Sinne gemeint, sondern eine neue Freiheit zur Anbetung, wobei Gottes Gunst und Gegenwart auf uns ruhen. In dieser Freiheit werden viele Gemeinden die Anbetung in öffentliche Orte hinaustragen, wo sie von kirchenfernen Menschen gehört werden kann. Die Künstler und Musiker Torontos werden ein starkes Wirken von Gottes Geist erleben.

C. Viele, die wie Elija allein den ›Berg‹ besteigen, um das Gesicht des Herrn zu suchen, werden die Entdeckung machen, daß dort schon viele andere sind, die den Herrn aus tiefer Seele anrufen. Viele von jenen, die wahre Fürbitte leisten und zu Gott rufen, stehen außerhalb des normalen Christentums. Die meisten von ihnen befinden sich zur Zeit außerhalb des sichtbaren Bildes dessen, was gerade geschieht. Gegen Ende '93 und das ganze Jahr '94 hindurch werden viele gewöhnliche Christen von sich aus Gebetsgruppen gründen, um Fürbitte für die Stadt, die Nation und die Völker zu leisten.

D. [Genau wie] die Jünger Jesu aus vielen unterschiedlichen Lebensbereichen berufen wurden, so werden auch viele der Leiter bei dem, was Gott vorhat, aus vielen unterschiedlichen Bereichen kommen. Auch von ihnen werden viele nicht zum Hauptstrom der Christen gehören, und viele werden kaum Erfahrung mitbringen, doch Gott wird sie sowohl auf dem Gebiet der Evangelisation, der Zeichen und Wunder als auch bei der Anleitung Neubekehrter in der Nachfolge einsetzen.
[Eine große Zahl von] Pastoren und Gemeinden aus traditionellen Konfessionen werden im Vorfeld des bevorstehenden Wirkens des Geistes sein. Ich glaube, daß viele evangelikale Pastoren eine enorme prophetische Salbung ihrer Arbeit erleben werden und daß Gott sie dazu benutzen wird, andere Pastoren zu erreichen.
Viele gegenwärtige Leiter werden in dem kommenden Wirken keine Leiter sein, weil viele sich disqualifizieren werden, indem sie nicht dem folgen, was der Vater sagen wird. Wie Jesus sagte: ›Denn wer hat, dem wird gegeben, und er wird im Überfluß haben; wer aber nicht hat, dem wird auch noch weggenommen, was er hat.‹

E. Wie Jerusalem wird Toronto ein Zentrum werden, von dem viele zu den Völkern auf allen Kontinenten ausgesandt werden. Der Herr wird viele Menschen [aus]senden, mit seinem Geist erfüllt, [die in der Lage sind] *machtvoll Gaben einzusetzen, eine klare Vision und Liebe zu bringen. In dem Wirken, das bevorsteht, werden neue Bibelschulen, Ausbildungszentren und Leiterschaftsschulen gegründet werden. Diese Schulen werden sich nicht nur auf Bibelwissen konzentrieren, sondern auch darauf, zerbrochene Herzen zu heilen, die Gebundenen freizulassen und innige Beziehungen zum Vater zu fördern.*

II. Als Gottes Felsen aus der steinernen Stadt emporgehoben wurde, nahm er die Form eines riesigen Staudamms an, der das lebendige Wasser enthielt. Gleichzeitig begann das Wasser, über den Damm zu strömen und machtvoll Richtung Westen zu fließen.

Ich sah, wie dieses Wasser in der Form eines starken, reißenden Flusses in Richtung Westen bis zu den Rocky Mountains floß, um dann am Ostrand der Berge nordwärts und schließlich wieder nach Osten über die Ebene zu fließen. Im wesentlichen bildete der Fluß einen riesigen Kreis, der das Flachland Kanadas umschloß. Als das Wasser, das in Toronto entsprungen war, die Ebene erreichte, stieß es in vielen Gebieten auf Brunnen oder Gewässer. Ich glaube, diese Gewässer symbolisieren Überreste von Mennoniten und anderen Gruppen, die vor vielen Jahren eine Erweckung erlebt haben, die jedoch wie ein unbenutzter Brunnen lange Zeit nicht mehr angezapft worden sind. Als sich die Wassermengen vermischten, wurden die Brunnen lebendig und fingen an, viele Gebiete im Flachland mit ihrem Wasser zu benetzen, und diese Gebiete wurden dann zu Zentren der Erweckung, die sich daraufhin auf andere Städte und Orte ausweiteten. Ich glaube daran, daß es ein großes Kontingent von Gebetskämpfern gibt, Nachfahren derer, die vor vielen Jahren bei Gott für ihr Land eingetreten sind.

Teil 2: Ergänzende Fortsetzung, 5. Juli 1993 während eines Aufenthalts in Vancouver (Kanada). Nähere Einzelheiten für die gegenwärtige Leiterschaft des Leibes Christi in Toronto.

III. Ich glaube, der Herr gab mir zu verstehen, daß es in diesem Sommer und Herbst zu einer Verstärkung der Evangelisation, des Wirkens des Heiligen Geistes und des Rufes zum fürbittenden Gebet kommen wird, wobei sich das Tempo der Entwicklung bis ins neue Jahr hinein steigern wird. Zugleich wird das Feuer des Schmelzofens noch heißer brennen, [insbesondere] für die gegenwärtige Leiterschaft. Wie in Maleachi 3 [gefragt wird]: ›Wer kann bestehen, wenn er erscheint? Denn er ist wie das

37

Feuer im Schmelzofen‹, so werden viele Leiter sehr geprüft werden; sie werden im wesentlichen in zwei Richtungen gehen: zum einen in eine verstärkte Haltung des Gebets, des Wartens und Hörens auf den Vater und des Handelns aus Gehorsam. Zum anderen werden viele in Versuchung und Sünde fallen und werden den Dienst verlassen oder das Gericht über sich selbst und ihre Gemeinden bringen. Diese ihrerseits werden eine große Prüfung durchmachen und viele werden dabei an den Rand ihrer Existenz gelangen. Jene, die das auffangen, was der Geist ihnen sagt, werden radikale Schritte unternehmen, die extrem [schwierig] für solche in den Gemeinden sein werden, die nicht hören, was der Geist sagt.

Gott kündigte mir ebenso eine extreme Gefahr für Leiter an, die sich weiterhin dem Heiligen Geist [widersetzen]. Ich halte es für dringend erforderlich, daß die Leiterschaft der Kirche demütig im Gebet für die anderen Leiter in ganz Toronto ausharrt.

IV. Im wesentlichen wird es zwei Phasen in diesem Geschehen geben, die durch die beiden Phasen in Ezechiels Vision des Tales der ausgetrockneten Gebeine sinnbildlich dargestellt werden.

A. In der ersten Phase werden die Gebeine mit Muskeln, Sehnen und Fleisch überzogen. Dies ist die prophetische Phase, in der die Kirche und die Leiter anfangen, den Vater zu suchen und ihn um Gnade, Erbarmen und ein souveränes Handeln seines Geistes anzuflehen. Während dieser Zeit werden sich die Leiter zum Gebet zusammenfinden, und zwar mit einer neuen Einstellung der Demut, wenn ihnen klar wird, daß der Herr uns dazu beruft, Dinge zu tun, die völlig außerhalb unserer Fähigkeiten und unseres Erfahrungsbereichs liegen. Wir sollten uns unbedingt klarmachen, daß Ezechiel auf die Frage des Herrn, ob die ausgetrockneten Gebeine wieder lebendig werden könnten, [mit Ratlosigkeit und] mit der Antwort reagierte, der Herr selbst wisse dies. Auf dieselbe Weise wird der Vater den Leitern Dinge sagen, die nach unserem Verständnis des Machbaren in unserer Gegenwart und Kultur [ebenso unmöglich] erscheinen werden.

B. Die zweite Phase ist die apostolische Phase der Macht und Autorität, die über die Kirche im Gebiet von Toronto kommen wird. Es wird ein Wirken des Geistes Gottes in der Stadt geben, das Zeichen und Wunder umfaßt, wie es in den Anfangsjahren der Kirche in Jerusalem der Fall war. Im Leib Christi werden Leiter bereitgestellt werden, die mit einer überkonfessionellen Autorität handeln werden. Sie werden den Pastoren ein Pastor sein, und sie werden in [allen] *Glaubensrichtungen innerhalb des Leibes Christi als Fürsprecher und Leiter anerkannt werden. Erst wenn alle fünf Ämter des Epheserbriefs* [4,11] *funktionsfähig sind und wenn die Leiter im Geist Einigkeit erlangt haben, wird es einen mächtigen Ausbruch des Evangeliums durch die Kirche geben, der die Menschen in Süd-Ontario berührt.*

Ich bin davon überzeugt, daß es eine außerordentlich starke Freiheit und Offenheit für übernatürliche Dingen geben wird, für Heilungen und Zeichen und Wunder, die sich sehr regelmäßig im Leib Christi ereignen und die insbesondere [das Leben von] *Nichtchristen berühren werden.«*

Es gab eine Reihe von anderen, wenn auch nicht so detaillierten prophetischen Ankündigungen. Eine Mitarbeiterin in Randy Clarks Gemeinde in St. Louis betete eine Woche vor Randys Ankunft in Toronto für die Veranstaltungen dort. Während des Gebets hatte sie eine Vision, in der sie eine Landkarte von Nordamerika sah, die wie in der altbekannten Fernsehsendung *Bonanza* Feuer fing. Das Zentrum des Feuers war Toronto; die Flammen brannten dort ein Loch in die Karte und breiteten sich in ganz Süd-Ontario aus, um von dort aus in alle Richtungen weiterzubrennen.

Am Beginn dieses Kapitels stand die Frage: »Warum hat Gott sich ausgerechnet die *Airport Vineyard*-Gemeinde für die Ausgießung seines Geistes ausgesucht?« Der kurze geschichtliche Abriß sowie die Beschreibung der impliziten Werte und Prioritäten in der Arbeit der *Airport*-Gemeinde liefern einen ersten Antwortversuch auf diese Frage. Hinzu kommt die Tatsache, daß alles mit der Leiterschaft steht und fällt; John und Carol Arnott wissen, was es heißt, gebrochen zu werden. Sie wissen persönlich, wie stark das Bedürfnis nach bedingungsloser Annahme sein kann. Sie haben eine wunderbare, demütige Einstellung; für sie ist klar, daß sie die Autorität Gottes und auch der Menschen, die ihnen übergeordnet sind, in allen Belangen anerkennen müssen. Ihr Herzenswunsch ist es, eine stetig tiefer werdende Innigkeit mit dem Herrn zu erleben, und sie haben ihr Leben in den Dienst seines Reiches gestellt. Sie sind großzügig und freigebig; sie haben einen großen Respekt vor dem gesamten Leib Christi und möchten ihm zum Segen werden. Die Arnotts schaffen es, über die Eigenheiten in der Theologie und der kirchlichen Arbeitsweise anderer hinwegzusehen und sie empfangen und segnen, was der Herr in und durch unvollkommene Menschen, wie sie es selbst sind, bewirkt.

Dem Wachstum der Ortsgemeinde haben sie ein Konferenzmodell der Gemeindearbeit zugrundegelegt, und sie haben eine ausdrückliche Liebe – und das Stehvermögen! – für diesen Arbeitsstil. Die Arnotts und die gesamte Gemeindeleitung der *Airport Vineyard*-Gemeinde streben danach, den Missionsgrundsatz der Gemeinde (»In Gottes Liebe wandeln und sie verschenken«) persönlich auszuleben. Sie haben ihr Versprechen, das, was sie empfangen, an andere weiterzugeben, mehr als gehalten ... doch dies alles beantwortet die Frage nach dem »Warum« noch nicht endgültig. Das kann es nicht, und das sollte es auch nicht.

Wenn es eine bestimmte Konstellation an Vorbedingungen und an übertragbaren Prinzipien, sozusagen eine »Methodologie« gäbe, dann würde die Dynamik des »kontrollierten Vorwärtsdrängens« gefährdet und sogar zerstört werden. Abend für Abend geht die Initiative von Gott aus; es ist seine souveräne Autorität, seine souveräne Entscheidung, die *Airport*-Gemeinde »aufzusuchen« und seinen Geist auszugießen.

Wer weiterhin »Warum?« fragt, der dringt in den Kern dessen ein, was die Theologie »Inkarnation« nennt: Menschwerdung. Eine biblische Grundlage für das Phänomen der Geistesmanifestation zu legen ist das Thema des nächsten Kapitels.

Kapitel 3

Ausweitung unserer praxisbezogenen Theologie

Eine biblische Grundlage für Erneuerung und Erweckung

»Der Gott Jesu Christi, unseres Herrn, der Vater der Herrlichkeit, gebe euch den Geist der Weisheit und Offenbarung, damit ihr ihn erkennt. Er erleuchte die Augen eures Herzens, damit ihr versteht, zu welcher Hoffnung ihr durch ihn berufen seid, welchen Reichtum die Herrlichkeit seines Erbes den Heiligen schenkt und wie überragend groß seine Macht sich an uns, den Gläubigen, erweist durch das Wirken seiner Kraft und Stärke« (Eph 1,17-19).

Um den 20. Juni, also sechs Monate nach dem Beginn der geistgewirkten Manifestationen, überschritt die Zahl der Erstbesucher bei den Abendveranstaltungen die Fünfzigtausend-Marke. Etwa gleichzeitig zogen die Veranstaltungen die Aufmerksamkeit der säkularen Medien auf sich, interessanterweise zuerst in England. Der erste Bericht erschien in dem Londoner Sunday Telegraph; die BBC schloß sich an. Wenig später strahlten die Nachrichtensender CFTO und CBC in Toronto in den Sechs-Uhr-Nachrichten kürzere Berichte aus, gefolgt von Artikeln in der Torontoer Zeitung The Globe and Mail, The Hamilton Spectator und dem internationalen Time Magazine.[1] Im großen und ganzen sahen die Berichte die Erneuerung in einem positiven Licht; die Überschrift im Globe lautete beispielsweise: »Erweckungsgemeinde – Menschen strömen in Scharen zu einer Gemeinde, wo lauthals gelacht, zu Boden gefallen und wie ein Löwe gebrüllt wird.« Eines ist zumindest an dieser Tatsache erfreulich, nämlich, daß die säkulare Presse hier die Gelegenheit hatte, eine christliche Gemeinde ins Rampenlicht zu rücken, ohne über einen Skandal berichten zu müssen.

Dies muß allerdings durch eine genauere Definition korrigiert werden: … ohne über einen moralischen Skandal berichten zu müssen. Wenn wir das neutestamentliche Wort *skandalon* bemühen wollen, dann sind die Veranstaltungen in der *Airport*-Gemeinde sehr wohl »skandalös«: Sie sind, wie das

41

Wort *skandalon* häufig übersetzt wird, für manchen gewissermaßen ein »Stein des Anstoßes«. Wie im vorangegangenen Kapitel angemerkt wurde, ist es so gut wie unmöglich, die Zahlen jener zu erfassen, die eine einzige Veranstaltung besucht haben, um dann den Schluß zu ziehen, daß das, was sie dort erlebten, »nicht von Gott war«.

Diese Reaktion ist nicht untypisch; es gibt sowohl biblische als auch historische Beispiele dafür, sogar in einem solchen Ausmaß, daß man mit Jonathan Edwards sagen möchte: »Es ist noch nie eine große Bekundung Gottes an die Welt ergangen, die nicht mit vielen Schwierigkeiten behaftet gewesen wäre.«[2] Mehrere Aspekte spielen hier eine Rolle, in erster Linie jedoch unser persönlicher Erfahrungshintergrund und unsere Erwartungen. Diese sind wiederum abhängig von unserem Verständnis dessen, was Theologen die manifeste Gegenwart Gottes nennen, jene Momente und Gelegenheiten, wenn Gott seine Gegenwart kundtut, wenn er uns erlaubt und befähigt, seine Gegenwart zu »sehen«, zu »hören« oder zu »spüren«.

Einer der Zeitungsberichte bringt dies zutreffend zum Ausdruck; die folgenden Worte waren zwar in der Absicht formuliert worden, durch Sinnübertragung das Interesse des Lesers zu erwecken, doch sie enthalten eine bedeutende theologische Aussage: »Gerade als am Donnerstag abend Flug 092 der *British Airways* auf der Rollbahn des Torontoer Flughafens startete, setzte der Heilige Geist auf einem kleinen Gebäude nur ein paar hundert Meter vom Ende der Rollbahn entfernt zur Landung an.«[3] Sowohl innerhalb als auch außerhalb der christlichen Kirche wurde dieser Satz gelesen und belächelt, aber dennoch macht er eine Aussage von durchdringender biblischer Relevanz.

Theologen sehen die Gegenwart Gottes unter zwei Aspekten. Zum einen ist er »allgegenwärtig«. Darunter ist zu verstehen, daß Gott zu allen Zeiten an jedem Ort ist. Dies ist ein theologischer Gedanke, eine philosophische, intellektuelle Überzeugung, die mit Gottes »Großsein« zu tun hat; für das höchste aller Wesen, für den Schöpfer und Herrn des Universums wäre es unendlich viel »schwieriger«, nicht allgegenwärtig zu sein.

Zudem geht es hier auch um eine Glaubenserklärung, die sich auf biblische Offenbarung gründet. Ein Beispiel soll genügen: In Psalm 139, Vers 7 wird die Frage gestellt: »Wohin könnte ich fliehen vor deinem Geist, wohin mich vor deinem Angesicht flüchten?« Der Psalmist denkt hier über Gottes »Überallsein« nach,[4] über Gottes Allgegenwart in jedem Augenblick, jeder Stunde, an jedem Ort. Der deutsche Mystiker Meister Eckhart hat es vor fünfhundert Jahren folgendermaßen ausgedrückt: »Es gibt keinen Ort, an dem Gott nicht ist.« Martin Luther sagte einfach: »Gott ist allem näher, als es sich selbst ist.«

Der Haken an der Sache ist, daß Gottes Allgegenwart ein ziemlich abstraktes, ungreifbares Konzept ist. Sie ist sogar, um mit dem Psalmisten zu sprechen, alles andere als tröstlich. Gottes Allgegenwart ist ein Grundrahmen, ein Kontext, ein Hintergrund, vor dem wir unseren Glauben leben, doch sie stellt keine Dynamik dar, die uns von Grund auf verändern könnte.

In dem Bestreben, den zweiten Aspekt der Gegenwart Gottes zu ergründen, haben wir eine Art inoffizielle Umfrage in der *Airport Vineyard*-Gemeinde gestartet und gelegentlich die Frage gestellt: »Wenn Sie ausschließlich Ihr persönliches, subjektives und aktuelles Erleben zugrunde legen, wie viele von Ihnen würden ohne jegliche Zweifel sagen, daß Gott sehr nahe ist und sich in Ihrer unmittelbaren Gegenwart befindet?«

Manche bejahen die Frage. Sie haben vor kurzem die Gegenwart des Herrn erlebt, und sie sind sich dieser Begegnung, dieser Offenbarung, dieser »Berührung« derartig sicher, daß sie absolut keine Zweifel daran haben. Einige haben den Herrn oder etwas von seiner Herrlichkeit gesehen; sie haben einen Traum oder eine offene Vision empfangen. Einige haben gesprochene Worte gehört; manche haben in ihren Herzen Worte vernommen, doch immerhin waren es Worte; Worte, die keine Zweifel daran ließen, wer sie gesprochen hatte. Manche haben die Berührung des Herrn regelrecht körperlich erfahren. Manche haben die heilende oder segnende Hand des Herrn auf sich gespürt. Bevor ich Mitarbeiter der *Airport*-Gemeinde wurde, hatte ich noch nie von jemandem gehört, der die Gegenwart Gottes riechen konnte, doch ich habe persönlich einen solchen Fall miterlebt und weiß, daß auch dies zum Erfahren der Gegenwart Gottes gehört!

Es gibt eine lange Liste von biblischen Beispielen für diese Art der direkten, persönlichen Begegnung mit Gott; die Heilige Schrift ist ja im Grunde genommen die detaillierte Chronik jener Begebenheiten in der Geschichte der Menschheit, bei denen Gott seine Gegenwart kundgetan hat: Gegenüber Adam und Eva, Abraham, Mose und Israel … gegenüber den Propheten … an Pfingsten und bei der Bekehrung des Saulus, um nur ein paar Markierungspunkte herauszugreifen. Die gesamte Bibel verkündet Gottes dynamische Gegenwart inmitten seines Volkes, sei es ein Feiern seines Eingreifens in vergangener Zeit, eine Schilderung von kürzlich erlebten Dingen oder eine Vorschau auf seine höchste und ewige Manifestation am Ende der Weltgeschichte: »Er wird in ihrer Mitte wohnen« (Offb 21,3). Die gesamte Heilige Schrift ist eine Dokumentation von Gottes Kommen zur Menschheit und zwar aus seiner eigenen Initiative heraus. Es ist die erfahrene Realität der Gegenwart Gottes, die den Kern des biblischen Glaubens ausmacht; die »Theologie der Gegenwart« ist ein so einzigartiger Aspekt der Bibel, daß sie das Christentum wesentlich von der klassischen Antike einerseits und den gegenwärtigen Weltreligionen andererseits unterscheidet.[5]

Und Gott hat sich nicht ausschließlich in biblischen Zeiten kundgetan, um anschließend von der Bildfläche zu verschwinden; es gibt fortlaufende und dokumentierte Belege für sein offensichtliches Wirken während der gesamten Kirchengeschichte.

Thomas von Aquin gilt als eine der intellektuellen Größen des Christentums; das Ausmaß, in dem er die Dogmen und die Moraltheologie, die Philosophie und Exegese geprägt hat, ist wahrhaft beeindruckend; neuere Ausgaben seiner Werke füllen fünfundzwanzig Bände mit jeweils durchschnittlich sechshundertfünfzig Seiten. Sein Werk mit einem einzigen Abschnitt beschreiben zu wollen grenzt an Größenwahn; ein vielsagendes Zitat soll hier herausgehoben werden:»Reine Freude gehört Gott, und dies verlangt nach Gemeinschaft.«[6]

Anfang Dezember 1273, kurz vor seinem Tod, wurde er beim Lesen der Messe so ergriffen, daß er daraufhin kein Wort mehr diktierte oder schrieb. Dies war ungewöhnlich; einer seiner Sekretäre drängte ihn, seine Arbeit wieder aufzunehmen, doch der große Doktor antwortete:»Ich kann es nicht. Alles, was ich geschrieben habe, ist wie Stroh im Vergleich zu dem, was ich gesehen habe und was mir offenbart worden ist.«[7]

Der Mathematiker, Physiker, Philosoph und Theologe Blaise Pascal beschrieb eine Begegnung mit Gottes Gegenwart, die ihn so tiefgreifend beeinflußte, daß er seine Niederschrift davon stets bei sich trug; sie war in das Futter seiner Jacke eingenäht. Der Bericht trägt die Überschrift:»Das Memorial«

»Jahr der Gnade 1654. Montag, den 23. November, (…)
Seit ungefähr abends zehneinhalb bis ungefähr eine halbe Stunde nach Mitternacht.
Feuer.
›Gott Abrahams. Gott Isaaks, Gott Jakobs.‹
Nicht der Philosophen und der Gelehrten.
Gewißheit, Gewißheit, Empfinden. Freude, Friede.
Gott Jesu Christi.
Deum meum et Deum vestrum [Mein Gott und Euer Gott].
›Dein Gott ist mein Gott.‹ (…)
Freude, Freude, Freude, Tränen der Freude. (…)
Möge ich nie von ihm geschieden sein.
Nur auf den Wegen, die das Evangelium lehrt, kann man ihn bewahren:
Vollkommene und liebevolle Entsagung. Vollkommene Unterwerfung unter Jesus Christus (…) Eine Ewigkeit Freude für einen Tag Mühe auf Erden.«[8]

David Brainerd war einer der ersten Missionare, die das Evangelium zu den Indianern in den Neuenglandstaaten brachten. Sein Tagebuch, das von Jonathan Edwards herausgegeben wurde, war die erste in Amerika gedruckte Biographie, die internationale Beachtung fand und stellte die erste vollständige Biographie eines Missionars dar, die je veröffentlicht wurde.[9] In seinem Tagebuch berichtete Brainerd das folgende Erlebnis:

>*Ich befand mich in einer niedergedrückten, melancholischen Stimmung und versuchte zu beten, doch es gelang mir nicht, mich mit dieser oder einer sonstigen Pflicht zu befassen. ... Als ich durch ein dunkles Dickicht ging, schien sich eine unaussprechliche Herrlichkeit der Sicht und Wahrnehmung meiner Seele zu öffnen. Ich meine kein äußerliches Licht, denn ein solches sah ich nicht; ebenfalls meine ich keine Phantasie eines Lichtkörpers irgendwo im dritten Himmel oder ähnliches; vielmehr handelte es sich um eine neue innere Wahrnehmung oder Sicht, die ich von Gott hatte. Etwas Derartiges, auch nur entfernt Ähnliches hatte ich noch nie erlebt. Ich stand still, staunte und bewunderte! Ich wußte, daß ich noch nie etwas von vergleichbarer Vorzüglichkeit und Schönheit gesehen hatte; es war außerordentlich verschieden von allen Vorstellungen, die ich je von Gott oder göttlichen Dingen gehegt hatte.*
Meine Seele war voller unaussprechlicher Freude angesichts eines solchen Gottes, solch eines wunderbaren göttlichen Wesens, und ich war innerlich glücklich und froh darüber, daß er Gott über alles für alle Ewigkeiten ist. Meine Seele war so gebannt und froh über die Vorzüglichkeit, Schönheit, Größe und andere Vollkommenheiten Gottes, daß ich ganz in ihm aufging.<*[10]

Während der gesamten Kirchengeschichte war es die Begegnung mit Gottes »erfahrbarer« Gegenwart, die Männer und Frauen zum Glauben und zur Mission gerufen hat. Eckhart drückt es anschaulich aus, wenn er sagt: »Angenommen, jemand sitzt im Versteck und regt sich; dadurch verrät er seine Gegenwart. Und Gott tut dasselbe; niemand hätte ihn je finden können – er gibt seine Gegenwart zu erkennen.«

Unser Ausgangspunkt war eine kurze Betrachtung von Gottes Allgegenwart; nun wollen wir uns mit der Gegenwart Gottes beschäftigten, die sich manifestiert; nicht mit einem in Lehrsätzen abgefaßten Glauben, der Gewißheit des Glaubens, sondern mit persönlicher Erfahrung, durch die wir die unmittelbare Nähe Gottes persönlich sehen, hören und spüren.

Theologisch betrachtet geht es uns hier um den allgegenwärtigen und ewigen Gott, der seine Gegenwart in Raum und Zeit lokalisiert und aktualisiert. Um es noch einmal zu sagen: Das Kommen Gottes zu uns ist von absolut zentraler Bedeutung für unseren Glauben. Wenn wir alle Bibelstellen über die sich manifestierende Gegenwart Gottes streichen, bleiben lediglich die Genealogien, das Buch Esther, die Sprichwörter und Philemon übrig. Selbst davon müssen wir noch einiges aufgeben, wenn wir uns klarmachen, daß das Buch der Sprichwörter, die »Weisheit des Herrn«, personifiziert ist, und als solche kommt »sie« zu uns.[11] Wir haben so gut wie keine Teile der Bibel, in denen Gott sich seinem Volk nicht durch persönliche Erfahrung kundtut.

So hat sich also der Reporter des *Telegraph* theologisch zutreffend ausgedrückt, als er von der »Landung des Heiligen Geistes am Ende des Rollfelds vom Torontoer Flughafen« sprach, denn die Gegenwart des Heiligen Geistes wurde von jenen, die sich dort versammelt hatten, gespürt, gesehen und wahrgenommen.

Die Bibel ist voller Berichte von Menschen, die wortwörtlich »bewegt« wurden, als sie Gottes Unmittelbarkeit erlebten. Abraham fällt beispielsweise zu Boden, desgleichen König Saul, der Prophet Ezechiel, der künftige Apostel Paulus und der Apostel Johannes (Gen 15,12; 1 Sam 19,24; Ez 3,23; Apg 9,4; Offb 1,17). Wer allerdings versucht, die biblische Stichhaltigkeit der physischen Manifestationen in der *Airport*-Gemeinde zu beweisen, der begibt sich unter Umständen auf Glatteis. Doch der Rat des Bibelfachmanns J. L. MacKenzie ist durchaus beherzigenswert: »Wenn ein heftiger Schlag auf den Kopf dazu führen kann, daß man Sterne sieht, dann sollte man nicht unterschätzen, was jemand, mit dem Gott spricht, sehen kann.«[12]

Ohne vorschreiben zu wollen, was geschehen sollte oder muß, wenn Gottes unmittelbare Gegenwart erfahren wird, enthält Daniel, Kapitel 10, Verse 4 ff. wohl die umfassendste Beschreibung von Gottes »Auftauchen«, ein Lieblingsausdruck der *Vineyard*-Gemeinde.

»Am vierundzwanzigsten Tag des ersten Monats stand ich am Ufer des großen Flusses, des Tigris. Ich blickte auf und sah, wie ein Mann vor mir stand, der in Leinen gekleidet war … sein Gesicht leuchtete wie ein Blitz … Seine Worte waren wie das Getöse einer großen Menschenmenge. Nur ich, Daniel, sah diese Erscheinung; … Meine Kräfte verließen mich; ich wurde totenbleich und konnte mich nicht mehr aufrecht halten. Ich hörte den Schall seiner Worte; beim Schall seiner Worte fiel ich betäubt zu Boden und blieb, mit dem Gesicht am Boden, liegen. Doch eine Hand faßte mich an und half mir auf die Knie und Hände. Dann sagte er zu mir: Daniel, du (von Gott) geliebter Mann, achte auf die Worte, die ich dir zu sagen habe. … Fürchte dich nicht, Daniel! … Während er das zu mir sagte, blickte ich zu Boden und blieb stumm. Da berührte eine Gestalt, die aussah wie ein Mensch, meine Lippen. ... Da berührte mich die Gestalt, die wie ein Mensch aussah, von neuem, stärkte mich und sagte: Fürchte dich nicht, du (von Gott) geliebter Mann! Friede sei mit dir. Sei stark, und hab Vertrauen! Als er so mit mir redete, fühlte ich mich gestärkt ... « (Dan 10,4. 6. 7-12. 15-16. 18-19).

Diese Begegnung endet mit einer prophetischen Offenbarung und einer Neubeauftragung.

Abend für Abend hören wir zahllose Zeugnisse von Menschen, die einzelne Aspekte der genannten Phänomene erlebt haben: Hinfallen, Zuckungen, Zittern; Visionen, die für andere unsichtbar waren; das Hören von gesprochenen Worten, oftmals Worte des Trostes, der Ermunterung und der Ankündigung von künftigen Aufgaben; manche wurden beim Namen gerufen oder haben die Hand des Herrn auf sich gespürt. Langjährige Ängste sind beseitigt worden, und neue Hoffnungen sind »geweckt« worden, und zwar in einem solchen Ausmaß, daß viele keine Worte finden können, um die Veränderung zu beschreiben, die sie an sich erleben.

Darüber hinaus sind die biblischen Aufrufe »Freu dich innig am Herrn«, »Juble laut« und »Jauchze« bei Tausenden zur erfahrenen Realität geworden. Das Lachen, das häufig die Veranstaltungsbesucher überkommt, ist nur eine der vielen Ausdrucksformen dieser Freude im Herrn.

Wiederholt ist gefragt worden: »Warum das alles, und warum so plötzlich?« Eine Antwort darauf findet sich in einer Betrachtung der Jahreszeiten, mit denen Gottes Beziehung zu seinem Volk beschrieben wird, Zeiten des neuen Wachstums (Frühjahr), Zeiten der reichen Fruchtbarkeit (Sommer), Zeiten des Schweigens, der Stille, sogar des Todes (Herbst und Winter). Die im Alten Testament dargestellte Geschichte Israels spiegelt diese zyklische Entwicklung wider: der Exodus aus der ägyptischen Gefangenschaft in die Freiheit und dann wieder die Irrwanderung durch die Wüste ... der »Frühling« der Reform und der »Sommer« der Erweckung unter Elija nach einer langen Zeit des Herbstes und des Winters; ähnliche Zeiten der Erneuerungen unter den Königen Joschafat, Hiskija und Joschija und unter Esra und Nehemia. (Vgl. dazu Ex 19; 1 Kön 18; 2 Chr 20; 2 Chr 30; 2 Chr 34-35; Esra 3; 6; Neh 8.) Psalm 85 Vers 6 ruft aus: »Willst du uns ewig zürnen, soll dein Zorn dauern von Geschlecht zu Geschlecht?« Die Grundhaltung in diesem Aufruf zur Erneuerung tritt wiederholt zum Vorschein; beispielsweise spiegelt Psalm 126 diesen »Kreis der Jahreszeiten« wider. Er beginnt mit einem zeitlichen Bestimmungswort (»als«), und in Vers 4 ergeht ein Flehen an den Herrn, wieder die Zeit der Umkehr herbeizuführen:

»Als der Herr das Los der Gefangenschaft Zions wendete, da waren wir alle wie Träumende, … Da war unser Mund voll Lachen und unsere Zunge voll Jubel …Wende doch, Herr, unser Geschick, wie du versiegte Bäche wieder füllst im Südland.

Die mit Tränen säen, werden mit Jubel ernten … «

In der Apostelgeschichte spricht der Apostel Petrus von »Zeiten des Auf-atmens«, was interpretiert bedeutet, daß »Erfrischung vom Herrn« vonnöten ist (Apg 3,19 ff.). Noch deutlicher kommt dieses Konzept in der Ankündigung Jesu im Markusevangelium, Kapitel 1, Vers 15 zum Vorschein: »Die Zeit ist erfüllt, das Reich Gottes ist nahe. Kehrt um, und glaubt an das Evangelium!«

Zeit ist hier ein zentrales Wort. Im biblischen Griechisch gibt es zwei Wörter für Zeit. Zum einen haben wir *chronos*, von dem sich Begriffe wie Chronometer und Chronographie herleiten. Der Begriff *chronos* bezeichnet die Uhrzeit, die Kalenderzeit: ein Uhr, zwei Uhr, drei Uhr; Januar, Februar, März … Zeit, die unaufhaltsam voranschreitet.

Das zweite griechische Wort für Zeit lautet *kairos* und bedeutet eine besondere Zeit. Alle Frauen, die jemals ein Kind zur Welt gebracht haben, kennen den Unterschied zwischen *chronos* und *kairos*. Ungefähr nach neun Monaten der Schwangerschaft, gemessen in *chronos*-Zeit, rütteln viele Mütter in spe ihre Ehemänner bei den Schultern und sagen … »Es ist Zeit!« Woraufhin er ein verschlafenes Auge aufmacht, einen Blick auf die Uhr wirft und sagt: »Es ist drei Uhr siebzehn am Morgen; schlaf weiter.«

Sie redet von *kairos*-Zeit, er von *chronos*-Zeit. Er muß noch einmal kräftig geschüttelt werden, bis er es begreift: »Es ist Zeit!!!«

Der Begriff *kairos* trägt ein Bedeutungselement der »Schwangerschaft« in sich; irgend etwas wird hier immer geboren. Im Markusevangelium steht die Geburt des Reiches Gottes in seiner Gegenwart und Macht bevor, die in Jesus, in seinen Lehren und seinem Wirken kundgetan wird. Daß die Zeit »gekommen« oder »erfüllt« ist, bedeutet, daß eine Wartezeit abgelaufen ist, daß etwas vollendet wurde; die Endphase ist nun gegenwärtige Realität geworden. Es ist nicht nur fast oder nahezu Zeit für das »freudige Ereignis«, sondern die Zeit ist da!!!

Mit Jesus fängt die Zukunft an, die Gott durch die Propheten des Alten Testaments angekündigt hatte. Jesus selbst bekundete dies, als er aus dem 61. Kapitel der Jesaja-Schriftrolle vorlas und dann sagte: »Heute hat sich das Schriftwort, das ihr eben gehört habt, erfüllt.« Die Betonung, die auf dem Wort »heute« liegt, unterstreicht die Tatsache, daß die von den Propheten vorausgesagte Zeit der Erfüllung nun mit Jesus begonnen hat.[13]

Diese Tatsache findet in der Geburtsankündigung des Engels im Matthäusevangelium Kapitel 1, Verse 21 und 23 und Kapitel 2, Verse 1-6 ihren besonderen Ausdruck. Wir kennen die Weihnachtsgeschichte in- und auswendig, so daß diese Verse beinahe einschläfernd wirken; dennoch beinhalten sie den Kern des christlichen Glaubens. In diesen Texten des Matthäusevangeliums ist das, was geboren werden soll, kein Geringerer als Jesus selbst. Sein Name? *Immanuel.* Hebräisch für: »Gott mit uns«. Und als solcher ist Jesus die höchste Manifestation von Gottes Gegenwart.

Diese Verse samt Kontexten verleihen uns eine solide Basis für das Verständnis der »Heimsuchung« der *Airport Vineyard*-Gemeinde.

Jesus wird »von einer Jungfrau geboren«, doch »vom Geist empfangen«. Die Manifestation von Gottes Gegenwart wird von einem Menschen »beherbergt«, doch von zentraler Bedeutung ist hier, von wem die Initiative zu dieser Geburt ausging. Immer ist es Gott, der seine Gegenwart manifestiert, denn wir könnten sie niemals aus eigener Kraft herbeizwingen oder zuwege bringen. Sie ist immer ein Geschenk. Reine Gnade. Etwas, das gegeben wurde.

Warum suchte Gott sein Volk heim, sei es durch Jesus oder später durch seinen Geist? Matthäus sagt es in seinem Evangelium Kapitel 1, Vers 21 ganz deutlich: »... denn er wird sein Volk von seinen Sünden erlösen.« Es ist Gottes Wunsch, den Schaden, den wir angerichtet haben, wiedergutzumachen. In seiner Gnade will er uns eine neue Chance geben und uns erneuern – besser: uns mit sich versöhnen.

Die Versöhnung besteht jedoch nicht nur aus Vergebung allein, obwohl sich ein großer Teil der Christenheit damit schon allein begnügt. Dazu gehört auch das »Immanuel-Sein« des Herrn; im Evangelium des Matthäus schließt sich der Kreis: sei es nun in seiner menschlichen Gestalt oder in seiner auferweckten Gegenwart, so wird der Herr Jesus »alle Tage bis zum Ende der Welt« bei uns sein (Mt 1,23 und 28,20).

Matthäus erklärt uns, was die Gegenwart des Herrn bedeutet: Er kommt als Fürst und Hirte (Mt 2,6). Diese Beschreibung bildet beinahe einen Widerspruch in sich, wenn man von einem weltlichen Wertesystem ausgeht: Macht und Erbarmen treten selten gemeinsam auf. Dennoch bildet dies die Grundlage aller physischen Manifestationen, die eine Gemeinde am Flugplatz von Toronto »Luftsprünge« machen lassen. Was hier geschenkt wird, ist eine erfrischend neue Offenbarung der Autorität und Fürsorge des Herrn seinem Volk gegenüber – kurz, seiner Herrschaft als Hirte.

Die wenigsten von uns sind auf einer Farm aufgewachsen; glücklicherweise haben wir mit dem Psalm 23 eine Beschreibung davon, wie die Fürsorge eines Hirten aussieht. Wer in der *Airport*-Gemeinde »Bekanntschaft mit dem Teppich« gemacht hat, der bekommt ein konkreteres Verständnis von vielem, was in diesem Psalm ausgedrückt wird, darunter nicht zuletzt die Dynamik in Vers 2: »Du ... *läßt* mich ruhen« (Hervorhebung durch den Autor)! Nicht nur das, sondern auch ein neues Verständnis der völligen Fürsorge des Herrn, so daß es hier heißt: »... nichts wird mir fehlen«; ein Verständnis der »neuen Kraft« (Die Gute Nachricht), die der Herr uns gibt; seiner Leitung und Führung »treu seinem Namen«; seines Trostes selbst in den »finsteren Schluchten« unseres Lebens; des Festessens an dem Tisch, den er uns deckt ... die bildlichen Beschreibungen dieses Psalms haben für Tausende und Abertausende eine neue Erfahrungsdimension bekommen.

Eine letzte Lektion, die wir aus dem Verkündigungstext des Matthäus lernen können: Wer weise ist, der strebt nach der Offenbarung von Gottes manifester Gegenwart, ganz gleich, wie hoch der Preis ist. Oft streut der eigene Stolz hier Sand ins Getriebe. Die Weisen, die aus dem Osten gekommen waren, um Jesus zu huldigen, betrachteten es keineswegs als unter ihrer Würde, ein neugeborenes Baby in einem entlegenen Dorf in Judäa anzubeten. Gleiches gilt für jene, die sich auf die Suche nach dem »gelandeten Heiligen Geist hinter der Rollbahn des Flughafens« machen. Wer hätte je damit gerechnet? Unsere Erwartungen erweisen sich doch fast immer als falsch. Genau wie der König der Juden nicht in dem heiligen Tempel zu finden war, nicht einmal sonst irgendwo in der heiligen Stadt, so hat Gott sich für die Bekundung seiner Gegenwart keine Kathedrale, keinen Altarraum ausgesucht, sondern einen Industriekomplex, ein Gebäude, das nicht im entferntesten einer Kathedrale oder Kirche gleicht. Wer sich davon nicht irritieren läßt, macht sich auf den Weg, dorthin, wo der Geist Gottes in manifester Form erscheint.

Bei den Veranstaltungen in der *Airport*-Gemeinde gibt es eine ungewöhnliche Manifestationsform, die auch anderswo beobachtet wurde.[14] Die Betreffenden springen an derselben Stelle auf und nieder, manchmal eine geraume Zeit lang. Es überrascht nicht, daß dieses Phänomen mit der Bezeichnung *pogoing* (eine Art des Hüpfens, die an das Springen mit einem Pogo-Stock erinnert; Anm. d. Übers.) versehen worden ist. Meines Wissens gibt es keine biblische Parallele oder Basis für eine solche physische Manifestation der Macht und Gegenwart des Geistes bei einem Menschen. Ist daraus zu folgern, daß es sich hierbei um etwas »Fleischliches« handelt? Sollte man die Pogo-Hüpfer unverzüglich beiseite nehmen und ihnen das Hüpfen ausreden?

Ein solch unflexibler biblischer Wörtlichkeitsglaube ist dem Geist der Erweckung keineswegs förderlich. Im Grunde genommen läßt sich ohnehin keine der physischen Manifestationen biblisch »beweisen«. Es gibt jedoch die klare Anweisung, die »Geister zu prüfen« (1 Joh 4,1 ff.). Diese Prüfung bezieht sich nicht so sehr auf das, was rein physisch geschieht, also äußerlich an dem Pogo-Hüpfer, sondern auf das Geistliche, das Innere. Einer der effektivsten Tests ist ein einfacher, doch subjektiver: Verspürt der Betreffende nach dem Hüpfen, oder besser gesagt: nach dem »Gehüpftwerden«, eine größere Liebe zu Jesus, die sich dann in seinem Leben auswirkt?

Wenn wir den Ruf zu einer innigen Vertrautheit mit Gott durch Christus als grundlegend für den christlichen Glauben verstehen, dann ist eine stets tiefer werdende Vertrautheit mit dem Herrn von wesentlicher Bedeutung für den Reifeprozeß unserer Beziehung zu Gott. Selbst der kürzeste Überblick deutet darauf hin, daß dies Gottes Wunsch ist. In Genesis 3,8-9 ruft der Herr nach Adam: »Wo bist du?« Die Sachlage war nicht etwa die, daß der allgegenwärtige und allwissende Herr informiert werden mußte, wo Adam steckte; vielmehr war es nach dessen Sünde notwendig geworden, daß er selbst seinen Standort preisgab; er mußte sich finden lassen. Die Frage des Herrn bot ihm die Gelegenheit, auf eine Versöhnung hinzuarbeiten.

Im gesamten Alten Testament gibt es mehrere Wendungen für das »Auftauchen« Gottes: Der Herr »erscheint« einfach; er »fährt herab«, er »zeigt sich«. Im biblischen Hebräisch gibt es jedoch kein abstraktes Wort, das »Gegenwart« bedeutet. Das Wort *panim* (»Angesicht«), das beispielsweise in der Wendung »das Angesicht des Herrn« vorkommt, ist der am häufigsten gebrauchte Begriff für die manifeste Gegenwart des Herrn. Dies ist so, weil die Erfahrung der unmittelbaren Gegenwart Gottes keine theoretische Abstraktion ist, sondern eine Realität zwischen zwei Wesen, die Grundlage des Bundes mit dem Wortlaut: »Ich nehme euch als mein Volk an und werde euer Gott sein.«

Beispielsweise heißt es von Mose: »Der Herr und Mose redeten miteinander Auge in Auge, wie Menschen miteinander reden.«[15] Aarons Priestersegen in Numeri, Kapitel 6, Verse 24 bis 26 ist ein Zeugnis derselben innigen Vertrautheit:

»Der Herr segne dich und behüte dich.
Der Herr *lasse sein Angesicht über dich leuchten* und sei dir gnädig.
Der Herr wende sein Angesicht dir zu und schenke dir Heil«
(Hervorhebung durch den Autor).

Dieser Segen ist keine einsame Ausnahme; er stellt eine häufig vorgebrachte Fürbitte dar, besonders in den Psalmen. Der Refrain von Psalm 80 ist vielleicht das beste Beispiel: »Gott, richte uns wieder auf! *Laß dein Angesicht leuchten*, dann ist uns geholfen« (Ps 80,4.8.20; Hervorhebung durch den

Autor; vgl. dazu auch Ps 27,8; 67,2; 119,135). Die Gläubigen werden aufgerufen: »Fragt nach dem Herrn und seiner Macht, *sucht sein Antlitz* allezeit!« (1 Chr 16,11; Ps 105,4; Hervorhebung durch den Autor). Gottes Volk leidet höchste Qualen, die es bis an den Rand der Todesverzweiflung führen, wenn es die Abwesenheit Gottes spürt:

> »Wie lange noch, Herr, vergißt du mich ganz? Wie lange noch verbirgst du dein Gesicht vor mir? Wie lange noch muß ich Schmerzen ertragen in meiner Seele, in meinem Herzen Kummer Tag für Tag? … Blick doch her, erhöre mich, Herr, mein Gott, erleuchte meine Augen, damit ich nicht entschlafe und sterbe« (Ps 13,2-3. 5; vgl. dazu auch Ps 27,8-9; 30,8; 51,9; 69,17; 88,14; 102,3; 104,29).

Die Propheten warnen immer wieder, daß Israels Treulosigkeit dazu führen wird, daß der Herr dem Volk seine manifeste Gegenwart entziehen wird: »Seht her, die Hand des Herrn ist nicht zu kurz, um zu helfen, sein Ohr nicht schwerhörig, so daß er nicht hört. Nein, was zwischen euch und unserem Gott steht, das sind eure Vergehen; eure Sünden verdecken sein Gesicht, so daß er euch nicht hört« (Jes 59,1-2; vgl. dazu auch Ps 34, 16). Der Herr selbst gibt die feierliche Erklärung ab, daß seine wahrgenommene Gegenwart zum Teil von dem völligen Gehorsam des Volkes abhängig sei: »Gegen einen, der sich an Totenbeschwörer und Wahrsager wendet und sich mit ihnen abgibt, richte ich mein Angesicht und merze ihn aus seinem Volk aus. Ihr sollt euch heiligen, um heilig zu sein; denn ich bin der Herr, euer Gott« (Lev 20,6-7; vgl. dazu auch Lev 20,3; Dtn 31,17-18; 32,20).

Weil der Herr ein so heiliger, herrlicher und majestätischer Gott ist, kommt es nicht selten vor, daß jemand, der sein Gesicht sieht, seinerseits auf dem eigenen landet! Jakob beispielsweise – nicht gerade ein Vorbild an Tugend – staunt darüber, daß er Gottes Gesicht gesehen hat und dennoch am Leben geblieben ist (Gen 32,30). Die körperlichen Folgen dieser Begegnung trägt er den Rest seines Lebens mit sich herum. Auch Abraham, Ezechiel, Daniel und der Apostel Johannes landen allesamt auf dem Gesicht (Gen 17,3.17; 1,28; 43,3; 44,4; Dan 8,18; 10,9). Doch das Geheimnis des judäochristlichen Glaubens beruht auf der Tatsache, daß der Schöpfer und Herrscher des Universums, der heilige Gott, sich eine Beziehung zu den Menschen wünscht. Die Verheißung, die er durch den Propheten Jeremia kundgetan hat, ist ein Wunder in sich:

»Denn ich, ich kenne meine Pläne, die ich für euch habe – Spruch des Herrn –, Pläne des Heils und nicht des Unheils; denn ich will euch eine Zukunft und eine Hoffnung geben. Wenn ihr mich ruft, wenn ihr kommt und zu mir betet, so erhöre ich euch. Sucht ihr mich, so findet ihr mich. Wenn ihr von ganzem Herzen nach mir fragt, lasse ich mich von euch finden – Spruch des Herrn. Ich wende euer Geschick und sammle euch aus allen Völkern und von allen Orten …« (Jer 29,11-14).

Innige Vertrautheit mit Gott – per Definition die engste, tiefste Form des Kennens. Gemeinschaft. Einheit. Zusammenschluß. Genau der Zweck, zu dem wir erschaffen wurden … und dabei wissen die meisten Menschen nicht einmal, was es heißt, mit jemandem innig vertraut zu sein! Wir haben unser ganzes Leben damit verbracht, Schutzwälle um uns zu ziehen und uns anschließend dahinter zu verschanzen.

Aber Gott ruft uns aus unserem Versteck hervor! Von Anfang bis Ende, von dem »Wo bist du?« in der Genesis bis zu dem »Komm!« in der Offenbarung ruft Gott uns zu sich. Der Herr weiß, wo wir sind; die Bibel fragt uns, ob wir es auch selbst wissen.

Dieses Kapitel begann mit einer Betrachtung des Skandalösen, des »Steines des Anstoßes«. In seinen zahlreichen Auseinandersetzungen mit den Pharisäern liegt der springende Punkt für Jesus in der innigen Vertrautheit mit dem Vater, dem heiligen Gott, den er als »Abba« kannte: als Papa.

Als Jesus den Vater offenbarte, als er über ihn und seine Königsherrschaft sprach und seine Ziele veranschaulichte, zeigte er ganz deutlich eine Beziehung, die von Vertrautheit geprägt war, nicht von Formalität. Jesus besaß ein solch einzigartiges Bewußtsein der Gegenwart Gottes, daß sein Wirken auf der direkten Kommunikation mit dem Vater beruhte. Wiederholt rechtfertigt er sein Handeln mit Worten wie: »Der Sohn kann nichts von sich aus tun, sondern nur, wenn er den Vater etwas tun sieht. Was nämlich der Vater tut, das tut in gleicher Weise der Sohn« (Joh 5,19; vgl. dazu auch Mt 11,25-27; Joh 8,38; 12,49-50). Den Pharisäern wirft er das Gegenteil vor, nämlich, daß sie keinerlei Vertrautheit mit Gott besäßen:

»Ihr habt weder seine Stimme gehört noch seine Gestalt je gesehen, und auch sein Wort bleibt nicht in euch, weil ihr dem nicht glaubt, den er gesandt hat. Ihr erforscht die Schriften, weil ihr meint, in ihnen das ewige Leben zu haben; gerade sie legen Zeugnis über mich ab. Und doch wollt ihr nicht zu mir kommen, um das Leben zu haben« (Joh 5,37-40).

Dies trifft nicht auf jene zu, die Jesus nachfolgen, von seinem ersten Jünger bis zur letzten Generation. In seinen letzten Anweisungen an die Jünger vor seinem Tod unterstreicht Jesus, daß der Zweck seines Kommens darin lag, dieselbe Vertrautheit, die ihn mit dem Vater verband, auch seinen Nachfolgern zu schenken. Jesus kündigt ihnen an, daß ein anderer Vermittler, der Tröster, den Vater ebenso bekunden wird (Joh 14,26; 16,13-15). Genau diese erfahrbare Vertrautheit mit dem Vater ist der zentrale Punkt in dem hohepriesterlichen Gebet Jesu für die Jünger:

»Gerechter Vater, die Welt hat dich nicht erkannt, ich aber habe dich erkannt, und sie haben erkannt, daß du mich gesandt hast. Ich habe ihnen deinen Namen bekannt gemacht und werde ihn bekannt machen, damit die Liebe, mit der du mich geliebt hast, in ihnen ist und damit ich in ihnen bin« (Joh 15,25-26).

Beim Themenwechsel von der Vertrautheit zwischen Jesus und Gott zu den Erfahrungen der urchristlichen Gemeinschaft habe ich mich auf die Suche nach Hilfsmaterial gemacht. Eines der wichtigsten Bücher, die ich je gelesen habe, ist *Jesus and the Spirit* von James G. D. Dunn.[16a] Mein Exemplar dieses Buches ist derartig zerlesen, daß es mit einem Schnürsenkel zusammengehalten werden muß; ich habe es erneut zu Rate gezogen, um es nach Anhaltspunkten zur Analyse dessen, was in der *Airport Vineyard*-Gemeinde geschah, zu durchforsten.

Zu Beginn seiner Abhandlung stellt Dunn die Frage, was eigentlich unter »religiöser Erfahrung« zu verstehen sei. Wenn die Antwort darauf lautet, daß es sich dabei um das Erkennen einer Manifestation der Gegenwart Gottes seitens eines Menschen handelt, dann muß daraufhin gefragt werden: »Und was meinen wir damit? Und wie unterscheiden wir ein solches Gotteserlebnis von anderen physiologischen, soziologischen oder dunkleren – dämonischen – Einflüssen?«[16b] Diese Fragen sind zentral in Anbetracht der ungewöhnlichen und dynamischen »religiösen Erfahrungen«, die viele in der *Airport Vineyard*-Gemeinde gemacht haben!

An den Anfang seines Buches stellt Dunn eine Warnung, denn er ist sich über die Mehrdeutigkeit im klaren, die alle Aussagen über religiöse Erfahrungen betrifft; was jemand erlebt, wie dieses Erlebnis dargestellt wird und was durch die Quelle oder Folge dieses Erlebnisses bewiesen werden soll: All dies entzieht sich wissenschaftlichen Analysen. Dunn ist sich dessen bewußt, ruft aber gleichzeitig zu einer großen Offenheit gegenüber solchen »Forschungsergebnissen« auf:

»Wir müssen uns klarmachen, daß die Bandbreite religiöser Erfahrungen einem Vorurteil unterliegt, was deren ›Angemessenheit‹ oder religiösen Wert betrifft. Die christliche Theologie hat oft versucht, die christliche Erfahrung im wesentlichen auf ein bloßes ›Abhängigkeitsgefühl‹ oder auf den moralischen Ernst des kategorischen Imperativs zu reduzieren, und sie hat sich mit unverhohlenem Entsetzen von den eher extravaganten Manifestationen religiösen Empfindens abgewandt ...
[Doch] *einige der eher extravaganten Manifestationen von religiösem Erleben spielten in der frühsten Christenheit keine unbedeutende Rolle.«*[17]

Wenn wir uns darüber klargeworden sind, daß die Evangelien nicht als kritische Zeitgeschichte geschrieben wurden, nicht einmal als Theologie, sondern als das Zeugnis der Urgemeinde von ihrem Erleben Jesu und seines Geistes, dann lesen wir vertraute Texte mit neuen Augen und entdecken Dinge, die uns möglicherweise noch nie aufgefallen sind. Lukas hebt beispielsweise hervor, daß die Urgemeinde von einer solchen geistlichen Lebendigkeit erfüllt war, daß das Wundersame für sie an der Tagesordnung war.

Die an Pfingsten geborene Urgemeinde kam zu der Überzeugung, daß alles, was der Prophet Joël geweissagt hatte, nun in der Gegenwart des auferstandenen Herrn Jesus in Erfüllung gegangen sei (Joël 2,28 ff). Was sie erlebte – das Hören eines brausenden Windes, das Aufflackern der Feuerzungen, die ekstatische Sprache, die unerhörte, geradezu überwältigende Freude, gefolgt von anderen Zeichen und Wundern –, führte sie zu der Erkenntnis, daß sie nun von seinem Geist erfüllt sei (Apg 2,4; 6,3.5.8; 7,55; 11,24). Gemeinsam verspürten die Jünger die Gegenwart und Macht des Herrn, die Erfüllung des Versprechens, das Jesus ihnen vor seinem Tod und seiner Auferstehung gegeben hatte: »Ich bin bei euch alle Tage bis zum Ende der Welt« (Mt 28,20; vgl. dazu auch Joh 14,18; 15,4).

Das Ausleben dieser Verheißungen wird in Versen wie in der Apostelgeschichte, Kapitel 14, Vers 3 deutlich: »Längere Zeit nun blieben sie dort und predigten freimütig im Vertrauen auf den Herrn; er legte Zeugnis ab für das Wort seiner Gnade, indem er durch die Hände der Apostel Zeichen und Wunder geschehen ließ.« Hier beschreibt Lukas die Aspekte von charismatischer Gemeinschaft und Ergänzung: die Zusammenarbeit von Paulus und Barnabas; die Freimütigkeit und Freiheit der Evangeliumsverkündigung; eine offen eingestandene Abhängigkeit vom Herrn, um Vollmacht und Autorität zu erlangen sowie eine Bestätigung ihres »Wortes« von Jesus durch die in die Tat umgesetzten »Werke« Jesu. (Vgl. dazu auch Apg 2,42-47; 4,29-31; 5,12; 6,8; 8,6; 11,23; 13,52; 15,12.)

Ferner ist die Anbetung der Urgemeinde durch eine Offenheit gegenüber einem unmittelbaren Wirken des Heiligen Geistes und eine Abhängigkeit von ihm gekennzeichnet. Das zeigt sich an vielem: Weissagung, spontanes Beten und Predigen, geistliche Lieder und – vielleicht sollte es an erster Stelle genannt werden – ein ungehemmter Enthusiasmus und eine nicht zu bändigende Freude (Apg 2,46; Phil 4,4; 1 Petr 1,6.8). Dies ist ein derartig herausragendes Merkmal der Gemeinschaft und der Anbetung innerhalb der Urgemeinde, daß Johannes Weiss dazu schreibt:

>*Ein stürmischer Enthusiasmus und eine überwältigende Intensität des Fühlens, eine unmittelbare Wahrnehmung der Gegenwart Gottes, ein unvergleichliches Spüren von Macht und eine unwiderstehliche Kontrolle über den Willen und inneren Geist, sogar den äußeren Zustand anderer: Dies sind die unauslöschlichen Merkmale der frühen Christenheit. ... Wer diese konstante Stimmung der siegreichen, jubelnden Freude und Zuversicht nicht begreift, dem werden die frühen Christen auf ewig ein Rätsel bleiben.*«[18]

In seiner Analyse der »enthusiastischen Anfänge« der Urgemeinde stellt Dunn scharfsinnig folgende Frage:

>*Galten eine oder mehrere der physischen oder psychischen Manifestationen als ein besonderes Zeichen des Geistes, ein notwendiger Beweis der Gegenwart des Geistes, als da wären: Sprachengebet, Prophezeihungen, Heilungen, Visionen oder, um allgemeinere Dinge zu nennen, eschatologischer Enthusiasmus, inspirierte Anbetung, charismatische Autorität? Diese Frage hat der Christenheit mehr oder weniger von Anfang an Kopfschmerzen bereitet. ...*
Die christliche Urgemeinde war im großen und ganzen von charismatischer und enthusiastischer Prägung, und zwar in allen Aspekten ihrer Gemeinschaft und Anbetung, ihrer Entwicklung und ihrer Mission. ... Es ist eine Tatsache, daß ekstatische und physische Phänomene zu den regelmäßigen Begleiterscheinungen von religiösen Erweckungen und Erweckungsbewegungen in der Geschichte der Christenheit gehören. ... Die Quäker und Shaker haben ihre Spitznamen nicht von ungefähr.«[19]
(Der Wortursprung für die Bezeichnung »Quäker« ist das Verb *to quake*, was soviel wie »zittern, beben« bedeutet; die Bezeichnung *Shaker* geht auf das Verb *to shake* mit der Bedeutung »schütteln« zurück; Anm. d. Übers.)

Eine Betrachtung der Apostelgeschichte läßt keinen Zweifel daran, daß es in den frühchristlichen Gemeinschaften eine beachtliche Vielfalt der charismatischen, geistlichen Erfahrung gegeben hat und daß diese Vielfalt derartig reich ist, daß sie sich weder standardisieren noch auf Formeln reduzieren läßt; zuweilen entzieht sie sich sogar jeglicher Interpretation! Genau diese Erfahrungen der geistlichen Begegnung, der Visionen, Offenbarungen, Beauftragungen, Zeichen, Wunder und der anderen Manifestationen der Gegenwart und Macht des Geistes waren Quelle und Impuls der Mission, welche die Urgemeinde betrieb. Ihre Anbetung, Verkündigung, ihr Evangelisieren und ihre Hilfsleistungen gründeten sich allesamt auf die dynamische Begegnung mit dem Geist des auferstandenen Christus.

Die Welt der übernatürlichen Kräfte, die häufig sichtbare, greifbare und körperliche Auswirkungen hervorrufen, stößt bei manchen auf Abneigung und sogar Abscheu. Während der gesamten Geschichte der Kirche sind »Enthusiasten« ausgegrenzt, ausgestoßen oder sogar noch brutaler behandelt worden. Die Beschreibung paßt jedoch auf die religiöse Erfahrung der Urgemeinde nach Pfingsten.

Diese Tatsache wird noch weiter untermauert, wenn wir das in Betracht ziehen, was der Apostel Paulus über seine geistliche Erfahrung und seinen Dienst sagt. Auch hier sind unsere Schlußfolgerungen abhängig vom Ansatz unserer Frage. Wenn wir fragen: Wie kann der Geist des auferstandenen Christus im einzelnen sich auswirken? Wie kann der Geist des auferstandenen Christus inmitten einer christlichen Gemeinschaft wirksam sein? Welchen äußeren Anblick wird dies hervorbringen? Woran werden wir erkennen, wenn es passiert? Welche Erwartungen haben wir eigentlich?, dann öffnen wir uns unter Umständen einer ganz neuen Dimension … vielleicht erleben wir, um mit Annie Dillard zu sprechen, Dinge, die nach »Sturzhelmen« verlangen, so daß wir aus der Reserve gelockt und zu einem »Punkt geführt werden, von dem es kein Zurück gibt«.

Das Verständnis des Heiligen Geistes und die Erwartungen, die er an ihn hatte, waren für den Apostel Paulus immer eine Sache der Erfahrung. Theologische, doktrinäre oder spekulative Aspekte standen im Hintergrund. Das Nachsinnen kam *nach* dem Erleben. Seine ursprüngliche Begegnung mit dem Geist des auferstandenen Christus stieß ihn buchstäblich vom hohen Roß, verursachte eine vorübergehende Blindheit und führte ihn ohne jeden Zweifel an einen neuen Standpunkt, von dem es für ihn kein Zurück gab (Apg 9).

Er erlebte den Heiligen Geist als eine Kraft, eine lebensverändernde Macht, die im Herzen, dem Innersten jedes Menschen, seines Denkens und Wollens, zum Tragen kommt. Dieser Geist ist die Quelle einer Liebe, die das

Herz mit Gottes Liebe »durchflutet«, und er verursacht einen ununterdrückbaren Ausbruch der Freude, die alle Gegenmächte überwältigt. Im Geist betete Paulus freimütig und häufig in Sprachen, vollbrachte Zeichen und Wunder, empfing Visionen und Offenbarungen und arbeitete mit übernatürlichem Glauben, Macht, Weisheit, Autorität und Freimütigkeit. Dies beschreibt er mit großer Offenheit in jenen Passagen seiner Briefe, die biographische Züge tragen (1 Kor 14,18; 2 Kor 3-5; 6,3-13; 11 und 12; Gal 1,11-2,2).

Hinsichtlich der Verkündigung des Evangeliums unterscheidet Paulus seine Predigten von bloßer Rhetorik. In 1 Korinther 2,4 ff stellt er den Unterschied zwischen »Überredung durch gewandte und kluge Worte« und dem »Erweis von Geist und Kraft« heraus, »damit sich euer Glaube nicht auf Menschenweisheit stütze, sondern auf die Kraft Gottes«. Es geht hier nicht um rationale Überzeugung, sondern um eine lebensverändernde Begegnung: Gottes Gnade, die einen sichtbaren Ausdruck erhält.[20] In seinem Brief an die Gemeinde von Thessalonich nimmt er folgendermaßen Bezug auf das, was die Gläubigen dort erlebt hatten: »Denn wir haben euch das Evangelium nicht nur mit Worten verkündet, sondern auch mit Macht und mit dem Heiligen Geist und mit voller Gewißheit« (1 Thess 1,5). Es waren nicht die neu dazugelernten Informationen, die eine tiefgreifende Veränderung bei den Korinthern und Thessalonichern auslösten, sondern die Erfahrung der Gnade.

Ohne es ausdrücklich zu nennen bezeugt er hier die erfahrbare Realität des Ergriffenwerdens, des Getroffenwerdens. Wie von einem Blitz aus heiterem Himmel. Wow! Überwältigt! Die Präsentation des Evangeliums beruht nicht auf den rhetorischen Künsten des Paulus – immerhin ein fesselnder Redner mit großen intellektuellen Überzeugungsfähigkeiten –, sondern darauf, daß Gott seine Gegenwart und sein Reich manifestiert, daß er eine Wahrheit spricht, die uns aus der Reserve lockt, daß er uns befreit, segnet, heilt und vergibt. In seinem Gebet für die Gemeinde in Ephesus bittet er darum, daß Freude, Frieden, Hoffnung und Liebe bei ihnen (und damit auch bei uns) freigesetzt werden. Gott soll uns durch seine Kraft erst richtig lebendig machen:

»Der Gott Jesu Christi, unseres Herrn, der Vater der Herrlichkeit, gebe euch den Geist der Weisheit und Offenbarung, damit ihr ihn erkennt. Er erleuchte die Augen eures Herzens, damit ihr versteht, zu welcher Hoffnung ihr durch ihn berufen seid, welchen Reichtum die Herrlichkeit seines Erbes den Heiligen schenkt und wie überragend groß seine Macht sich an uns, den Gläubigen, erweist durch das Wirken seiner Kraft und Stärke« (Eph 1,17-19).

Es ist besonders das Gebet, das dem Gläubigen die fundamentale Offenbarung und Mitteilung des Vaterherzens Gottes ermöglicht, so daß der Gläubige dieselbe Vertrautheit mit Gott erlebt, die Jesus besaß. Paulus betont das Erlebbare, das Greifbare an dieser innigen Beziehung als den Zweck, den Sinn, die Absicht, in der der Geist gegeben wurde:

>Denn ihr habt nicht einen Geist empfangen, der euch zu Sklaven macht, so daß ihr euch immer noch fürchten müßtet, sondern ihr habt den Geist empfangen, der euch zu Söhnen macht, den Geist, in dem wir rufen: Abba, Vater! So bezeugt der Geist selber unserem Geist, daß wir Kinder Gottes sind« (Röm 8,15-16; vgl. dazu auch Gal 4,6).

Paulus ist davon überzeugt, daß Gott nicht nur möchte, daß wir seine Kinder sind; wir sollen die Realität unserer Vater-Kind-Beziehung auch erfahren: >Wir aber haben nicht den Geist der Welt empfangen, sondern den Geist, der aus Gott stammt, damit wir das erkennen, was uns von Gott geschenkt worden ist« (1 Kor 2,12; vgl. dazu auch Epheser 3,14-21). Eine solche Erkenntnis ist nicht so sehr Sache des Verstandes, also kein Buchwissen, sondern sie ist ein in einer wechselseitigen Beziehung erworbenes Wissen, sie wird aus einem gemeinsamen Leben gewonnen; daher auch der Aufruf des Paulus dazu, >nach dem Geist zu leben« (Röm 8,4; Gal 5,16.25), >sich vom Geist Gottes leiten [zu] lassen« (Röm 8,14; Gal 5,18) und sich >vom Geist erfüllen« zu lassen (Eph 5,18). In der ursprünglichen Sprache des Neuen Testaments, dem Griechischen, stehen diese Verben in der andauernden Form der Gegenwart und verlangen als solche nach regelmäßigem, kontinuierlichem Handeln: Sie rufen nach beständigem, lebendigem, existentiellem Austausch; sie implizieren, daß wir ständig dem Geist entsprechend leben, uns ständig vom Geist leiten lassen und uns ständig von ihm erfüllen lassen sollen. Also können wir gar nicht genug vom Herrn erwarten!

Der Apostel Paulus schreibt eine ausgedehnte Abhandlung über die >Gaben des Geistes« (1 Kor 12). Hier lehrt Paulus, wie Gottes Gnade in Jesus Christus bekundet wird. Sowohl der griechische Begriff *charis* mit der Bedeutung >Gnade« als auch der Begriff *charismata*, der >Gnadengaben« bedeutet, bezeichnen konkrete, spezifische, tatsächliche Erlebnisse in der Arbeit der Urgemeinde. Paulus schreibt: >Jedem wird die Offenbarung des Geistes geschenkt, damit sie anderen nützt« (1 Kor 12,7). Der Bedeutung des Urtextwortes für >Offenbarung« nach ist jeder Gläubige im eigentlichen Sinn eine Darstellung, eine Manifestation des Geistes. Paulus redet hier von erkennbaren Handlungen, zu denen die göttliche Macht den Antrieb gibt; für Paulus sind Gnade und Gnadengaben eine göttliche Energie, die ein bestimmtes Resultat hervorbringt und zwar in dem einzelnen und durch ihn, so daß die Gemeinschaft daraus profitieren kann. Eine Manifestation des Geistes enthüllt und bekundet die Gegenwart und Macht des Geistes – der Geist offenbart sich in den *charismata* … Gewisse Handlungen und Äußerungen demonstrieren die Gegenwart und Aktivität des Geistes, und Paulus zählt einige davon auf: die Gabe der Weisheit und der Erkenntnis, die Gabe des Glaubens, die Gabe des Heilens, die Gabe der Wunderkräfte, die Gabe des prophetischen Redens, die Gabe des Unterscheidens der Geister, des Sprachengebets und der Deutung des Sprachengebets (1 Kor 12,8-11). Da diese Dinge in Korinth vorkommen, wird die Gegenwart und Macht des Geistes offenbart, bekundet, manifestiert.[21]

Das gleiche gilt jedoch auch für das »Fleisch«. Trotz aller *charismata*, die in Korinth erlebt wurden, herrschte dort eine unreife Ich-Bezogenheit, wie sie im Neuen Testament ihresgleichen sucht. Paulus macht sowohl die Aussage, daß den Korinthern keine Geistesgabe fehle, als auch die, daß sie unmündige Kinder in Christus seien, die sich von Milch anstatt von fester Speise ernähren müßten (1 Kor 1,7; 3,1-3). Er läßt sich nicht von ihrer Unreife in seiner Berufung beirren; er scheut keine Mühe, um sie auf den Kern der Sache zu stoßen: »Jagt der Liebe nach! Strebt aber auch nach den Geistesgaben« (1 Kor 14,1).

Um das Geschehen in der *Airport Vineyard*-Gemeinde zu analysieren, müssen wir zunächst davon ausgehen, daß die manifeste Gegenwart Gottes in der Tat höchst subjektiv ist. Sie ist erfahrungsbezogen. Sie ist oft emotional. Und meistens ist sie total unlogisch. Menschlich gesehen machte Gott mit seinem Marschbefehl an Abraham aus dessen Leben ein riesiges Durcheinander: Er geriet an Orte, zu denen er nie von sich aus gereist wäre und tat Dinge, die er nie aus eigenem Antrieb getan hätte; gleiches gilt für Mose und die Propheten – Amos sagt von sich, der Herr habe ihn eines Tages, als er gerade seine Schafe hütete, förmlich gekidnappt.

Auch bei Saulus, dem Pharisäer, entstand ein Chaos. Er besaß so etwas wie einen Lehrauftrag auf Lebenszeit an einem theologischen Seminar; seine Theologie war mit Akribie durchdacht und systematisch; er wußte, was er wußte, und er konnte allem auf den ersten Blick ansehen, ob es von Gott war oder nicht … bis er vom hohen Roß gestoßen wurde. Die manifeste Gegenwart des auferstandenen Christus machte sein ganzes Lebenswerk mit einem Schlag zunichte!

Dies ist ein Punkt, über den wir uns im klaren sein sollten. So viel Freude wir auch an all den Manifestationen haben – und die Gemeinde hat noch nie so viel Frohmachendes wie in diesen Tagen erlebt –, so ist die Gegenwart

Gottes doch radikal lebensverändernd. Es gibt keinen Fall in der Bibel, wo der Herr seine Gegenwart offenbart hätte und die Leute die gleichen geblieben wären.

Der *status quo* (lateinischer Ausdruck für: »der Zustand, in dem wir zur Zeit stecken«) muß aufgegeben werden. Manchmal bedeutet dies ein Überdenken unserer Theologie – insbesondere hinsichtlich dessen, was wir vom Geist, von der Anbetung und dem Dienst der Gemeinde erwarten. Oft wirft die offenbarte Gegenwart Gottes unser Konzept dessen, wie alles zu sein hat, besonders wenn es um die Zusammenkünfte der Gemeinde geht, gründlich über den Haufen. Manchmal zieht sie eine Veränderung unseres Lebensstils und eine Verlagerung unserer Interessen nach sich. Mehrere der Zeugnisse in Kapitel 5 sind beredte Beispiele dafür.

Wenn der Geist seine Gegenwart manifestiert, erfordert dies oft, wenn nicht sogar immer, daß wir »die Kontrolle verlieren«. Oft bedeutet es, daß wir unsere Pläne, unsere Ziele und Vorhaben, unsere Zukunftsvorstellungen streichen … Im klassischen Fall werden wir beim Namen gerufen, um die Mission, die Berufung, die der Herr an uns ergehen läßt, wahrzunehmen. In der gesamten Bibel geht die Manifestation der Macht und Gegenwart des Herrn einher mit seiner Aussendung (Mt 28,16-20, Joh 20,21-22, Apg 1,8) Der auferstandene Herr Jesus verspricht, er werde immer bei den Jüngern sein und verleiht ihnen seinen Geist. Dann sendet er sie aus: »Darum geht … und macht alle Menschen zu meinen Jüngern«; »… wie mich der Vater gesandt hat, so sende ich euch«; »… und ihr werdet meine Zeugen sein«. Des weiteren sagt der Apostel Paulus ganz klar: »Jedem wird die Offenbarung des Geistes geschenkt, *damit sie anderen nützt*« (Hervorhebung durch den Autor).

Demut ist daher die einzig angebrachte Haltung, wenn Gott seine Gegenwart kundtut: »Ja, Herr.« Um mit dem Propheten Jesaja zu sprechen: »Hier bin ich, sende mich!« Tun wir dies nicht, so riskieren wir es, als »Kämpfer gegen Gott« (Apg 5,34-39) dazustehen.

Kapitel 4

In guter Gesellschaft

Jonathan Edwards und die Erfahrung
der »Großen Erweckung«

»Herr, ich höre die Kunde, ich sehe, Herr, was du früher getan hast. Laß
es in diesen Jahren wieder geschehen, offenbare es in diesen Jahren!«
(Hab 3,2).

Mitte Februar, als ich während einem der Gebetsdienste in der *Airport Vineyard*-Gemeinde auf dem Fußboden saß und meinen Blick über die Menschen wandern ließ, die überall am Boden verstreut lagen, beugte ich mich zu einem Bekannten hinüber, den ich erst kürzlich kennengelernt hatte und sagte: »Das alles wirft meine schöne Theologie total über den Haufen!«

Ich war mit einem relativ fundierten Bibelwissen zu den Veranstaltungen gekommen. Sechzehn Jahre lang hatte ich mich mit geistlicher Erweckung bei einzelnen sowie bei ganzen Gruppen beschäftigt. Doch so unentbehrlich, wie Dunns *Jesus and the Spirit* (etwa: »Jesus und der Heilige Geist«; Anm. d. Übers.) und ähnliche Bücher auch sein mögen, so brauchte ich weitere Hilfen dazu, die Manifestationen, die ich sah und erlebte, zu begreifen. Ich war seit 1979 Pfarrer bei den Baptisten gewesen, doch ich hatte bisher nur wenig an physischen Bekundungen der Macht und Gegenwart des Heiligen Geistes erlebt. Ich hatte immer geglaubt, eine bedeutende Manifestation vor mir zu haben, wenn ich die Leute dazu bewegen konnte, sich vorzubeugen, ihre Portemonnaies zu zücken und etwas in den Sammelkorb zu legen. Was das Weinen und Flehen, das Lachen, die Zuckungen, das Armschwingen und das Hinfallen betraf, so wußte ich nichts Rechtes damit anzufangen.

Um das, was ich erlebte, begreifen zu können, las ich John Whites äußerst lehrreiches Buch *When the Spirit Comes With Power* (etwa: »Wenn

der Geist mit Macht kommt«; Anm. d. Übers.) und verfolgte das Thema weiter, indem ich mich mit der darin genannten weiterführenden Literatur
befaßte. Durch sie entdeckte ich *The Works of Jonathan Edwards* (etwa:»Die
Werke von Jonathan Edwards«; Anm. d. Übers.). Vielen sind Edwards'
Werke gänzlich unbekannt; manche kennen ihn vielleicht nur dem Namen
nach als den »Feuer-und-Schwefel-Prediger«, dessen berühmteste Predigt
den Titel »Sünder in den Händen eines zornigen Gottes« trug. Wenn Edwards
lediglich als solcher bekannt ist, so ist dies außerordentlich bedauerlich, denn
wie fast immer im Leben ist der Zusammenhang alles, und wenn man seine
Schriften in ihrer Gesamtheit betrachtet, so kann Edwards als der bedeutend-
ste theologische Architekt der »Großen Erweckung« gelten, einem früheren,
staunenswerten Handeln Gottes, das sich vor etwa zweihundertfünfzig Jahren ereignet hat. Edwards beherbergte, beobachtete, notierte und analysierte
das Erneuerungs- und Erweckungsgeschehen in der Gemeinde von Northampton (Massachusetts), deren Pastor er war sowie das Geschehen in der
weiteren Umgebung, als die Erweckung sich dann auf ganz Neuengland aus-
breitete, also von 1734, als die erste Welle in seiner Gemeinde auftrat, bis
1742, als die »Ausgießung des Heiligen Geistes« zu Ende zu gehen schien.

Die Entwicklung, die in seinen umfangreichen Schriften zu beobachten
ist, zeugt auf beredte Weise von seiner wachsenden Erkenntnis und seinem
Sachverständnis, weshalb Edwards' Werk als eine der besten Verständnis-
hilfen weit und breit gelten kann. Beim Lesen seiner ausführlichen theologischen Schriften kristallisiert sich deutlich seine Leidenschaft für das heraus,
was er »praktisches und lebendiges Christsein« nannte, religiöses Wissen als
Erfahrung, ein Wissen, das nicht so sehr im Kopf getragen wird, sondern im
Herzen. Manche gehen sogar so weit, ihn als »einen evangelikalen Mystiker,
einen Mann, der durch Erfahrung das Wirken des Geistes Gottes in der Seele
kannte«, zu beschreiben.[1]

Edwards' Schriften sind an keiner Stelle abstrakte Theologie. Er schrieb
als Pastor und als jemand, der die Macht der Gegenwart des Geistes sein
ganzes Leben lang am eigenen Leib erlebt hatte; so lesen wir beispielsweise
in seinem Buch *Personal Narrative* (etwa: »Persönlicher Bericht«; Anm. d.
Übers.):

*»Meiner Erinnerung nach geschah das erste Erleben dieser inneren,
süßen Freude an Gott und göttlichen Dingen, in denen ich seither viel
gelebt habe, beim Lesen der Worte des Paulus (1 Tim 1,17): ›Dem König
der Ewigkeit, dem unvergänglichen, unsichtbaren, einzigen Gott, sei Eh-*

re und Herrlichkeit in alle Ewigkeit. Amen.‹ Als ich diese Worte las, da kam ein Bewußtsein der Herrlichkeit des Gotteswesens in meine Seele und erfüllte sie durch und durch; ein neues Bewußtsein, ganz anders als alles, was ich bisher erlebt hatte (I.XIIIa The Works of Jonathan Edwards).

Dieses Erlebnis folgte auf eine quälende Zeit langanhaltender Depression und Melancholie; in seinem Tagebuch lesen wir Einträge wie:»Heute und gestern fühlte ich mich überaus schwermütig, ausgedorrt und tot« (I.XXIVa).

Wie Edwards haben viele bezeugt, daß es immer wieder die Erfahrung der Gnade Gottes ist, die aus der Traurigkeit und Melancholie eine »innere, süße Freude« macht.

Noch eindrücklicher ist der Bericht dessen, was seine Frau erlebte. Sarah Edwards hatte als junge Heranwachsende eine »ungewöhnliche Entdeckung von Gottes Großartigkeit« gemacht und sich seither immer wieder an »den Dienst des Herrn und seine Ehre« hingegeben. Wiederholt fühlte sie sich »überwältigt, als sei ich in dem Licht und der Freude der Liebe Gottes aufgegangen«. Dennoch litt sie unter »schwacher Gesundheit, vielen Höhen und Tiefen und Schwierigkeiten … und oft an Melancholie, und wurde manchmal von dieser schier überwältigt« (I.376b). In den *Memoirs* lesen wir von ihren geistlichen Fortschritten:»Zu Beginn dieses bemerkenswerten Werkes der Gnade (gemeint ist die erste Erweckung 1734) weihte sie sich erneut Gott … und während dieser Zeit sowie danach erlebte sie ein Ausmaß an Glaubensfreude, wie sie ihr bisher unbekannt war. Ganz und gar ungewöhnlich war die Intensität der Freude, es war förmlich eine Religion der Freude« (I.XLVIb).

Während des Sommers 1740 und des darauffolgenden Winters 1741 erlebte Sarah außergewöhnliche Zeiten »des geistlichen Lichtes und der Freude«, und während der letzten Welle der Erweckung ein Jahr später gab es derartig viel an »Ungewöhnlichem und Auffallendem«, daß Mr. Edwards sie bat, »eine genaue Beschreibung davon anzufertigen« (I.LXIIa). Ihr detaillierter Bericht beginnt am Abend des 19. Januar 1742, einem Dienstag.

Mrs. Edwards hatte sich unwohl und unglücklich gefühlt, »nieder in der Gnade«, wie sie es beschreibt. Als sie Gott ernsthaft um »Hilfe und größere Heiligkeit« anflehte, gelangte sie zu einer »ungewöhnlichen Unterwerfung, einer Bereitschaft, mich zu gedulden und Gott den Zeitpunkt und die Art zu überlassen, in der er mir half, und wünschte nur, daß er es zu seiner eigenen Zeit und auf seine eigene Weise tun würde«. Eine vorbildliche, glaubenserfüllte Hingabe.

Mit dieser inneren Einstellung fühlt sie sich nun gedrängt, über die Vaterschaft Gottes nachzudenken; sie fragt sich: »Warum kann ich ihn Vater nennen? Kann ich jetzt, in diesem Augenblick, mit der Zuversicht eines Kindes und ohne die geringsten Bedenken meines Herzens, Gott meinen Vater nennen?« Tags darauf fielen ihr die Worte aus dem Römerbrief, Kapitel 8, Verse 34-39 ein: »Wer kann sie verurteilen? ... Was kann uns scheiden von der Liebe Christi?« Ihre Meditation über diese Verse schildert sie folgendermaßen:

»Ich finde keine Worte, um zu beschreiben, wie gewiß mir dies erschien: Meine Geborgenheit und mein Glück, meine ewige Freude an Gottes unwandelbarer Liebe erschienen mir so dauerhaft und beständig wie Gott selbst. Von dem Liebreiz dieser Sicherheit überwältigt, begann ich, viele Tränen zu vergießen und war gegen mein lautes Weinen machtlos. Ich betrachtete es als eine Gewißheit, daß Gott mein Vater war und Christus mein Herr und Erlöser, daß er mein war und ich sein. In diesem wunderbaren Empfinden der unmittelbaren Gegenwart und Liebe Gottes kamen mir immer wieder die Worte in den Sinn: ›Mein Gott, mein alles; mein Gott, mein alles.‹ Die Gegenwart Gottes war so nahe und so wahrhaftig, daß ich kaum etwas anderes wahrzunehmen schien« (I.LXIIIa).
(...)
»Ich verweilte in einem sehr lieblichen und lebendigen Bewußtsein göttlicher Dinge, Tag und Nacht, im Schlaf und im Wachsein, bis Samstag, den 23. Januar« (I.LXIIIb).

Vier Tage ohne Unterbrechung!

»Am nächsten Tag erlebte ich ein liebliches und lebendiges und sicheres Bewußtsein von Gottes grenzenloser Gnade und Gunst und Liebe mir gegenüber ... «

Montag verlief etwas ruhiger. Am Dienstag ...

»... verblieb ich in einer wunderbaren und lebendigen Ausübung dieser Hingabe und in einer Liebe zu Gott und einem Ruhen in ihm, wobei ich in meinem Herzen weit von dem Zugriff des Irdischen entfernt zu sein schien.«

Am Mittwochabend hielt die Gemeinde in Northampton eine der regelmäßigen Erweckungsversammlungen ab. Mrs. Edwards war so sehr von der Gnade Gottes erfüllt, daß es »ihr die körperlichen Kräfte raubte«.[2] Sie schreibt: »Ich hatte weiterhin eine klare Sicht von der zukünftigen Welt, von ewiger Seligkeit und ewigem Elend … « Sie mußte mit einigen Freundinnen drei Stunden nach der Veranstaltung in der Kirche bleiben, weil es ihr die meiste Zeit »an Körperkräften fehlte«.

Am nächsten Tag unterhielt sich Mr. Buell, der Gastprediger, der in Mr. Edwards Abwesenheit die Versammlung geleitet hatte, im Gemeindehaus mit einigen Besuchern. Sarah beteiligte sich an dem Gespräch über die Güte Gottes, doch nicht lange: »Die Heftigkeit meiner Gefühle beraubte mich meiner Körperkräfte« (I.LXIVa). Über den folgenden Teil des Tages schreibt sie:

> *Ich war so überwältigt von der Liebe Christi und dem Empfinden seiner unmittelbaren Gegenwart, daß ich nur mit Mühe den Drang unterdrükken konnte, von meinem Platz aufzustehen und vor Freude zu springen. Dieses heftige und lebendige und erfrischende Empfinden von göttlichen Dingen, begleitet von heftigen Gefühlen, hielt nahezu eine Stunde an; danach verspürte ich ein glückliches Ruhigsein und einen Frieden und ein Ausruhen in Gott, bis ich zu Bett ging; und während der Nacht, sowohl im Schlaf als auch im Wachen, hatte ich frohmachende Visionen von göttlichen Dingen … Ich wachte am Dienstag, den 28. Januar, in derselben glücklichen Stimmung auf.«*

Sie bereitete das Frühstück für die Familie zu; gegen neun Uhr, nachdem sie inbrünstig für ihren Wohnort Northampton Fürbitte geleistet hatte, wurde ihre »körperliche Kraft sehr schwach«. Zwei Stunden später ging sie »versehentlich« in das Zimmer, in dem Mr. Buell gerade mit einigen Gästen über das Erweckungswirken des Geistes sprach; ihre Kräfte »versagten unverzüglich«, und sie sank zu Boden. Man setzte sie auf einen Stuhl und fuhr mit dem Gespräch fort; wieder versagten ihr die Kräfte, und sie fiel erneut zu Boden; man brachte sie zu Bett, wo sie »eine beträchtliche Zeit lang lag, schwach vor Freude, um die Herrlichkeit der himmlischen Welt zu bewundern«. Wir erfahren nicht, wer das Mittagessen zubereitete.

Was wir dagegen erfahren, ist die Tatsache, daß Mrs. Edwards während dieser Zeit »eine weitaus größere Liebe den Kindern Gottes gegenüber als je zuvor empfand. Ich schien sie wie meine eigene Seele zu lieben; und als ich sie sah, schlug ihnen mein Herz mit einer unbeschreiblichen Verbundenheit und Zuneigung entgegen … Dies wurde von einem überwältigenden Empfinden der unaussprechlichen Freuden des Himmels begleitet« (I.LXVa). Von zwölf Uhr mittags bis vier Uhr am Nachmittag lag sie im Bett, »zu erschöpft von den Freudegefühlen, um aufstehen und sitzen zu können«. Später am Nachmittag besaß sie genug Kraft, um sich auf den Weg zu der Versammlung zu machen, um anschließend wieder zu Bett zu gehen.

»Diese Nacht, die Nacht des 28. Januars, war die schönste Nacht meines Lebens. Ich hatte das Licht, den Frieden und den Liebreiz des Himmels noch nie so lange in meiner Seele verspürt ... mit einem fortwährenden, konstanten und klaren Empfinden der außerordentlichen und alles durchdringenden Liebe Christi, seiner Nähe zu mir und was ich ihm bedeute;[3] mit einem unaussprechlich lieblichen Seelenfrieden in meinem völligen Ruhen in ihm ... Zu mehr schien mein schwacher Körper nicht in der Lage zu sein.«

Dieses Empfinden der Innigkeit mit Christus hielt die ganze Nacht an; am nächsten Tag, Freitag, schrieb sie:

»Ich habe noch nie ein solches Fernbleiben jeglicher Eigensucht oder jeglicher persönlicher, mich selbst betreffender Interessen verspürt. Es erschien mir, als sei ich mir selbst völlig unwichtig geworden ... Die Herrlichkeit Gottes schien alles und in allem zu sein und jeden Wunsch und jedes Sehnen meines Herzens in sich aufzunehmen« (I.LXVb).

Gegen zehn Uhr kam Mr. Sheldon zu Besuch und sagte zu Mrs. Edwards: »Die Sonne der Gerechtigkeit ist heute morgen vor Tagesanbruch in meiner Seele aufgegangen.« Anscheinend hatte er eine besonders dynamische »Stille Zeit« gehabt. Sie antwortete lächelnd: »Dieselbe Sonne ist in meiner Seele die ganze Nacht nicht untergegangen.« Sie schickte sich an, ihm von ihrem Erlebnis des »Verlorenseins in Gott« zu berichten, doch »dieses Gespräch verlieh mir ein noch lebhafteres Empfinden der Wahrhaftigkeit und Herrlichkeit der göttlichen Dinge ...«; wieder wurde sie ihrer Kräfte beraubt, doch diesmal war das Phänomen von »heftigen Zuckungen« begleitet. Eine Viertelstunde später »versagten die Kräfte völlig«; sie sagte ihren Gästen, daß sie friere, woraufhin sie an den Kamin getragen wurde.

»Als ich dort saß, verspürte ich die bewegendste Empfindung der mächtigen Kraft Christi, die sich in dem erwiesen hatte, was er für meine Seele getan hatte und der herrlichen und wunderbaren Gnade Gottes, durch die er [die Erweckung] nach Northampton gebracht hatte. Meine Gefühle waren so stark, daß ich, als ich von diesen Dingen sprach, aufstehen mußte, um vor Freude und Frohlocken zu springen« (I.LXVIa).

Die Anwesenden beteten eine Zeitlang gemeinsam, und Mrs. Edwards schrieb über das gemeinsame Singen eines Chorals: »Ich war mir der freudigen Gegenwart des Heiligen Geistes so bewußt, daß ich Mühe hatte, nicht vor Freude umherzuspringen.« Diese »selige Stimmung« hielt vier Stunden lang an; später gingen sie zur Nachmittagsversammlung, wo Sarah ein so überwältigendes Empfinden der Herrlichkeit Gottes hatte, daß sie es kaum vermeiden konnte, »mitten in der Versammlungsstunde meine Freude laut zum Ausdruck zu bringen«. Sie setzte hinzu: »Diese selbe selige Stimmung hielt den Abend, die Nacht und den nächsten Tag über an.«

Drei Tage lang erlebte Mrs. Edwards die »süße Nähe Gottes«. Einmal lag sie im Bett und fragte sich, »wie die Menschheit nur daliegen und schlafen konnte, wenn es einen solchen Gott zu lobpreisen gab.« Sie konnte sich nur mühsam beherrschen, um nicht »den übrigen im Haus, die in ihren Betten schliefen, zuzurufen, sie sollten aufstehen und sich freuen und Gott lobpreisen. … Als ich am Morgen des Sabbats aufstand, verspürte ich Liebe der gesamten Menschheit gegenüber, eine Liebe, die in ihrer Stärke und Lieblichkeit ihresgleichen suchte und die weit über alles hinausging, was ich je verspürt hatte. Die Macht dieser Liebe schien unaussprechlich zu sein« (I.LXVIIa). Der Rest des Tages war, menschlich gesehen, ein einziger geistlicher Höhenflug:

>*»… die Wahrhaftigkeit und Herrlichkeit der himmlischen Dinge war so deutlich und die Gefühle, die sie hervorriefen, so heftig, daß es mir die Kräfte raubte und meinen Körper den größten Teil des Tages schwächte, so daß ich nicht ohne Hilfe stehen oder gehen konnte. Auch die Nacht war tröstend und erfrischend. Diese frohe Stimmung hielt bis zum Montag an …« (I.LXVIIa).*

An diesem Abend, so schrieb sie,

>*»riefen die Worte ›Der Tröster ist gekommen‹ eine solch bewußte Gewißheit und eine solche Freude in meiner Seele hervor, daß es mir unverzüglich die Kräfte raubte, und ich fiel zu Boden; einige, die in der Nähe standen, fingen mich und halfen mir auf« (I.LXVII).*

Es gibt keine Anhaltspunkte dafür, daß ihre beachtenswerten Gefühle und Eindrücke aufgehört hätten; es war lediglich ihre Niederschrift dieser Dinge, die beendet wurde. Und obwohl es in diesen Zitaten in erster Linie um die diversen physischen Manifestationen zu gehen scheint, die Mrs. Edwards erlebte, war es ihre Absicht, mit ihrer Niederschrift ein leuchtendes Zeugnis einer »wahren Religion des Herzens, des Gnadenwerkes Gottes in der Seele, die Reichtümer der vollen Glaubensgewißheit« zu schaffen. Im Mittelpunkt steht nicht so sehr die Glut ihrer religiösen Leidenschaften, sondern, wie

Mr. Edwards es darstellte, deren »Langzeiteffekt«: »Diese hohen Entzückungen haben nach ihrem Abklingen einen bleibenden Effekt von vermehrter Süße, Ausgeglichenheit und Demut in der Seele hinterlassen, dazu auch eine vermehrte Herzensbereitschaft, ein Leben zur Ehre Gottes zu führen und gegen Sünde gewappnet zu sein« (I.376b).[4]

Mr. Edwards veröffentlichte weder irgendwelche direkten Kommentare über die Erlebnisse seiner Frau noch eine Analyse dazu; in seiner umfangreichen Abhandlung *Thoughts on Revival* (etwa: »Gedanken über Erweckung«; Anm. d. Übers.) nimmt er jedoch Bezug auf sie als einen ihm persönlich bekannten Fall, ohne dabei ihren Namen zu nennen. Seine detaillierte Beschreibung ihrer Erlebnisse erstreckt sich über fünfeinhalb Seiten; selbst ein kurzer Auszug verdeutlicht, wie positiv er zu den geschilderten Manifestationen steht und seine Schlüsse, die er aus der Frucht des Werkes zieht, sind höchst beeindruckend.

»Ich kenne viele Personen, die die hohen und außergewöhnlichen Entzückungen dieser Tage an sich selbst erlebt haben. Doch bei den höchsten Entzückungen, die mir bekannt sind, Fälle, bei denen die Gefühle von Bewunderung, Liebe und Freude, soweit diese von einem anderen beurteilt werden können, die höchste Stufe erreichten, waren die folgenden Dinge zu beobachten: häufige Heimsuchungen, die sich über einen beträchtlichen Zeitraum erstreckten, mit Visionen der Herrlichkeit der göttlichen Vollkommenheiten und der Vorzüglichkeiten Christi, so daß die Seele sozusagen völlig überwältigt war und völlig aufging in Licht und Liebe, einem süßen Trost und einem Ruhen und einem Frieden der Seele, die gänzlich unaussprechlich sind, zuweilen über fünf oder sechs Stunden hinweg, ohne Unterlaß … Ungewöhnliche Visionen göttlicher Dinge und die religiösen Gefühle wurden häufig von einer sehr großen Wirkung auf den Körper begleitet … Der betreffenden Person fehlte jegliche Fähigkeit zum Stehen oder Sprechen … Zuweilen wurde die Seele derartig von Bewunderung und einer Art allmächtiger Freude überwältigt, daß die betreffende Person unweigerlich mit ganzer Kraft vor Freude und mächtigem Frohlocken in die Luft sprang.«

Nichts davon war durch ein »enthusiastisches Vorbild« – oder durch »Ansteckung mit Mr. Whitefields innerer Verirrung« – zu erklären; die Manifestationen hatten vor seiner Ankunft im Land begonnen (I.376a). Ebensowenig ließen sich diese körperlichen Effekte auf Krankheit zurückführen, »da die stärksten dieser Manifestationen bei guter Gesundheit erlebt wurden«. Im Hinblick auf die Melancholie früherer Jahre schrieb Sarah über die Erfahrungen, die sie seither gemacht hatte:

»Die Kraft der Gnade und des göttlichen Lichtes hat diese Leiden gänz-
lich besiegt und das Gemüt stets über sämtliche Leiden dieser Art hin-
weggetragen. Seit der zuvor erwähnten Hingabe von vor fast drei Jahren
(1740) ist alles Derartige überwunden und vernichtet worden durch die
Macht des Glaubens und Gottesvertrauens und der Hingabe ihm gegen-
über ... Die Beständigkeit und Unveränderlichkeit ist trotz großer äuße-
rer Veränderungen und Prüfungen erhalten geblieben wie in Zeiten der
äußersten Schmerzen und einer unmittelbaren Todesgefahr« (I.376b).

Was die Frucht betrifft, so stellt Edwards einen erneuerten und tieferen Geist
der Anbetung fest. Er schreibt davon, daß Sarah »das Sehnen hatte, sich hinzusetzen und dieses Leben aus sich heraus zu singen« (I.377b). Er erwähnt
»ein heftiges Sehnen und Ohnmächte, ausgelöst durch eine größere Liebe zu
Christus, und eine größere Ähnlichkeit zu ihm; insbesondere die Sehnsucht
nach zweierlei Dingen: vollkommener in der Demut und vollkommener in
der Anbetung zu werden« (I.378a). Ein weiterer Punkt wird noch erwähnt,
einer, der in Anbetracht seines Missionsmandats alle Kritiker zum
Schweigen bringt: Es entstand ein tiefes Bewußtsein »der Hilfspflicht den
Armen gegenüber und auch des Ausmaßes, in dem die Christenheit im allgemeinen dieser Pflicht nicht genügend nachkommt.«

Bei allem, was in und durch Mrs. Edwards geschah, gab es dennoch
»keinerlei Anzeichen von geistlichem Stolz; im Gegenteil war ein großer Zuwachs an Sanftmut und Demut zu beobachten, auch die Neigung, andere aus
ehrlichem Herzen höher zu schätzen als sich selbst, ebenso eine große Abneigung, ein Urteil über andere zu fällen« (I.LXVIIIb). Dies stellt, wie wir
sehen werden, ein deutliches und herausragendes Merkmal eines wahren
Werkes Gottes dar. Mr. Edwards beschließt seine Ausführungen mit folgender Einschätzung:

»Wenn diese Dinge Enthusiasmus sind und die Früchte eines von krank-
haften Verirrungen befallenen Gehirns, so soll mein Gehirn für alle
Zeiten von dieser glücklichen Verirrung besessen bleiben! Sollten sie
Zerstreutheit sein, so bete ich zu Gott, daß die gesamte Menschheit von
dieser gutartigen, sanftmütigen, wohltuenden, schönen, herrlichen Zer-
streuung ergriffen werde!«

Und welche Vorstellung haben jene von Religion, die das hier Geschilderte
als unwahre Religion zurückweisen! Auf was sollten diese biblischen Wendungen denn sonst zutreffen: der Friede Gottes, der alles Verstehen übersteigt; Jubeln in unsagbarer, von himmlischer Herrlichkeit verklärter Freude;

der Glaube an einen unsichtbaren Heiland und die Liebe zu ihm; Friede und Freude im Heiligen Geist; das Leuchten Gottes in unseren Herzen; das Licht der Erkenntnis der Herrlichkeit Gottes verbreiten; im Angesicht Jesu Christi; mit enthülltem Angesicht die Herrlichkeit des Herrn widerspiegeln und so in sein eigenes Bild verwandelt werden, von Herrlichkeit zu Herrlichkeit, durch den Geist des Herrn; die Liebe Gottes, die in unsere Herzen durch den Heiligen Geist, der uns gegeben ist, ausgegossen ist – wenn jene erwähnten Dinge nicht auf diese Ausdrücke zutreffen, dann frage ich: Was können wir sonst finden, das besser auf sie paßt?

»Jene, die solcherlei Dinge nicht für eine Frucht des wahren Geistes halten, täten gut daran, sich zu fragen, welcher Art der Geist sein muß, auf den sie warten und um dessen Ankunft sie beten, und welcher Art die Frucht sein muß, die sie von ihm erwarten, wenn er kommt. Vermutlich wird man im allgemeinen sagen, daß eine herrliche Ausgießung des Geistes Gottes zu erwarten sei, die für das Leben der Gläubigen außerordentlich frohe und bewegende Zeiten anbrechen lasse; Zeiten, in denen heilige Liebe und Freude in wahren Christen zu großer Höhe anwachsen; doch wenn jene Dinge nicht anerkannt werden, was bleibt uns dann noch zum Flicken oder Formen einer Vorstellung von der hohen, gesegneten, frohen Religion unserer Tage? Wo findet man Süße, Vorzüglichkeit und Freude im Glauben, die völlig anderer Herkunft als diese Dinge sind?« (I.378b).

Nach einer Betrachtung von Jonathan und Sarah Edwards' persönlichen Erlebnissen mit dem erneuernden Wirken des Geistes soll nun eine etwas theologischere Betrachtung folgen. Zuvor muß jedoch betont werden, daß der Schlüssel zum Verständnis der Schriften Edwards' wie bei allen Autoren in dem Motiv seines Schreibens liegt. Sein erstes veröffentlichtes Buch trug den Titel *A Faithful Narrative of the Surprising Work of God in the Conversion of Many Hundred Souls in Northampton and the Neighbouring Towns and Villages of New Hampshire in New England* (etwa:»Eine wahrheitsgemäße Beschreibung des erstaunlichen Wirkens Gottes in der Bekehrung vieler Hunderter Seelen in Northampton und den benachbarten Städten und Dörfern von New Hampshire in Neuengland«; Anm. d. Übers.) und wurde am 6. November 1736 auf einen Auftrag hin eingereicht. Pfarrer Dr. Coleman aus Boston hatte von der Erweckung in Northampton gehört und Edwards um nähere Einzelheiten gebeten. Coleman war derartig beeindruckt von dem kurzgefaßten Bericht, den Edwards ihm daraufhin schickte, daß er ihn um einen ausführlicheren Bericht bat; dieser wurde nach England an zwei von Colemans Freunden weitergegeben, nämlich an den Liederdichter Dr. Isaac Watts und an Dr. John Guyse.

Sein erstes Werk ist berichtender, beschreibender Natur; besonders ins Auge fallen seine Aufzeichnungen über ungewöhnliche physische Manifestationen, die das Erweckungsgeschehen begleiteten. In späteren Schriften stellte Edwards dann theologische und sogar philosophische Überlegungen an, um die Erlebnisse und das Geschehen der Erweckung vor diesen Hintergründen zu beleuchten. In seinem Buch *A Faithful Narrative* beschränkt er sich dagegen auf die speziellen Manifestationen, die die »beachtenswerte Erweckung von Religion« begleiteten. In sämtlichen seiner Schriften geht es ihm jedoch in erster Linie um das Wesen der wahren Religion, insbesondere um den Zusammenhang zwischen dem unsichtbaren Einwirken des Geistes auf den inneren Menschen und den sichtbaren, körperlichen Auswirkungen seiner manifestierten Gegenwart.

Von Edwards' Kirchengemeinde in Northampton vor der Erweckung existiert folgende Beschreibung:»Respektierliche, anständige Leute, die eine zur Routine gewordene Rechtschaffenheit besaßen, in der sie die Lehrsätze des Glaubens ohne Plan und Ziel wie abgegriffene Spielkarten auf dem Tisch hin- und herblätterten. Sie waren nicht so sehr an Gott und seinem Reich interessiert, sondern eher an Ländereien und Vermögen.« Ein großer Teil der Stadtbevölkerung ging in die einzige Kirche am Ort, doch die meisten Mitglieder hatten längst jegliche Vitalität ihres Glaubens und ihres Engagements verloren. Die Leute praktizierten einen Pro-forma-Glauben, ohne die Macht und die Freude des Glaubens persönlich erlebt zu haben. Unter Edwards' geistgeführter Leitung öffnete der Heilige Geist die Herzen und machte den Glauben lebendig, so daß »ihre trübe Orthodoxie ein transparentes Instrument wurde, durch das sie die Herrlichkeit Gottes wahrnehmen konnten«.[5]

Der Gottesdienst der Northamptoner, ihr Zeugnis, ihre gesamte Lebensführung wurden von Leidenschaft erfüllt; und es war das Feuer Gottes, das sie verbreiteten, nicht nur über den größten Teil Neuenglands, sondern auch nach England und darüber hinaus. Dies war sogar in einem solchen Maß der Fall, daß selbst weltliche Historiker von der »Großen Erweckung« sprechen. Mit Neuanfängen im Glauben, Bekehrungen und geistlichen Erneuerungen, die von der »Großen Erweckung« ausgelöst wurden, gingen unvertraute »Manifestationen« einher, nämlich die äußeren Zeichen und Bekundungen der unmittelbaren Gegenwart des Geistes. In ihrem Vorwort zu *A Faithful Narrative* schreiben Watts und Guyse:

»Wir haben von keinem Ereignis seit der frühsten Christenheit gehört
oder gelesen, das so erstaunlich wie das in der hier vorliegenden
Beschreibung ist. ... Es gefiel Gott, vor zwei Jahren sein freies und sou-
veränes Erbarmen in der Bekehrung einer großen Zahl von Menschen in-
nerhalb einer kurzen Zeit zu erweisen und sie von einem formalen, kalten
und gleichgültigen Glaubensbekenntnis zu dem lebendigen Ausüben je-
der christlichen Tugend und einem vollmächtigen Umsetzen unseres hei-
ligen Glaubens zu bewegen« (I.344).

Immer wieder erwähnt Edwards »außergewöhnliche Gemütsregungen«, die
von physischen Äußerungsformen der Angst, Bekümmerung, Liebe oder
Freude begleitet wurden, von »Tränen, Zittern, Stöhnen, lautem Schreien,
Agonien des Leibes und dem Versagen der körperlichen Kraft«, von
»Anfällen, Zuckungen und Verkrampfungen«. Er hatte sich gründlich informiert und schrieb: »Ich habe insbesondere mit Personen aus allen Teilen des
Landes und verschiedenen Gegenden von Connecticut über ihre Erlebnisse
gesprochen, und von den Erlebnissen vieler anderer weiß ich durch ihre eige-
nen Pastoren« (I.359a).

Die folgende Kostprobe aus Edwards' Schriften leistet einen Beitrag zu
einem historischen Rahmen für die Dinge, die bei den Veranstaltungen in der
Airport Vineyard-Gemeinde zu beobachten sind; die Manifestationen mögen
zwar für viele von uns neu sein, doch sie sind nicht ungewöhnlich, wenn der
Geist Gottes kommt, um sein Volk zu erneuern. Viele, die die Veranstaltungen in der *Airport*-Gemeinde besucht haben, werden ihre persönlichen
Erfahrungen in den folgenden Berichten wiederfinden:

»In der zweiten Dezemberhälfte begann der Geist Gottes sich auf unge-
wöhnliche Weise einzustellen und ein wunderbares Wirken unter uns zu
vollbringen; plötzlich bekehrten sich fünf oder sechs Personen, eine nach
der anderen, und einige dieser Bekehrungen geschahen auf eine höchst
bemerkenswerte Weise« (I.348a).

Bei den öffentlichen Veranstaltungen brach die Gemeinde häufig in Tränen
aus: »Einige weinten vor Kummer und Qualen, andere vor Freude und Liebe,
wieder andere vor Mitleid und Sorge um ihre Nachbarn.« Langjährige Gemeindemitglieder »wurden sehr belebt und erneuert durch frische und
außergewöhnliche [Erlebnisse] mit dem Geist Gottes. Viele, die sich große
Sorgen über ihren eigenen Zustand [hinsichtlich ihrer Errettung] gemacht
hatten, erlebten nun, wie ihre Zweifel durch erfüllende Erlebnisse und ein-

deutige Erfahrungen der Liebe Gottes beseitigt wurden. ... Als dieses Wirken begann und auf so ungewöhnliche Weise unter uns fortfuhr, schienen Außenstehende nicht recht zu wissen, was sie davon halten sollten. Viele verspotteten und verhöhnten es und manche verglichen das, was wir Bekehrung nannten, mit bestimmten Formen der geistigen Erkrankung« (I.348b).

Zwei Parallelen fallen unverzüglich ins Auge. Die erste: Der zeitlose Geist des Verurteilens und Kritisierens schien zu Edwards' Zeiten ebenso eifrig am Werke gewesen zu sein, wie es viele gegenwärtig erleben müssen. Zweitens verdient das folgende Zitat in Anbetracht der vielen Besucher, die von weither zur *Airport Vineyard*-Gemeinde kommen, gerade wegen seiner übertragbaren Ähnlichkeit unsere Beachtung:

> *»Es gab viele Fälle von Personen, die von außerhalb zu Besuchs-oder Geschäftszwecken gekommen waren und die noch nicht lange hier waren ... als die Errettung in ihnen bewirkt wurde, und sie nahmen an dem Segen teil, den Gott hier bei uns ausgegossen hat und reisten voller Freude wieder nach Hause, bis schließlich dasselbe Wirken auch in mehreren anderen Städten des Landes begann«* (I.349a).

Im Verlauf der weiteren Beschreibung dessen, was in Northampton erlebt worden war, macht Edwards diese allgemeine Aussage über das Geschehen:

> *»Auch scheint Gott das Ungewöhnliche vollbracht zu haben, was die Schnelligkeit seines Werkes und das rasche Voranschreiten seines Geistes in den Herzen vieler betrifft. Es ist wunderbar, daß diese Personen so plötzlich und dennoch so grundlegend verändert wurden«* (I.350a).

Edwards ist sich im klaren darüber, und dies wird wiederholt in der *Airport Vineyard*-Gemeinde betont, daß Gottes Wirken bei jedem Menschen eine andere Prägung hat, »sowohl im Ausmaß des Erweckens als auch in dem des Überführens, aber auch bezüglich des errettenden Lichtes, der Liebe und der Freude, die viele erlebt haben ... Manche wurden schlagartig ergriffen, andere wurden allmählich erweckt« (I.350b).

Er macht eine nüchterne Feststellung, die auch wiederholt in der *Airport* Gemeinde zu hören ist:

> *»Es war nicht schwierig zu beobachten gewesen, daß die gelehrtesten Personen, die sich am intensivsten mit Dingen dieser Art beschäftigt hatten, oft ratloser als andere waren. Manche dieser Personen sagen von sich, all ihr früheres Wissen sei wertlos und sie seien die reinsten Säuglinge gewesen, die nichts von alledem verstanden«* (I.354b).

75

In dem folgenden Zitat ist das Pastorenherz deutlich herauszuhören, wenn Edwards über die physischen Manifestationen nachdenkt, die er miterlebt hat; seine Liebe zu seiner Gemeinde ist nicht zu übersehen, wenn er schreibt:

»Es war sehr wunderbar zu sehen, wie das Gemüt eines Menschen manchmal angerührt wurde – es war, als öffne Gott den Betreffenden mit einem Mal die Augen und erfülle ihr Herz mit einem Bewußtsein der Größe seiner Gnade, der Fülle Christi und seiner Bereitschaft zu erretten … Die freudige Überraschung der Betreffenden ließ ihnen förmlich das Herz im Leib springen, so daß sie plötzlich in Lachen ausbrachen, wobei häufig zugleich die Tränen in Strömen flossen und das Lachen sich mit lautem Wehklagen vermischte. Manchmal konnten sie es nicht verhindern, daß sie mit lauter Stimme schrien, um ihre Anbetung auszudrücken. Bei manchen hat schon allein der Gedanke an die Herrlichkeit von Gottes Souveränität im Ausüben seiner Gnade die Seele mit einer solchen Süße überrascht, daß dieselben Effekte hervorgebracht wurden … « (I.354b).
»Die Art, wie Gott auf die Seele einwirkt, ist zuweilen außerordentlich rätselhaft« (I.355b).

Als eine erste Analyse der Dinge bietet Edwards die folgenden Begründungen dafür an, daß seine Gemeinde derartig außergewöhnliche Phänomene erlebte: »Sie haben die göttliche Vorzüglichkeit, die im Evangelium ist, nun gesehen und geschmeckt, was wirkungsvoller ist als die Lektüre vieler Bücher oder das bloße Diskutieren.« – »Sie haben eine höchst anschauliche und mächtige Bekundung des Göttlichen in sich auf intuitive Weise wahrgenommen und unmittelbar gespürt.« Was seine Predigten betrifft, so schreibt er: »Die Gründe sind dieselben, die sie Hunderte von Malen gehört haben; doch die Macht der Gründe und die Überzeugungskraft darin ist ihnen völlig neu; sie haben nun eine neue, noch nie erlebte Macht« (I.356a). »Nach ihrer Bekehrung sprechen viele von religiösen Dingen als etwas, was ihnen neu erscheint: Predigten sind ihnen etwas Neues; es scheint ihnen, als hätten sie noch nie eine Predigt gehört; die Bibel ist ein neues Buch; darin finden sie neue Kapitel, neue Psalmen, neue Geschichten, weil sie sie plötzlich in einem neuen Licht sehen.« »Viele haben davon gesprochen, daß ihre Herzen Gott und Christus nun in Liebe zugetan sind und daß sie völlig in der frohen Betrachtung der Herrlichkeit und wunderbaren Gnade Gottes aufgehen …« (I.356b).

Zusätzlich zu den hier angeführten allgemeinen Aussagen machte Edwards auch die folgenden, sehr detaillierten Beobachtungen über Gnade und über Weisheit:

»Es gibt große Unterschiede in dem Ausmaß sowie in der besonderen Weise des Erlebens zwischen einzelnen Personen ... [Es ist] *offenbar dasselbe Wirken, und es ist zweifellos derselbe Geist, der in verschiedenen Personen atmet und handelt.* [Doch] *es gibt eine endlose Vielfalt in der besonderen Art und den Umständen, unter denen der Geist in der Person wirkt;* [aus Beobachtungen kann geschlossen werden] *daß Gott weiter davon entfernt ist, sich auf eine bestimmte Methode in seinem Einwirken auf Seelen zu beschränken als manche denken. Ich glaube, daß es einige gute Leute in unserer Mitte gibt, die zuvor allzu leichtfertig eine Regel aus ihrer eigenen Erfahrung gemacht haben und die nun weniger zum Kritisieren anderer neigen und mehr Nächstenliebe üben; das Wirken Gottes war herrlich in seiner Vielfältigkeit; es hat die mannigfaltige und unergründliche Weisheit Gottes umso deutlicher bewiesen und eine größere Nächstenliebe unter seinem Volk hervorgebracht«* (I.357b).

Mit einem verbreiteten Irrtum soll an dieser Stelle aufgeräumt werden: Ohne Frage hat das Handeln Gottes, das die »Große Erweckung« kennzeichnete, Tausende von gottfernen Menschen in das Reich Gottes gebracht; doch die »Ausgießung« des Heiligen Geistes hatte auch einen tiefgehenden Einfluß auf die Kirche. Wie Tracy in seiner Dokumentation der Erweckung schreibt, »wurden die Kirchenmitglieder in großen Scharen bekehrt ... In manchen Fällen schien die Erweckung fast ausschließlich innerhalb der Kirche stattzufinden und die Bekehrung fast sämtlicher Mitglieder bewirkt zu haben«.[6] Nachdem die Kirche erneuert und erweckt war, folgte die Evangelisation der Massen als Resultat.

In Anbetracht dessen, was wir in der *Airport*-Gemeinde erlebt haben, hat die folgende Aussage über Gottes erneuerndes, erweckendes Wirken heute die gleiche Relevanz wie vor zweihundertsiebenundfünfzig Jahren:

»Wir, die wir die Religion Christi bekennen, tun mit Sicherheit gut daran, derartig erstaunliche Ausübungen seiner Macht und seines Erbarmens zur Kenntnis zu nehmen und ihm die ihm gebührende Ehre zu geben, wenn er beginnt, seine Verheißungen im Hinblick auf die letzten Tage zu erfüllen; und dies verleiht uns eine größere Ermunterung zum Beten, Wachen und Hoffen auf eine solche Darbietung seiner Macht in unserer Mitte. Seht her, die Hand des Herrn ist nicht zu kurz, um zu helfen, aber wir haben Anlaß zu der Befürchtung, daß unsere Übertretungen, unsere Glaubenskälte und die allgemeine Fleischlichkeit unserer Seelen eine

Wand der Trennung zwischen Gott und uns errichtet haben ... und haben
den Geist Christi dazu gebracht, sich von einem großen Teil unseres
Volkes abzuwenden.
Kehre wieder, oh Herr, und komme in deine Kirchen, und belebe dein
Werk in unserer Mitte.
Von derartig gesegneten Fällen des Fortschreitens des Evangeliums, wie
sie in dieser Beschreibung aufgeführt sind, können wir viel über die Art
und Weise lernen, wie der Geist Gottes mit den Seelen von Menschen um-
geht, um Sünder zu überführen und sie durch Jesus Christus, seinen
Sohn, wieder in seine Gunst und sein Ebenbild zurückzuführen« (I.344).

Nicht jedermann begrüßte die Nachricht von der Erweckung und den ungewöhnlichen physischen Manifestationen, die »die Art und Weise, wie der
Geist Gottes mit den Seelen von Menschen umgeht« begleiteten, mit der
gleichen Begeisterung wie Watts und Guyse, den Verfassern der schon erwähnten Zitats. Nach 1742 brachen die Gegner der Erweckung ihr Schweigen. Einige waren der Überzeugung, daß Gott nichts mit der Erweckung zu
tun habe. Viele glaubten, die Erweckung sei eine emotionale Orgie, welche
die Kirchen auf schamlose Weise verwirre und das wahre Wirken Gottes un-
terbinde.[7] »Enthusiasmus« war eine abwertende Bezeichnung für religiösen
Fanatismus, eine ins Extreme gehende, erlebnisbezogene Geistlichkeit, der
jegliche Führung und Züchtigung durch die Bibel fehlt. In manchen Kreisen
wurde absolut kein Zusammenhang zwischen dem überzeugenden, über-
führenden, erneuernden Wirken des Heiligen Geistes und den berichteten
körperlichen Begleiterscheinungen, den physischen Manifestationen der
Erweckung geduldet.
    Der Anführer des Widerstandes war ein Pastor aus Boston namens
Charles Chauncy. Er galt als der Hauptsprecher für alle Neuengländer, denen
die von der Erweckung ausgelösten Emotionen nicht geheuer waren. In seinem weit verbreiteten offenen Brief mit dem Titel *Overheated Passions, a*
Letter ... to Mr. George Wishart, 1742 (etwa: »Überhitzte Leidenschaften.
Ein Brief ... an Mr. George Wishart, 1742«; Anm. d. Übers.) schimpft er
Gilbert Tennent einen Enthusiasten, der »aus dem Stegreif, mit viel Lärm
und wenig Zusammenhang« predige.
    Dem englischen Evangelisten George Whitefield warf Chauncy vor,
Massenchaos gestiftet zu haben:

»... die Mengen, deren Sinneswahrnehmungen eine derartige Höhe er-
reicht hatten, schrien laut, fielen zu Boden, wurden ohnmächtig und be-
nahmen sich wie Leute, die von Anfällen heimgesucht wurden; das Fül-

len der Anbetungshäuser mit Tohuwabohu ist nicht mit Worten zu be-
schreiben, auch nicht von der lebhaftesten Phantasie auszumalen, es sei
denn, man habe es mit eigenen Ohren gehört und mit eigenen Augen ge-
sehen ...«

Anders ausgedrückt ist »Sehen gleich Glauben«, und selbst wer es sieht, wird
es nicht glauben.

»Mit dem Schreien stecken sie sich gegenseitig an, bis ein großer Teil der
Gemeinde *davon betroffen ist ... Sie beeinflussen andere und bringen ein*
allgemeines Geschrei zustande. Visionen kamen häufig vor, desgleichen
Trancen. Manche berichten, mit Christus und den heiligen Engeln ge-
sprochen zu haben; diese hätten ihnen das Buch des Lebens geöffnet und
ihnen erlaubt, die Namen der dort aufgeführten Personen zu lesen und
desgleichen mehr. Lachen, lautes, herzhaftes Lachen war eines der
Dinge, zu dem sich unsere Neubekehrten zusammenschlossen, um ihre
Freude und die Bekehrung anderer zum Ausdruck zu bringen ... gleich-
zeitig gab es einige, die beteten, ermahnten, sangen, in die Hände
klatschten, lachten, weinten, schrien und laut brüllten ... Besonders am
Abend oder später in der Nacht erreicht das Schreien und Kreischen sei-
ne höchste Stufe.«[8]

Einige Jahre nachdem die Ausgießung des Geistes begonnen hatte, hinter-
fragte Edwards selbst die Glaubenstiefe und Aufrichtigkeit vieler neuer
»Erweckter«; dies geht deutlich aus dem nächsten Buch hervor, das er veröffentlichte. Es trägt den Titel *The Distinguishing Darks of a Work of the True*
Spirit with a Particular Consideration of the Extraordinary Circumstances
with which this Work is Attended (November 1741) (etwa: »Die Kennzeichen
eines Werkes des wahren Geistes, mit einer besonderen Betrachtung der
außergewöhnlichen Umstände, die dieses Wirken begleiten; November
1741«; Anm. d. Übers.).
Auch zu diesem Werk schrieb ein »respektierter Geistlicher« das Vorwort, in diesem Fall William Cooper. Er schreibt:

»Die Gnade, unter der wir uns befinden, ist mit Sicherheit größer, als wir
oder unsere Vorfahren je erlebt haben; und zuweilen ist sie so wunder-
bar, daß ich meine, eine solche hat es seit der außergewöhnlichen Aus-
gießung direkt nach der Himmelfahrt unseres Herrn nicht gegeben. Die
Zeit der Apostel scheint sich in unserer Gegenwart zu wiederholen, denn
die Macht und Gnade des Geistes wurden uns auf eine derartige Weise
vor Augen geführt« (2.258).

Wie in seinem Buch *A Faithful Narrative* beginnt Edwards mit einer Beschreibung dessen, was er beobachtet hat:

>*Durch Gottes Vorsehung gehöre ich seit einigen Monaten zu jenen, in deren Mitte das fragliche Werk stattfindet, und insbesondere habe ich jene Dinge, an denen viele Personen Anstoß nehmen, gesehen und beobachtet, beispielsweise lautes Rufen, Schreien, große Agonie des Leibes etc., und ich habe die Vorgehensweise und das Ergebnis solcher Handlungen sowie deren Folgen gesehen, wobei viele dieser betroffenen Personen mir persönlich sehr gut bekannt sind«* (II.270a).

Im Anschluß daran stellt er eine ausführliche Betrachtung dieser Manifestationen auf dem Hintergrund des Textes aus dem ersten Johannesbrief Kapitel 4, Vers 1 an: »Liebe Brüder, traut nicht jedem Geist, sondern prüft die Geister, ob sie aus Gott sind; denn viele falsche Propheten sind in die Welt hinausgezogen.« Edwards schreibt:

>*Zu der Zeit der Apostel ereignete sich die größte Ausgießung des Geistes Gottes, die es je gegeben hat, sowohl was seine außergewöhnlichen Einflüsse und Gaben betrifft als auch seine gewöhnlichen Taten im Überzeugen, Bekehren, Erleuchten und Heiligen der Menschenseelen. Doch während die Einflüsse des wahren Geistes im reichen Maße vorhanden waren, kamen auch Fälschungen im reichen Maße zum Vorschein; der Teufel fälschte überaus fleißig sowohl die gewöhnlichen als auch die außergewöhnlichen Einflüsse des Geistes Gottes … Dies machte es notwendig, daß die Kirche Christi mit bestimmten Vorschriften [und] Kennzeichen ausgestattet wurde … «* (II.260a).

Dann fordert er folgendes: Wir sollen uns in allem nach der Heiligen Schrift richten, »dem großen und verbindlichen Vorschriftsbuch, das Gott seiner Kirche gegeben hat, damit es sie in allen großen Fragen bezüglich ihrer Seelen leite; und sie ist eine unfehlbare und ausreichende Vorschrift« (II.260b). Zu diesem Punkt macht Edwards diese bedeutende Unterscheidung:

>*Was die Kirche gewohnt war, ist keine Vorschrift … denn es könnte neue und außergewöhnliche Werke Gottes geben [die er noch vollbringen wird] auf eine außergewöhnliche Weise. Er hat [in der Vergangenheit] neue, seltsame Dinge vollbracht, und diese hat er auf eine Weise vollbracht, die sowohl Menschen als auch Engel überraschte. Die Weis-*

sagungen der Heiligen Schrift geben Anlaß zu der Mutmaßung, daß Gott in der Zukunft Dinge vollbringen wird, die noch niemand erlebt hat. Keine Abweichung von dem, was [bisher] gewöhnlich war, sei sie auch noch so groß, kann ein Beweis dafür sein, daß dieses Wirken nicht vom Geist Gottes stamme, solange es sich nicht um eine Abweichung von seiner schriftlich niedergelegten Regel handelt … Der Heilige Geist ist souverän in seinem Handeln, und wir wissen, daß er sich einer großen Vielfalt der Handlungsweisen bedient, und wir wissen nicht, wie groß diese Vielfalt ist, deren er sich innerhalb des von ihm gesteckten Rahmens bedient. Wir sollten keine Grenzen ziehen, wo Gott sich selbst keine Grenzen gezogen hat« (II.261a).

Bei den Veranstaltungen in der *Airport Vineyard*-Gemeinde gilt eine ähnliche Direktive, wenn auch in einer anderen Form: John Arnott erinnert die Veranstaltungsbesucher häufig daran, daß es keinerlei biblische Grundlage für die verbreitete Anschauung gibt, »der Heilige Geist sei ein Gentleman und tue nichts ohne unsere Zustimmung«. Auf das Bekehrungserlebnis des Apostel Paulus verweisend, fragt er:»Wenn jemand in Ihrer Gemeinde plötzlich zu Boden fiele, seinen Namen hörte und sagte, er habe eine Vision gesehen, und wäre anschließend eine Zeitlang blind, was würden Sie daraus schließen? Und wie würden Sie das der Mutter des Betreffenden erklären?«
Edwards macht eine äußerst hilfreiche Unterscheidung:

»[Ein Werk des Geistes] darf nicht nach irgendwelchen Effekten auf die Körper von Menschen beurteilt werden, seien es Tränen, Zittern, Stöhnen, laute Schreie, Agonien des Körpers oder das Versagen der körperlichen Kräfte. Der Einfluß, unter dem sich die Personen befinden, darf nicht nach seinen Auswirkungen auf den Leib bestimmt werden; der Grund dafür ist, daß die Heilige Schrift uns nirgends eine solche Grundregel gibt.«

Die Empfehlungen von Marc Dupont, einem der Pastoren in der *Airport Vineyard*-Gemeinde, gehen in dieselbe Richtung. Er fügt noch hinzu, daß wir nicht mit der Erwartungshaltung kommen sollten, eine bestimmte Manifestation zu erhalten – »Ich möchte die Freude haben … « –, und ebensowenig sollten wir meinen, Gott habe uns übergangen, wenn äußerlich nichts übermäßig Dramatisches geschieht. Es geht nicht in erster Linie um die Zuckungen, das Hinfallen oder das Lachen; vielmehr geht es um das maßgeschneiderte Geschenk, das unser himmlischer Vater jedem von uns individuell machen möchte, nicht damit wir in und an uns selbst verherrlicht werden, sondern zur Erbauung des Leibes Christi als Ganzem.

Weder Edwards noch die Pastoren in der *Airport*-Gemeinde nehmen Abstand von den Manifestationen; sie warnen lediglich: »Wir wollen kein Urteil fällen, das ausschließlich auf den Manifestationen beruht, sei es im Positiven oder Negativen.« Zugleich lassen sie aber folgendes gelten:

»*Das Elend der Hölle ist zweifellos so entsetzlich und die Ewigkeit so grenzenlos, daß ein klares Verständnis von einem solchen Elend mehr ist, als ein schwacher Menschenleib ertragen könnte ... Von einer wahren Erkenntnis der Herrlichkeit des Herrn Jesu Christi und seiner wunderbaren, todesbereiten Liebe sowie der Ausübung einer wahrhaft geistlichen Liebe und Freude sollte man durchaus erwarten können, daß sie alle körperlichen Kräfte übersteigt. Wir wissen alle, daß niemand Gott sehen und am Leben bleiben kann ... daher ist es ganz und gar nicht absonderlich, daß Gott seinen Heiligen manchmal einen solchen Vorgeschmack auf den Himmel gibt, der ihnen die Körperkräfte raubt ... Wenn die Gedanken so sehr* [auf die Herrlichkeit Gottes] *fixiert und die Gemütsregungen so stark sind, wenn die ganze Seele so in Anspruch genommen, hingerissen und aufgesogen ist, dann sind alle übrigen Teile des Körpers so überwältigt, daß es ihnen an Kraft fehlt, und der gesamte Leib ist der Auflösung nahe*« (II.261b und 263a).

Edwards nimmt direkt Bezug auf die Enthusiasmusgegner und ihre Bedenken, was den Aufruhr betrifft, den die Ereignisse ausgelöst haben, und er schreibt:

»*Als das Reich Christi in dem bemerkenswerten Ausgießen des Geistes zur Zeit der Apostel kam, verursachte dies überall ein riesiges Aufsehen. Wie mächtig war der Widerstand, auf den die große Ausgießung des Geistes in Jerusalem stieß! Die Sache rief einen Tumult hervor, und einige sagten von den Aposteln, sie hätten die Welt auf den Kopf gestellt*« (Apg 17,6; II.262b).

Es gab einige, die sich an dem »neuen« Brauch des Zeugnisgebens störten, also daran, daß einzelne Personen öffentlich ihre religiösen Erlebnisse schilderten. Edwards antwortete: »Die Bibel ist voller Beispiele von Menschen, die durch das gute Vorbild anderer beeinflußt wurden (Mt 5,16; 1 Petr 3,1; 1 Tim 4,12; Tit 2,7; 2 Kor 8,1-7; Hebr 4,12; Phil 3,17). Es hat noch nie eine Zeit einer bemerkenswerten Ausgießung des Geistes und einer großen Glaubenserweckung gegeben, in der Beispiele keine große Rolle gespielt hätten« (II.263b). Obwohl er sich für das öffentliche Bezeugen aussprach, wußte

Edwards auch, daß es noch eine Weile dauern würde, bis wir »den reinen Gott« in unserem Mitmenschen sehen konnten. Aus diesem Grund ließ er sich weder aus dem Konzept bringen noch in seinen Überzeugungen beirren, wenn er »Unklugheiten und ungebührliches Verhalten« sah.

»Der Zweck, zu dem Gott seinen Geist ausgießt, besteht darin, Menschen heilig zu machen, nicht darin, sie zu Politikern zu machen. Es verwundert nicht, daß es in einer gemischten Menschenmenge der unterschiedlichsten Prägung – klug und unklug, jung und alt, schwache und starke natürliche Begabungen – daß es in einer solchen Menge viele gibt, die unter all diesen starken Eindrücken ein unweises Verhalten an den Tag legen ... Tausend Unklugheiten können nicht beweisen, daß ein Werk nicht vom Geist Gottes stammt ...
[Übertreibungen] *lassen sich daher auf die Reste von Finsternis und Verderbtheit bei jenen zurückführen, die bereits unter den errettenden Einflüssen des Geistes Gottes stehen und die einen brennenden Eifer für Gott haben.«*

Anders ausgedrückt: »Gott ist noch mit keinem von uns fertig.« Edwards greift auf einen biblischen Präzedenzfall zurück, indem er auf die neutestamentliche Gemeinde von Korinth verweist, auf

»... Leute, die in einem hohen Maße an der großen Ausgießung des Geistes zur Zeit der Apostel teilhatten, doch bei denen Unklugheiten und ungebührliches Verhalten im Übermaß vorhanden waren. Es gibt kaum eine Gemeinde, die im Neuen Testament aufgrund ihrer großen Segnungen vom Geist Gottes mehr gefeiert wird als diese, doch welch vielfältige Unklugheiten, welch große und sündige Ungebührlichkeiten und befremdende Verirrungen herrschten dort!« (II.264b).

Mit großem Feingefühl und sprichwörtlicher biblischer »Langmut« schreibt er:

»Wenn das erste Tageslicht nach einer Nacht der Dunkelheit dämmert, müssen wir damit rechnen, daß die Dunkelheit eine Zeitlang mit dem Licht vermischt ist; das Tageslicht ist noch nicht vollkommen, und die Sonne steht nicht unverzüglich hoch am Himmel. Die Früchte der Erde sind zuerst grün, bevor sie reif sind, und sie erreichen ihre jeweilige Perfektion erst allmählich; und das gleiche, sagt Christus uns, gilt auch für das Reich Gottes« (Mk 4,26-28; II.271a).

Mit einem ähnlichen Feingefühl bittet John Arnott häufig die Gemeinde um die Erlaubnis, alle, deren Verhalten übertrieben oder unangebracht wirkt, korrigieren zu dürfen; anschließend bittet John die Gemeinde um ihre Nachsicht für den Fall, daß man in einem vielleicht zu starken Bestreben um »Ruhe und Ordnung« etwas korrigiert hat, was legitim vom Geist inspiriert gewesen war.

Es sind jedoch nicht nur die äußeren Übertreibungen, die das erneuernde Wirken des Geistes schmälern und kompromittieren. Edwards bringt einen weiteren Punkt zur Sprache, der in seinen späteren Werken eingehender behandelt wird. In seinem Buch *Distinguishing Marks* macht er folgende Bemerkung über die Frage des unangebrachten Verhaltens:

> *»Satan wird seine Opfer so lange festhalten, wie er kann; entgleiten sie seinem Zugriff jedoch, so bemüht er sich, sie zu Extremen zu treiben, um Gottes Ehre damit Abbruch zu tun und der Religion auf diese Weise Wunden zuzufügen«* (II.271b).

Vor diesem Hintergrund stellt Edwards dann die Frage: »Was sind nun die Kennzeichen eines wahren Werkes des Geistes Gottes?«

Zunächst einmal stellt er fest: »Wenn der Geist, der in einer Gruppe von Menschen am Werke ist, eindeutig als einer empfunden wird, der sie von Christus überzeugt und sie zu ihm hinführt … dann ist dies ein sicheres Anzeichen dafür, daß es sich um den wahren und richtigen Geist handelt« (II.266b). Gibt es zweitens irgendwelche Anhaltspunkte dafür, daß die Interessen des Reiches Satans unterbunden werden? »Führt das Bewußtsein der Herrlichkeit der göttlichen Dinge und die Gemütsbewegungen, die sie durch die geistlichen Freuden empfinden, dazu, daß diese Personen aus dem Weltlichen herausgezogen werden, daß sie von den Gegenständen ihrer weltlichen Gelüste entwöhnt werden und daß sie von weltlichen Zielen Abstand nehmen?« (II.267b).

Gibt es drittens Anhaltspunkte dafür, daß die Gläubigen die Bibel mehr schätzen und tiefere Wurzeln in der Wahrheit und einem gottesfürchtigen Lebenswandel schlagen? Der Teufel wird uns mit Sicherheit nicht dazu ermutigen, uns in das Wort Gottes zu verlieben. »Käme es dem Fürst der Finsternis, der bestrebt ist, sein Reich der Finsternis auszuweiten, je in den Sinn, Menschen zur Sonne hinzuführen? … Er haßt jedes Wort der Bibel, und wir können uns ganz sicher sein, daß er niemals versuchen wird, jemanden dazu zu bewegen, sie noch höher zu schätzen oder sie noch lieber zu gewinnen« (II.267b).

Läßt sich viertens eine größere Liebe zu Gott und anderen Menschen beobachten? Edwards beruft sich auf den 1. Johannesbrief, Kapitel 4, Verse 12-13 und führt den christlichen Glauben auf seine Grundlagen zurück:

>*Das letzte Kennzeichen des wahren Geistes, das der Apostel nennt, scheint er auch als das bedeutendste zu betrachen: die Liebe zu Gott und zu anderen Menschen ... Das sicherste Anzeichen für wahre, göttliche, übernatürliche Liebe im Gegensatz zu Fälschungen, die aus einer natürlichen Eigenliebe heraus entstehen, liegt in der christlichen Tugend der Demut, jener Eigenschaft, die wie keine andere das ›Ich‹ leugnet, erniedrigt und zunichte macht. Christliche Liebe oder wahre Nächstenliebe ist eine demütige Liebe*« (II.268b).

Edwards weiß, was unter Exzessen, geistlicher Unreife und fleischlichem Überschwang zu verstehen ist, und er gibt die folgenden praktischen Hilfen zum Unterscheiden der Geister:

»*Diese Dinge würde der Teufel nicht tun, wenn er dazu in der Lage wäre: das Gewissen wecken und Menschen darauf aufmerksam machen, in welch einer elenden Lage sie sich aufgrund ihrer Sünden befinden und wie dringend sie einen Erlöser brauchen; er würde Menschen nicht in ihrem Glauben bestärken, daß Jesus der Sohn Gottes und der Erretter der Sünder sei; er würde in keinem Menschen die Überzeugung von der Wahrheit der Heiligen Schrift entstehen lassen, und er würde niemanden dazu bringen, Gebrauch von dieser Heiligen Schrift zu machen; ebensowenig würde er den Menschen die Wahrheit bezüglich ihrer Seele zeigen; er würde den Schleier der Täuschung nicht von ihren Augen reißen und sie aus der Finsternis ins Licht führen, um ihnen die Dinge so zu zeigen, wie sie wirklich sind. Der Teufel kann und will den Menschen keinen Geist der göttlichen Liebe vermitteln, auch keine christliche Demut und Armut des Geistes ... diese Dinge widerstreben seiner Natur so heftig wie nichts anderes. Wenn daher ein außergewöhnlicher Einfluß oder ein außergewöhnliches Vorgehen in dem Denken von Menschen erscheint und wenn diese Dinge darin enthalten sind, dann können wir mit Sicherheit sagen, daß dies das Werk Gottes ist, ganz gleich, welche anderen Umstände es begleiten mögen, welche Mittel eingesetzt werden und mit welchen Methoden dies vorangetrieben wird. Mit welchen Mitteln ein souveräner Gott, dessen Ratschlüsse [sehr] tief sind, es auch umsetzen mag und egal, welche Auswirkungen dies auch auf die menschlichen Körper haben mag ... sie deuten eindeutig auf den Finger Gottes hin und sie reichen aus, um tausend dieser kleinen Einwände aufzuwiegen, wie sie viele über die Absonderlichkeiten, ungewohnten Dinge, Ungebührlichkeiten und die Wahnvorstellungen und Skandale einiger angeblicher Anhänger machen«* (II.269a).

Selbst nach dieser Klärung waren sich viele noch unsicher, was die Manifestationen betraf, welche die »Große Erweckung« begleiteten. Man erhob die Anklage: »Gott kann nicht der Urheber davon sein, weil er der Gott der Ordnung ist, nicht der Unordnung.« Diese Anklage wird auch wiederholt gegen die Veranstaltungen in der *Airport*-Gemeinde vorgebracht. Bedauerlicherweise bleiben die Ankläger selten lange genug bei uns, um mit einigen zu sprechen, die dieses so beunruhigende Verhalten an den Tag legen; die Schlüsse, zu denen sie kommen, sind daher voreilig gezogene Schlüsse.

In seiner Antwort auf den Vorwurf, die Versammlungen verliefen nicht »anständig und ordnungsgemäß«, unterscheidet Edwards zwischen der Unruhe in einem Gottesdienst und der Erneuerung und Veränderung eines bekehrten Menschen. Er schreibt: »Die Überführung der Sünder zu ihrer Bekehrung ist der Zweck der religiösen Mittel« (II.271a). Dazu ein Beispiel aus den Evangelien: Der Zweck der Befreiung des von Dämonen besessenen Mannes in Gerasa war es, eine neue Rechtschaffenheit und Ordnung herzustellen; der Mann, der einmal eine »Legion« beherbergt hatte, saß später Jesus zu Füßen, ordentlich gekleidet und bei klarem Verstand; das Mittel zu dieser Befreiung war lautstark, wild und chaotisch, besonders wenn man an den Massen»selbstmord« der Schweine denkt! (Lk 8,26-39). Edwards kommentiert:

>*»Wenn es Gott gefällt, das Gewissen von Menschen zu überzeugen, so daß sie eine große äußere Manifestation nicht verhindern können, wobei sie sogar jene öffentlichen Versammlungen unterbrechen oder auflösen, die sie gerade besuchten, so halte ich dies keineswegs für Tohuwabohu oder eine beklagenswerte Störung; man stelle sich eine Gruppe von Gläubigen vor, die sich auf einem Feld treffen und um Regen beten, und in dieser Übung werden sie durch einen reichlichen Reguß unterbrochen.«*

Mit einem entwaffnenden Übermut fährt er fort:

>*»Ach, daß doch alle öffentlichen Versammlungen im Land am nächsten Sabbattag von einer solchen Unordnung unterbrochen würden! Es braucht uns nicht leid zu tun, die Ordnung des Mittels zu stören, wenn*

wir dadurch den Zweck erreichen, auf den diese Ordnung abzielt. Wer sich aufmacht, um einen Schatz zu suchen, braucht es nicht zu beklagen, unterwegs aufgehalten zu werden, wenn es doch der Schatz selbst ist, der die Suche unterbricht« (II.271a).

So feinfühlig, bedacht und produktiv Edwards auch vorging, so blieben viele nach wie vor skeptisch. Den Unschlüssigen, jenen, die eine kritische Distanz zu dem erweckenden Wirken Gottes in ihrer Mitte wahrten, hat Edwards folgendes zu sagen:

>»Ich möchte alle, die von sich sagen, sie ließen sich von Weisheit leiten, indem sie die Folgen der Geschehnisse und die Frucht abwarten wollen, die jene, die von diesem Werk betroffen sind, hervorbringen – jene Personen möchte ich inständig bitten zu überlegen, ob es zu rechtfertigen sei, so lange zu zögern, sich zu Christus zu bekennen, wenn dieser so wunderbar und gnadenreich gegenwärtig in unserem Land handelt.*
>
>*Vermutlich wissen viele von jenen, die auf diese Weise abwarten, nicht einmal, worauf sie eigentlich warten. Wenn sie darauf warten, ein Wirken Gottes ohne jegliche Schwierigkeiten und Hindernisse zu erleben, dann gleichen sie dem Narren, der am Flußufer darauf wartet, daß das Wasser endlich mit dem Fließen fertig sei.*
>
>*Ein Werk Gottes ohne jegliche Schwierigkeiten gibt es nicht. ›Ärgernisse müssen zwar kommen …‹ Es hat noch nie eine große Manifestation Gottes an die Menschheit gegeben, die nicht von vielen Schwierigkeiten begleitet gewesen wäre … Diese angebliche Weisheit, durch die manche so endlos lange warten, bis sie dieses Wirken anerkennen, wird sich am Ende als die größte Unweisheit erweisen. Auf diese Weise haben sie keinen Anteil an einer so großen Segnung, und sie lassen sich die kostbarste Gelegenheit zum Erlangen des göttlichen Lichtes, der Gnade und des Trostes, also den himmlischen und ewigen Schätzen, entgehen, die Gott je in Neuengland geschenkt hat. Die herrliche Quelle ist auf so wunderbare Weise eröffnet worden, und die Menschen kommen in Scharen, um die Sehnsüchte ihrer Seelen im reichen Maße zu stillen, während andere fernbleiben, zweifeln, ratlos sind und nichts bekommen, und darin werden sie allem Anschein nach auch verharren, bis die kostbare Zeit vorbei ist«* (II.273a).

Er zitiert Apostelgeschichte, Kapitel 5, Verse 38-39, wo Gamaliel sagt: »… denn wenn dieses Vorhaben oder dieses Werk von Menschen stammt, wird es zerstört werden; stammt es aber von Gott, so … werdet ihr noch als Kämpfer gegen Gott dastehen.« Im Anschluß daran schreibt Edwards:

»Keine Sünde ist so schädlich und gefährlich für die Seele des Menschen wie jene, die sich gegen den Heiligen Geist und sein gnadenerfülltes Handeln in den Herzen der Menschen richtet. Nichts wird uns so sehr auf ewig daran hindern, die Vorteile seines Handelns in unserer eigenen Seele zu empfangen« (II.273b).

Mit folgenden Worten schließt er:

»Da der große Gott vom Himmel herniedergekommen ist und sich selbst auf so wunderbare Weise in diesem Land bekundet hat, gehen wir fehl in der Annahme, nicht dadurch in unserem geistlichen Zustand und Umständen grundlegend verändert zu werden, entweder auf die eine oder die andere Weise. Jene, die nicht glücklicher dadurch werden, fühlen sich weitaus schuldiger und elender. … Für die Freunde dieses Werkes, die daran teilhatten und es mit Eifer verbreiten möchten, … liegt die beste Verteidigung in einer Haltung der Demut, Bescheidenheit und völligen Hingabe an Jesus. Wir wollen uns daher auf das strikteste gegen geistlichen Stolz verwahren, ebenso dagegen, uns der außerordentlichen Erlebnisse und Tröstungen und hohen Gunsterweise des Himmels zu rühmen, die wir empfangen haben … Wenn unsere Seelen große Entdeckungen über Gott gemacht haben, sollten wir nicht als Helden in unseren eigenen Augen dastehen« (II.273b-II.274a).

Charles Chauncy las Edwards' Buch *Distinguishing Marks*, und auch er beobachtete und untersuchte die ungewöhnlichen Phänomene, die von der Erweckung ausgelöst wurden. Als Reaktion darauf schrieb er gewissermaßen ein »Kompendium der Horrorgeschichten« über die ärgsten Auswüchse der Erweckung. Das Material dazu besorgte Chauncy sich aus ganz Neuengland; er ließ keine Gelegenheit aus, um Augenzeugenberichte zu sammeln. Sein Werk trägt den Titel *Enthusiasm Described and Caution'd Against*, (1742) (etwa: »Beschreibungen des Enthusiasmus und Warnungen dagegen«, 1742; Anm. d. Übers.).

Chauncy definierte einen Enthusiasten als jemanden, »der sich einbildet, mit einer außergewöhnlichen Gegenwart des Göttlichen beehrt worden zu sein. Er hält die Produkte seiner eigenen Leidenschaften fälschlicherweise für eine Begegnung mit Gott, und er denkt, unmittelbar vom Geist Gottes inspiriert worden zu sein, während er in Wirklichkeit keinem Einfluß außer dem seiner eigenen überhitzten Phantasie unterliegt.«[9] Chauncy hat Bedenken gegen private, persönliche Erlebnisse, die höher als biblische Offenbarung bewertet werden. Als beharrlicher Anhänger der Theorie, die Gaben des Geistes beschränkten sich ausschließlich auf die Zeit der Urgemeinde, behauptet er:

>*Das heutige Wirken des Geistes unterscheidet sich von dem Wirken in der frühsten Christenheit. Damals wurden Menschen mit der außergewöhnlichen Gegenwart des Geistes beschenkt. Der Geist kam in der Form von Wundergaben und Vollmacht zu ihnen: als Geist der Weissagung, der Erkenntnis oder der Offenbarung, als Geist des Sprachengebets oder der Wunder, doch in dieser Form können wir den Geist heute nicht mehr erwarten. Seine Hauptaufgabe besteht nunmehr darin, die Herzen der Menschen für die Gnade Gottes vorzubereiten, und zwar durch wahre Demütigung, indem er ihnen ihre Sündhaftigkeit und ihre Verlorenheit ohne einen Erretter vor Augen führt; des weiteren darin, daß er in ihnen Glauben und Buße sowie eine Veränderung bewirkt, die sie von der Macht der Sünde und von Satans Macht zu Gott hinkehrt; und schließlich darin, daß er das gute Werk, das er in ihnen begonnen hat, zu Ende führt, indem er ihnen im Ausüben ihrer Christenpflichten hilft, sie gegen Versuchung stärkt und, kurz gesagt, sie unversehrt bewahrt, damit sie ohne Tadel seien, wenn Jesus kommt. Und dies alles tut er durch das Wort Gottes und durch Gebet, welche die Hauptmittel im Erreichen dieser Gnadenzwecke sind.*
Darin besteht das Werk des Geistes. Es besteht nicht etwa darin, Menschen exklusive Offenbarungen zu verleihen, sondern vielmehr darin, ihnen ein Verständnis der Wahrheiten zu vermitteln, die in der Heiligen Schrift jedem zugänglich sind. Es liegt nicht in plötzlichen Impulsen und Eindrücken, auch nicht in unmittelbaren Zurufen und außerordentlichen Missionsaufträgen.«[10]

Mit dem Eifer eines Konterrevolutionären verkündet Chauncy seine praktische »Vater, Sohn und Heiliges Buch«-Theologie in unmißverständlicher Deutlichkeit:

>*Man kann gar nicht vertraut genug mit dem sein, meine Brüder, was die Bibel über das Werk des Heiligen Geistes hinsichtlich der Errettung sagt. Und wenn Ihr ein klares und deutliches Verständnis davon besitzt, so wird dieses Euch auf mächtige Weise vor allem Beeindruckenden des Enthusiasmus bewahren ... Und dieses Festhalten an der Bibel, meine Brüder, ist eine der besten Schutzmaßnahmen gegen den Enthusiasmus. Wenn Ihr diesem Buch Gottes nur die gebührende Achtung entgegen-*

bringt und es als die höchste Instanz gelten laßt, selbst in Dingen, die den Einfluß und die Vorgehensweise des Geistes betreffen, dann werdet Ihr nicht Gefahr laufen, diesem Wahn zum Opfer zu fallen. Laßt Euch bei allen angeblichen Impulsen des Geistes von dieser Frage leiten: ›Was sagt die Schrift dazu?‹ Wenn Eure Eindrücke und vermeintlichen Taten des Geistes nicht mit dieser übereinstimmen, dann liegt das daran, daß die Hand des Geistes Gottes nichts mit ihnen zu tun hatte; sie sind lediglich die Produkte Eurer eigenen Phantasie oder sogar von noch schlimmeren Dingen, und sie müssen unverzüglich und ohne weiteres Aufheben als solche verworfen werden.« [11]

Seine Anweisungen schließt er mit folgender kurzsichtiger Aufforderung: »Laßt uns unsere Vorstellungen von Religion der Heiligen Schrift entnehmen.«[12] Man fragt sich, wie Chauncy auf den Grundriß einer biblischen Grundlage für die Erfahrungen mit der manifesten Gegenwart Gottes reagiert hätte, mit denen sich Kapitel 3 dieses Buches befaßt!

Was wir dagegen in der Tat vorliegen haben, sind Edwards' Reaktionen auf viele von Chauncys Vorwürfen, die in seinem längsten Werk enthalten sind; es trägt den Titel *Thoughts Concerning the Present Revival in New England and the Way in Which it Ought to be Acknowledged and Promoted (1742)* (etwa:»Gedanken über die gegenwärtige Erweckung in Neuengland und darüber, wie diese anerkannt und verbreitet werden sollte«; 1742; Anm. d. Übers.).

Die Bedenken, die Edwards in diesem Buch äußert, richten sich jedoch nicht mehr in erster Linie gegen Chauncy und die übrigen Enthusiasmusgegner.

Im Verlauf der Jahre hatten die »Ungebührlichkeiten« an Zahl und Häufigkeit zugenommen, und ein beginnender Fanatismus mußte in Schach gehalten werden. Im Sommer 1741 schrieb man dem Pfarrer James Davenport die zweifelhafte Ehre zu, einen geistlichen »Steppenbrand« ausgelöst zu haben, über den man jegliche Gewalt zu verlieren drohte. Winslow schildert die Situation folgendermaßen:

»Es dauerte nicht lange, bis die Unziemlichkeiten überhand nahmen, immer nach dem Motto: Je größer das Geschrei, desto mehr ist der Geist Gottes am Werke. Inbrunst war wichtiger als Sachwissen. Ein Ermahnungsprediger, der sich keinerlei Schulbildung rühmen konnte, galt als geeigneter für den Aufruf zur Buße als der Pfarrer. Desgleichen schätzte man Jugend und Mangel an Erfahrung. Ein blinder Junge lernte Whitefields Predigten auswendig, trug sie mit wilden Gesten vor und wurde ein großartiger Prediger genannt.« [13]

In diesem Punkt waren Edwards und Chauncy sich einig; beide strebten danach, den Weizen von der Spreu zu trennen. Der Unterschied lag in ihrer Perspektive: Edwards richtete sein Augenmerk vornehmlich auf den Weizen, während Chauncy sich auf die Spreu konzentrierte. Es ist beachtenswert, daß es Edwards war, nicht Chauncy, der sich für ein feineres und gründlicheres Aussieben aussprach statt einer mehr diskriminierenden Beurteilung.

Edwards als Hauptsprecher der Erweckung befand sich in einer Situation, die dem Steuern eines Fahrrades gleicht. Er ist sich nur allzu gründlich darüber im klaren, daß er entweder nach links oder nach rechts vom Rad fallen kann. Er bemüht sich darum, das Gleichgewicht zu wahren, indem er sich vornimmt, die kritische Ausgewogenheit von Vernunft und Gefühl einzuhalten, wobei er den Extrembereich eines emotionslosen, spekulativen Rationalismus auf der einen Seite und auf der anderen einen ungezähmten, vernunftfeindlichen »Enthusiasmus« um jeden Preis vermeiden muß. Mit seinen Schriften wendet Edwards sich daher sowohl an die größten Gegner der Erweckung als auch an ihre besten Freunde.

In seinem Buch *Thoughts Concerning the Present Revival* verteidigt er den Wert der Erweckung gegen diese beiden Fronten: auf der einen Seite ein entschlossener Widerstand gegen die emotionalen und physischen Manifestationen, auf der anderen jene, die sich keinerlei Gefahren bewußt waren, jene, die ohne jede Vorsicht, ohne jeglichen Kontrollmechanismus vorgingen. Viele kennen den Titel der berühmtesten Predigt, die Edwards je gehalten hat: »Sünder in den Händen eines zornigen Gottes.« Diese Predigt wurde mindestens zu zwei anderen Gelegenheiten gehalten, doch berühmt wurde sie einzig und allein, als er sie mitten in der größten öffentlichen Aufregung hielt, welche die Erweckung in Enfield (Connecticut) ausgelöst hatte. Die Zustände waren recht chaotisch. Einer Quelle zufolge konnte man sagen: »Ihre durchschlagende Effektivität verdankte sie zum großen Teil dem allgemeinen Tohuwabohu.« Ein anderer Kommentator schrieb: »Er predigte mitten ins Chaos hinein; nicht umsonst war die ›Große Erweckung‹ mit dem Spitznamen ›Das Große Geschrei‹ versehen worden.«[14] Eine Biographin erläuterte: »In einer Atmosphäre der mühsam gezähmten Massenhysterie erwies sich der todernste Ton dieser Predigt als furchterregend.«[15] Es ist eine Untertreibung zu sagen, daß Edwards' Predigt einen ernüchternden Gegenpol setzte.

Das Buch *Thoughts Concerning the Present Revival* spiegelt Edwards hauptsächliche Sorgenpunkte wider. Der längste von den fünf Hauptteilen des Buches weist auf das Problem hin, das Edwards als das größte betrachtete: »Teil IV: Dinge, die beim Verbreiten des Werkes (des Heiligen Geistes) und in unserem Verhalten unter ihm korrigiert oder vermieden werden müssen.« Mit diesem Buchteil wendet er sich an die begeisterten Freunde der Erweckung; er bringt seine Besorgnis auf das Prägnanteste zum Ausdruck, wenn er schreibt:»Eine wahrhaft vom Eifer beseelte Person, die im Verlauf eines solchen Ereignisses eine große Rolle zu spielen scheint und die Aufmerksamkeit vieler auf sich zieht, richtet unter Umständen mehr Schaden an als hundert wortgewaltige und erklärte Gegner« (I.398a). Edwards war der Ansicht, daß die Zukunft der Erweckung davon abhing, ob der »Steppenbrand« und der Fanatismus gezähmt und korrigiert werden könnten.[16]

Die Pastoren der *Airport Vineyard*-Gemeinde wissen sehr wohl, wie recht Edwards hatte; sie bemühen sich konsequent, alle wilden Brände in den Griff zu bekommen, sobald sie ausbrechen. Das verändernde Wirken des Heiligen Geistes wird zwar sehr geschätzt, doch die überschwenglicheren Manifestationen werden weder ins Rampenlicht gerückt noch mit Trophäen belohnt; statt dessen wird immer wieder dazu aufgefordert:»Erzählt uns mehr über euer Verhältnis zu Jesus.«

In seinen *Thoughts* ist Edwards sich eines unsichtbaren Krieges bewußt, der gegen die Erweckung geführt wird. In seinen früheren Werken erwähnt er die Werke Satans nur am Rande, doch nun nimmt er Anzeichen einer größeren finsteren Gegenmacht wahr. Dem zuletzt genannten Zitat geht der folgende Satz voraus:»Obwohl der Teufel sich befleißigen wird, die erklärten Feinde der Religion an die Front zu bringen, bedient er sich [darüber hinaus noch einer anderen Strategie], denn in einer Zeit der Glaubenserweckung wird er seine Kräfte in erster Linie an deren Freunden messen, und er wird sich darauf konzentrieren, sie vom rechten Wege abzubringen« (I.298a).

Trotz aller Fälle von Mißbrauch und Übertreibungen läßt Edwards sich nicht darin beirren, die Manifestationen, die er miterlebt hat, mit positiven Worten zu beschreiben. Auch hier dokumentiert er wieder das Geschehen:

>*Es hat bisher sowohl lautes Rufen und Hinfallen gegeben … Es hat bislang viele Fälle von Personen in diesem Ort gegeben, die durch freudige, in ihren Seelen gemachte Entdeckungen ohnmächtig geworden sind, und einmal mehrere zugleich. Es hat hier auch mehrere Fälle von Personen gegeben, die kalt und betäubt wurden, deren Hände geballt waren, fürwahr, und deren Leiber verkrampft waren, während sie von einem starken Bewußtsein der großen und vorzüglichen Dinge Gottes und der ewigen Welt überwältigt waren« (I.370b).*

Es soll an dieser Stelle betont werden, daß es sein Buch *Thoughts* war, in dem er die ausführlichen Schilderungen seiner Frau als Vorbild und Beispiel von geistlicher Aufrichtigkeit benutzte und zu dem Schluß gelangte:»Wenn diese Dinge Enthusiasmus sind und die Früchte eines von krankhaften Verirrungen befallenen Gehirns, so soll mein Gehirn für alle Zeiten von dieser glücklichen Verirrung besessen bleiben!« (I.378b).

Edwards wendet sich an Chauncy und die Enthusiasmusgegner und beginnt mit einem Aufruf zu Demut im Glauben. Wenn wir voreilig urteilen, so warnt er, werden wir womöglich wegen unserer Arroganz zurechtgewiesen. In diesem Zusammenhang beruft er sich auf Jesaja Kapitel 40, Verse 13-14: »Wer bestimmt den Geist des Herrn? Wer kann sein Berater sein und ihn unterrichten? Wen fragt er um Rat, und wer vermittelt ihm Einsicht?«, auf das Johannesevangelium, Kapitel 3, Vers 8: »Der Wind weht, wo er will; du hörst sein Brausen, weißt aber nicht, woher er kommt und wohin er geht« und auf Jesaja, Kapitel 2, Vers 17: »Die stolzen Menschen müssen sich ducken, die hochmütigen Männer sich beugen, der Herr allein ist erhaben an jenem Tag.«

In seiner Antwort auf Chauncys Ermahnung, an der Bibel festzuhalten, schreibt Edwards:

> »Wenn wir uns die Heilige Schrift zu unserer Regel und Vorschrift nehmen, dann [wird] unsere Ausübung der Liebe zu Gott umso größer und höher [sein], desgleichen unsere Freude und Bereitwilligkeit, ihm zu dienen, unsere Sehnsucht nach ihm, unsere Freude an seinen Kindern, unsere Liebe zur Menschheit, die Bußfertigkeit unserer Herzen, unsere Abscheu vor Sünde und unsere Selbstverachtung wegen unserer Sünde; umso mehr werden wir den Frieden Gottes haben, der alles Verstehen übersteigt, und die Freude im Heiligen Geist, unaussprechlich und voller Herrlichkeit, umso höher wird unsere Anbetung Gottes sein, unser Lobpreis und unsere Verherrlichung seines Namens ... in unserer Seele.
> Manche stoßen sich daran, daß religiöse Gemütsregungen so stark oder bei manchen Personen so heftig sein können. Daher bezweifeln sie, daß dies der Geist Gottes sein kann, oder stellen Überlegungen an, ob diese Vehemenz nicht sogar ein Anzeichen für das Wirken eines bösen Geistes sei. Doch warum sollte ein solcher Zweifel entstehen? Was nennt die Heilige Schrift denn mächtiger als den Geist Gottes?« (I.367b).

Man hat den Eindruck, Edwards nehme direkt auf Chauncys Kritik hinsichtlich der »enthusiastischen Eindrücke« Bezug, wenn er den untrennbaren Zusammenhang zwischen Offenbarung und Erneuerung betont:

> »So rücksichtsvoll die Einflüsse des Geistes Gottes auch mit der menschlichen Natur umgehen, so bezweifelt andererseits niemand, daß die gött-

lichen und ewigen Dinge, sofern sie wahrgenommen werden könnten, die Natur des Menschen in seinem gegenwärtigen schwachen Zustand überwältigen würden und daß der Körper in seiner gegenwärtigen Schwachheit daher nicht in der Lage ist, den Anblick und die Freuden des Himmels zu verkraften. Sollte Gott nur einen kleinen Teil dessen enthüllen, was von den Heiligen und den Engeln erblickt wird, so würde unsere zarte Natur schier unter der Last zusammenbrechen. Laßt uns eine rationale Betrachtung des Zornes Gottes anstellen, der göttlichen Herrlichkeit, der unbegrenzten Liebe und Gnade in Jesus Christus sowie der grenzenlosen Bedeutung der ewigen Dinge; wie berechtigt ist es dann, damit zu rechnen, daß, wenn Gott den Schleier nur ein wenig lüften sollte, um die Seele zu erleuchten – um der Seele einen kleinen Einblick in die gewaltigen Dinge einer anderen Welt in ihrer transzendenten und grenzenlosen Größe zu geben –, daß die menschliche Natur, die dem Gras, einem zitternden Blatt, einer schwachen, welkenden Blume gleicht, unter einer solchen Entdeckung ins Wanken geriete! Eine solche Seifenblase ist zu schwach, um ein solch immenses Gewicht zu tragen. So verwundert es also nicht, daß geschrieben steht: ›Kein Mensch kann mich sehen und am Leben bleiben‹« (I.368b).

Es läßt sich mutmaßen, daß Edwards auch im weiteren Verlauf des Textes auf Chauncys Vorwürfe antwortet; man erinnere sich an den Aufruf des letzteren: »Laßt uns unsere Vorstellungen von Religion der Heiligen Schrift entnehmen.« Als biblischen Präzedenzfall für die physischen Phänomene, die zu beobachten waren, zitiert Edwards Habakuk 3,16: »Ich zitterte am ganzen Leib, als ich es hörte, ich vernahm den Lärm, und ich schrie. Fäulnis befällt meine Glieder, und es wanken meine Schritte.« Edwards kommentiert dazu:

»Dieser Effekt gleicht dem, den die Entdeckung derselben Majestät und desselben Gotteszornes auf viele Menschen in unseren Tagen hatte, und auch der Zweck ist derselbe: ihnen Rast in einer Zeit der Bedrängnis zu schenken und sie vor dem Zorn Gottes zu erretten. Auch der Psalmist spricht von einem solchen Effekt, wie ich ihn in der letzten Zeit häufig an Menschen erlebt habe, die in ihrem Glauben tief berührt wurden.«[18]

Er zitiert Maleachi, Kapitel 3, Vers 10 und schreibt:

»Zuweilen gefällt es Gott, beim Ausgießen geistlicher Segnungen auf sein Volk, das Fassungsvermögen des Gefäßes in seiner gegenwärtigen Dürftigkeit in gewisser Hinsicht zu übersteigen, so daß er es nicht nur füllt,

sondern den Becher zum Überlaufen bringt (Ps 23,5); er gießt manchmal eine Segnung in einer solchen Weise und in einem solchen Maß aus, daß das Fassungsvermögen dafür nicht ausreicht« (I.368b).

Edwards nimmt Bezug auf eine weitere Manifestation und schreibt über die heftigeren Gefühlsausbrüche:»Der Geist jener, die Seelenqualen um das Heil andere Menschen erlitten, scheint sich nicht von dem des Apostels zu unterscheiden, der um der Seelen anderer willen große Qualen erlitten hat (Gal 4,19)« (I.369b). Edwards kommt zu folgendem Schluß:

»Wenn Gott es schenkt, daß immer mehr Menschen ihn kennen- und lieben lernen, so ist der Nutzen unermeßlich viel größer als der Schaden ... Wir neigen zu dem großen Fehler, einem souveränen, allwissenden Gott, dessen Urteile sehr tief sind und dessen Denken uns unergründlich ist, Grenzen zu ziehen, die er sich nicht selbst zieht, und zwar im Hinblick auf Dinge, über die er uns seine Vorgehensweise nicht eröffnet hat« (I.369a).

Nachdem er zu größerer Demut aufgefordert hat, was die Beurteilung der Vorgehensweisen Gottes betrifft, wie er eine Erweckung ins Leben ruft, ermutigt Edwards zu größerer Toleranz im Umgang miteinander. Seine Worte sollten uns alle dazu bewegen, unsere Herzen zu prüfen:

»Das Tadeln anderer ist die schlimmste Krankheit, mit der diese ganze Sache behaftet gewesen ist (I.373a). Die Beanstander fällen Urteile, machen ihre eigenen Erfahrungen zur Norm und lehnen solche Dinge ab, die neuerdings berichtet und erlebt wurden, nur weil sie sie selbst nicht erlebt haben ... Haben sie solche heftigen Gemütsregungen, solche hohen Entzückungen der Liebe und Freude, solches Mitleid und solche Besorgnis um die Seelen anderer sowie die Taten des Geistes, die derartig große Auswirkungen hervorgebracht haben, nicht nur, oder hauptsächlich deshalb verurteilt, weil sie aus eigener Erfahrung rein gar nichts darüber zu sagen wußten? Die Menschen neigen sehr zum Argwohn bei Dingen, die sie selbst nie je verspürt haben ...«

Mit durchdringendem Scharfblick fährt er fort:

»Wir sollten das Gute von dem Schlechten unterscheiden, anstatt von einem Teil aufs Ganze zu schließen. ... Wenn Personen berichten, Licht und Tröstungen vom Himmel erhalten zu haben und auf verstehbare

Weise mit Gott Zwiesprache gehalten zu haben, dann wird vielfach von ihnen erwartet werden, nun Engeln zu gleichen anstatt den armen, schwachen, blinden und sündigen Würmern im Staub. Die Tatsache, daß so viel an Verderbtheit in den Herzen von Gottes Kindern verbleibt und daß diese zuweilen die Oberhand gewinnt, ist in der Tat ein Rätsel, und die Welt hat schon seit eh und je Anstoß daran genommen« (I.371a).

Seine Schlußfolgerungen zu diesem Punkt illustrieren den schmalen Grat zwischen Kritiksucht und wahrer neutestamentlicher »Unterscheidung der Geister«:

»Wie groß sind die Zugeständnisse, die wir von anderen erwarten? Vielleicht viel größer als die, die wir selbst anderen gegenüber zu machen bereit sind. Die große Schwäche der meisten Menschen im Hinblick auf alles, was neu und ungewöhnlich ist, liegt darin, daß sie nicht zu unterscheiden vermögen und statt dessen das Ganze entweder rundheraus billigen oder rundheraus verdammen« (I.371b).

Nachdem er nun auf die Beanstandungen geantwortet hat, die gegen die Erweckung vorgebracht worden waren, wendet Edwards sich an die »Freunde« der Erweckung. »Die Schwäche der menschlichen Natur ist schon immer in Zeiten der großen Glaubenserweckung zum Vorschein gekommen; sie zeigt sich in der Neigung zum Extremen, in der Neigung zu Verwirrung und besonders in diesen drei Dingen: Enthusiasmus, Aberglaube und ungezügelte Ereiferung« (I.372b). Zu Edwards' größten Befürchtungen gehört die Sorge, daß ein ungezähmter Enthusiasmus und ein überschwenglicher Eifer zu einer »unerleuchteten Religion« führen könnten, die ihrerseits zum Nährboden für allzu menschliche Übertreibungen würde. Es geht ihm um die Quelle der affektiven religiösen Erfahrung. Religiöser Enthusiasmus verlagert das Hauptgewicht von dem wahren und gnadengetragenen Erweckungswirken des Heiligen Geistes auf das subjektive menschliche Erleben.

Noch bedenklicher, sowohl für den persönlichen Glauben des einzelnen als auch für das Wohlergehen der Glaubensgemeinschaft, ist die Neigung zum religiösen Stolz. Durch ein unangebrachtes Maß an Beachtung, die man den persönlichen Erlebnissen entgegenbringt, kann sich die unterschwellige oder auch weniger unterschwellige Betonung des »Ich« derartig steigern, daß es bald völlig im Mittelpunkt steht.

Von allen Bedenken, die Chauncy gegen die Erweckung vorbrachte, war der folgende Punkt am gerechtfertigsten:

»Ich wüßte nicht, daß die Menschen sich wesentlich gebessert hätten, sofern darunter eine größere Ähnlichkeit zu dem Wesen Gottes im moralischen Lebenswandel zu verstehen sei. Ich kann im großen und ganzen kein besseres Verständnis der Religion an diesen Menschen feststellen, keine bessere Kontrolle über ihre Leidenschaften, keine größere christliche Nächstenliebe und auch keine tieferen und regelmäßigeren Gebetszeiten vor Gott ...

Was dieses Wirken dagegen sehr stark kennzeichnet, das ist die Tatsache, daß es die Betroffenen geistlich stolz und eingebildet und lieblos gegenüber den Nachbarn, den Verwandten und sogar den Nahestehendsten und Liebsten gemacht hat; insbesondere Pfarrern gegenüber, ja, sogar der gesamten Menschheit gegenüber, sofern sie nicht so ist wie sie selbst und nicht so denkt und handelt wie sie selbst.«[19]

Edwards hatte sehr starke Bedenken, die in eine ähnliche Richtung abzielten; der erste Abschnitt von Teil IV trägt die Überschrift: »Eine Ursache von Verfehlungen, die mit einer großen Glaubenserweckung einhergehen, liegt in einem versteckten geistlichen Hochmut.« Er äußert sich klar und eindeutig, wenn er schreibt:

»Die größte und schlimmste Ursache von Verirrungen, die in einer solchen Situation auftreten, ist geistlicher Hochmut. Dies ist der Haupteingang, durch den der Teufel die Herzen jener betritt, die sich für die Verbreitung des Glaubens ereifern. Dies ist der hauptsächliche Zugriff, durch den der Teufel religiöse Menschen zu packen bekommt, und die Hauptquelle aller Störungen, durch die er ein Wirken Gottes zu bremsen und verhindern sucht. Diese Ursache ist die Haupttriebfeder, oder zumindest die Hauptsäule, auf der alles übrige beruht ... Ich weiß, daß gegenwärtig vieles dem Stolz jener angelastet wird, die sich für die Sache Gottes ereifern« (I.399a).

Mit einer noch größeren Unumwundenheit als Chauncy beschreibt Edwards das Problem:

»Es hat sich an einigen Orten, oder zumindest bei einigen Leuten, eingebürgert, alles, was einem an anderen mißfällt, mit den schärfsten, strengsten und entsetzlichsten Worten zu kritisieren. Es kommt häufig vor, daß solche Menschen über die Meinung, das Verhalten oder den Rat anderer

– oder auch über deren Kälte, deren Schweigen, deren Bedachtsamkeit, deren Mäßigung, Klugheit usw. – sagen, sie seien vom Teufel oder von der Hölle; daß solcherlei Dinge teuflisch oder höllisch oder verflucht seien.«

Nachdem er die Dinge beim Namen genannt hat, analysiert Edwards die Ursache:

> »Geistlicher Hochmut ist in vielerlei Hinsicht das Abscheulichste; er kommt dem Teufel am ähnlichsten; er gleicht am meisten der Sünde, die er in einem Himmel des Lichtes und der Herrlichkeit begangen hat, wo er in göttlichem Wissen, Ehre, Schönheit und Glück hoch erhoben gewesen war. Hochmut ist weitaus schwieriger aufzudecken als alle anderen Verderbtheiten, weil er von Natur aus darin besteht, daß ein Mensch zu gut von sich selbst denkt.«

Was folgt, ist ein Zirkelschluß: Die Meinung, »recht« zu haben, schließt eine objektive Einschätzung und eine Korrektur von vornherein aus. Wenn es Zweifel gäbe, dann hätte die falsche Selbstgewißheit keinen Boden. »Jene, die geistlich hochmütig sind, bilden sich übermäßig viel auf diese beiden Dinge ein: ihre Erleuchtung und ihre Demut; beide Vermeintlichkeiten stehen der Entlarvung des eigenen Hochmuts sehr im Wege« (I.399b).

Vor Jahrhunderten hatten es die Mönche noch einfacher ausgedrückt: »Wenn ein stolzer Mann sich für demütig hält, ist der Fall hoffnungslos.« Das Korrektiv ist hell wie ein Leuchtfeuer: »Nichts entfernt den Menschen weiter aus des Teufels Reichweite wie Demut, und so bereitet sie das Herz für wahres göttliches Licht ohne Finsternis vor und klärt das Auge, damit es die Dinge so sehen kann, wie sie in Wirklichkeit sind« (I.399a). Edwards fordert kompromißlos:

> »Gottes eigenes Volk sollte in diesen Tagen umso größere Wachsamkeit bei sich selbst walten lassen, was [Hochmut] betrifft, denn die Versuchungen, die viele zu dieser Sünde verlocken, sind übermäßig stark … Daher ist es notwendig, daß wir unsere Herzen mit der größten Wachsamkeit prüfen … und mit größtem Ernst den großen Erforscher der Herzen um Hilfe anrufen. Wer seinem eigenen Herzen vertraut, ist ein Narr« (I.399b).

Geistlicher Hochmut war nicht das einzige, was Edwards Sorgen bereitete, denn er sah weitere Ursachen für religiöse Auswüchse. Er nennt einen weiteren Fehler, der mit Glaubenserweckungen einhergeht: Unwissenheit bezüglich der »Mittel und Methoden Satans« (I.398b). »Wenn der Teufel ... feststellt, daß er den Menschen nicht mehr still und widerstandslos in seinem Griff behalten kann, dann treibt er ihn zu Exzessen und Übertreibungen. Er hält ihn fest, so lange er kann; doch wenn er seinem Griff entgleitet, dann treibt er ihn mit Macht voran, möglichst so, daß er kopfüber purzelt« (I.397b). Edwards ist sich völlig über die zweideutigen Reaktionen und Extreme im klaren, die während der Erweckung zutage getreten sind; er schreibt:

>*Der Teufel hat das Pendel weit über den eigentlichen Ruhepunkt hinausgetrieben; und wenn er es bis zu dem äußersten Punkt geschoben hat, zu dem er in der Lage ist, und wenn es dann durch sein eigenes Gewicht zurückschwingt, dann wird er sich vermutlich befleißigen, es mit höchster Heftigkeit in die andere Richtung zu stoßen; auf diese Weise wird er uns keine Ruhe lassen und uns möglichst auch daran hindern, uns in einem angemessenen Bereich einzupendeln«* (I.420b).

Mit der Zuversicht eines wahren Auferstehungsgläubigen schafft Edwards alle Ängste hinsichtlich der Verblendung des Teufels aus der Welt: »Der Teufel ist zwar stark, doch in einer Schlacht wie dieser verläßt er sich mehr auf seine List als auf seine Kraft« (I.390b). Nichts anderes lehren auch John Arnott und andere in der *Airport Vineyard*-Gemeinde, wenn sie sagen: »Gottes Wunsch, uns zu segnen, ist weitaus größer als die Fähigkeit Satans, uns zu überlisten.« Es ist bei weitem gesünder, das Augenmerk auf den Weizen zu richten anstatt auf die Spreu, auch nicht auf den Unkraut säenden Feind (Mt 13,24-30). Edwards schreibt:

>*Die göttliche Macht dieses Wirkens ist in einigen mir persönlich bekannten Fällen auf wunderbare Weise zu beobachten gewesen, indem sie das Herz unter großen Prüfungen unterstützt und gestärkt hat ... und indem sie auf wunderbare Weise die Heiterkeit, die Ruhe und die Freude der Seele bewahrt hat, und darüber hinaus in einem unbeirrbaren Ruhen in Gott und einer süßen Hingabe an ihn. Und einige sind unter den segensreichen Einflüssen dieses Wirkens in einem ruhigen, klaren, freudigen Gemütszustand durch das Tal des Todesschattens getragen worden. Ist es nicht sonderbar, daß es in einem christlichen Land, dazu in einem so erleuchteten Land wie diesem, so viele Menschen gibt, die sich unschlüssig sind, ob dieses das Werk Gottes oder das Werk des Teufels sei? Ist es nicht beschämend für Neuengland, daß ein solches Werk hier derartig stark angezweifelt wird?«* (I.375b).

Mit einer klaren Betonung auf dem »Weizen« faßt er seine *Thoughts Concerning the Present Revival* zusammen:

>*»Ungeachtet der Unklugheiten, die es gegeben hat, ungeachtet der sündigen Ungebührlichkeiten, ungeachtet der Vehemenz der Leidenschaften und Auswüchse der Phantasie, ungeachtet der Entzückungen und Ekstasen; ungeachtet der falschen Beurteilungen und der unbesonnenen Ereiferungen, der lauten Schreie, der Ohnmachten und Zuckungen des Leibes steht folgendes als offenkundig und unumstößlich fest: Es hat in der letzten Zeit ein äußerst ungewöhnliches Einwirken auf die Herzen sehr vieler Bürger Neuenglands gegeben, welches vorzügliche Resultate gezeitigt hat«* (I.374a).

Edwards beobachtete und beurteilte auch weiterhin die Frucht, welche die Erweckung hervorbrachte. Neun Jahre nach der ersten Ausgießung verfaßte er *The Revival of Religion in Northampton, 1740-1742* (etwa: »Die Glaubenserweckung in Northampton 1740-1742«; Anm. d. Übers.), einen Brief, den er am 12. Dezember 1743 an einen Freund der Erweckung, einen Pastor in Boston, schickte. Darin schilderte er nicht nur die in dem Brieftitel genannten Jahre 1740 bis 1742, sondern auch die Anfangsjahre 1734 bis 1735, die sowohl das Vorspiel zu der Erweckung von 1740 bis 1742 als auch eine deren Hauptursachen darstellten. Edwards' erster Bericht über die Erweckung, der 1736 veröffentlicht wurde, machte sowohl die Beobachter im alten England als auch in Neuengland auf die Möglichkeit und das tatsächliche Ereignis beachtenswerter Bekehrungen aufmerksam, ebenfalls auf die persönliche Erfahrung mit der Vollmacht und der Freude, die der christliche Glaube schenkte.

Mehrere Punkte fallen an dieser späteren kritischen Darstellung ins Auge. Besonders bemerkenswert ist seine häufig geäußerte Beobachtung, die Erweckung habe zuerst, und häufig sogar ausschließlich, die »Bekenner« – darunter sind die Bekenner Christi, also Christen, zu verstehen – betroffen. Bekehrungen wurden durchaus zur Kenntnis genommen und waren ein Anlaß großer Freude, doch die Erweckung erreichte größtenteils jene, die schon gläubig waren. Analoges gilt eindeutig auch für die Veranstaltungen, die in der *Vineyard*-Gemeinde stattfinden; die überwiegende Mehrheit jener, die eine Erneuerung erfahren haben, sind, um mit Edwards zu sprechen, »Bekenner«; die Erstbekehrungen sind zwar zahlreich, doch sie stellen nur einen verschwindend kleinen Anteil in der Gesamtzahl jener dar, die unter den belebenden Einfluß des Geistes gekommen sind. Ein Beispiel, das Edwards anführt, fand während einer kleinen Versammlung – eine Art Vorläufer unserer heutigen Hauskreise – statt; diese Begebenheit ist eine direkte Parallele zu dem, was Tausende von Gläubigen bei den Veranstaltungen in der *Airport*-Gemeinde erleben:

>»*Mehrere Bekenner waren derartig eingenommen von einem Bewußtsein der Größe und Herrlichkeit der göttlichen Dinge und der grenzenlosen Wichtigkeit der ewigen Dinge, daß sie dies nicht zu verbergen vermochten: Die Gemütsregung überwältigte ihre Körper und hatte einen äußerst wahrnehmbaren Effekt auf ihre Leiber ... Die Gemütsregung verbreitete sich schnell im Raum; viele schienen von einem Bewußtsein der Größe und der Herrlichkeit göttlicher Dinge überwältigt zu sein, auch von Bewunderung, Liebe, Freude und Lobpreis, und von Mitgefühl für andere ... und gleichzeitig wurden viele andere von Seelenqualen über ihren sündigen und elenden Zustand überwältigt, so daß der ganze Raum mit nichts als lauten Rufen, Ohnmachtsanfällen und dergleichen erfüllt war. Dies hielt einige Stunden an*« (I.LVIIIa).*

Ein weiterer Aspekt ist in dieser Schrift zu vermerken: Edwards steht nach wie vor zu den Manifestationen. Wie inzwischen deutlich geworden sein dürfte, spiegeln Edwards' Schriften den zurückhaltenden Stil seiner Zeit und Kultur wider; nichtsdestoweniger schreibt er:

>»[bei den] *großen Erweckungen, Beflügelungen und Tröstungen der Bekenner und den außergewöhnlichen Auswirkungen dieser Dinge waren häufig lautes Schreien, Ohnmachten, Zuckungen und dergleichen zu beobachten, sowohl mit Seelennöten als auch mit Anbetung und Freude verbunden. Es war hier nicht üblich, Versammlungen zu halten, welche die ganze Nacht über andauerten; es war auch nicht üblich, Versammlungen bis spät in den Abend hinein zu halten, doch es passierte jetzt ziemlich oft, daß einige derartig angerührt waren und ihre Körper derartig überwältigt waren, daß sie nicht nach Hause gehen konnten und statt dessen die Nacht an Ort und Stelle verbringen mußten*« (I.LVIIIb).

Wieder bezieht er sich in erster Linie auf die Erlebnisse der »Bekenner«, wenn er schreibt: »... viele, die in der Vergangenheit einmal beeinflußt worden waren und die in der Zeit unserer Zerrüttung vom rechten Glauben abgefallen waren ... kamen nun unter ein äußerst bemerkenswertes erneutes Wirken des Geistes Gottes, als hätten sie eine zweite Bekehrung erlebt« (I.LIXa). Weiter schreibt Edwards:

»… bei vielen wurden die religiösen Gemütsregungen weitaus höher er-
hoben, als sie dies je erlebt hatten; es gab einige Fälle von Personen, die
in einer Art Trance dalagen und etwa vierundzwanzig Stunden lang re-
gungslos blieben, wobei ihre Sinne verschlossen waren; doch zugleich
befanden sie sich unter starken bildlichen Vorstellungen, als seien sie im
Himmel und hätten dort eine Vision von herrlichen und wunderschönen
Dingen. Doch als die Personen zu einer solchen Höhe erhoben wurden,
nutzte Satan die Situation aus, und sein Eingreifen wurde bald in vielen
Fällen offenkundig; und viel an Vorsicht und Schutzmaßnahmen wurde
notwendig, um zu verhindern, daß viele rasend wurden« (I.LIXb).

Im Zusammenhang mit den Heftigkeitsschwankungen bei der »Lebendigkeit
religiöser Gemütsregungen« nennt Edwards einige Früchte, die in der Zwi-
schenzeit beobachtet worden sind, unter anderem ein Bewußtsein der Nähe
und die Freude über »viele der wahrnehmbaren Zeichen und Früchte seiner
gnadenreichen Gegenwart« (I.LXIa). Mit großer Sachkenntnis kommentiert
er eine Frage, die wiederholt gestellt worden ist: Wenn die äußeren Manifestationen derartig drastisch sind, wie ist dann über jene zu denken, die sehr
wenig davon an den Tag legen, jene, die nicht zu Boden fallen, zittern oder
vor unaufhaltbaren Lachanfällen umherrollen usw.? Edwards stellt katego-
risch fest,

»… daß das Maß der Gnade keineswegs an dem Maß der Freude oder
dem Maß der Ereiferung abzulesen ist; daß wir in der Tat nicht von die-
sen Dingen darauf schließen können, wer von der Gnade berührt wurde
und wer nicht; und daß nicht das Ausmaß der religiösen Gemütsregung
ausschlaggebend ist, sondern ihre Art. Einige, die überaus große Verzük-
kungen erlebt haben, die in einem außergewöhnlichen Maß erfüllt (wie
es gewöhnlicherweise heißt) wurden und körperlich überwältigt worden
sind, haben seither bei weitem nicht so viel von dem christlichen [Cha-
rakter] an den Tag gelegt wie einige andere, die ruhig gewesen sind und
keine großen äußeren Bekundungen hervorgebracht haben. Doch ande-
rerseits gibt es auch viele andere, die außergewöhnliche Seelenfreuden
und -gefühle hatten, wobei dies häufig Auswirkungen auf ihre Körper
hatte, welche nun ein stetes Leben als demütige, liebenswerte, angesehe-
ne Christen führen« (I.LXIb).

Die biblische Weisung »An ihren Früchten also erkennt man sie« versieht
Edwards mit dem Zusatz: »An ihren Wurzeln …«. Wenn die sogenannten
Früchte nicht in Gottes Gnade durch Christus verwurzelt sind, dann sind sie,

so imposant sie auch sein mögen – geistliche Visionen, Ekstasen, Offenbarungen oder sonstige physische Manifestationen – nichts als Lug und Trug. Frucht setzt Wurzeln voraus.

Diese Überzeugung führte zu *A Treatise Concerning Religious Affections* (etwa:»Eine Abhandlung über religiöse Gemütsregungen«; Anm. d. Übers.). Edwards predigte die Grundsubstanz dieses Werkes in den Jahren 1742 und 1743; anschließend revidierte er es und veröffentlichte es 1746. Auch hier war das treibende Motiv seine Überzeugung, daß der Geist Gottes eine ungewöhnliche Gunst bekundete. Er hatte seine Meinung, fanatische Auswüchse hätten der Erweckung im Weg gestanden, bestätigt gefunden, doch mit dieser zusätzlichen Erkenntnis: Übersteigerungen traten nicht nur in Verbindung mit jungen und unerfahrenen Menschen auf, sondern auch, und sogar noch häufiger, mit jenen, die eine »falsche Glaubenserfahrung« aufrecht erhielten, mit jenen, die eine größere Betonung auf körperliche Manifestationen als auf eine neue Gesinnung legten. Hiermit sind nicht etwa solche Leute gemeint, die in einen weltlichen Lebenswandel zurückverfielen, sondern im Gegenteil solche, die die Erweckung mit allen Mitteln in Gang halten wollten, ungeachtet der Spaltungen, die sie dadurch hervorriefen. Diese Enthusiasten waren derartig vom Eifer beseelt, daß sie sich keinerlei kirchlicher Autorität beugten und sich weigerten, die Weisungen der Heiligen Schrift anzuerkennen. Edwards umreißt das Problem in aller Klarheit und kommt dann zum Kern der Sache: Bei einer falschen Bekehrung kann es vorkommen,»daß die Verderbtheit des Herzens sich lediglich einen neuen Kanal sucht anstatt ausgerottet zu werden«. Wunderbare religiöse Erlebnisse sind, für sich genommen, kein Zeichen von wahrer Gottesfurcht. Die Bekehrung des Herzens ist das einzige unterscheidende Merkmal. Für Edwards ist das fehlende Element bei solchen, die nicht von wahrer Gnade angerührt worden sind, das Element der Demut,»einem der wesentlichsten Merkmale des Christseins« (I.295b). An anderer Stelle schreibt er unmißverständlich:»[a]lle Gemütsregungen der Gnade sind demütige Gemütsregungen« (I.302a).

In seinem Vorwort stellt Edwards eine einfache Frage, mit der er die Phänomene der Erweckung wie ein Chirurg mit dem Skalpell seziert:»Was ist das Wesen des echten Glaubens, und worin liegen seine Kennzeichen?« (I.235). Er verwendet große Mühe darauf, die Geister zu unterscheiden.

»In Zeiten großer Erweckungen gibt es wie bei den Obstbäumen im Frühjahr eine Vielfalt an Blüten von zartem und schönem Aussehen, und vielversprechende junge Frucht stellt sich ein. Doch viele dieser Früchte sind von kurzer Dauer; sie fallen bald ab und erreichen das Reifestadium nie ... In dieser Welt [wird es nie] *völlige Reinheit geben, weder in ein-*

zelnen Gläubigen durch das Fehlen jeglicher Verderbtheit, noch in der Kirche Gottes, wo sich Heuchler unter die Gläubigen mischen – und es vermischen sich auch gefälschter Glaube und gefälschte Bekundungen der Gnade mit dem echten Glauben und echter Heiligkeit« (I.235).

Er beabsichtigt nicht, das zu wiederholen, was er in *The Distinguishing Marks of a Work of the Spirit of God* geschrieben hatte, sondern »das Wesen und die Zeichen der Gnadentaten des Geistes Gottes aufzuzeigen«. Edwards beginnt mit einer ausführlichen Abhandlung, in der er sozusagen die Gesetze der geistlichen Hydraulik darstellt: Man erhöhe den Druck, unter dem ein Mensch sich befindet, und untersuche die Substanz dessen, was durch Überlaufen zutage tritt (I.237). *Affection* (»Affekt, Gemütsregung, Gefühl, Emotion«; Anm. d. Übers.) ist der Begriff, mit dem er die motivierenden, antreibenden, veranlassenden Kräfte beschreibt, die unseren Willen und unser Handeln bestimmen. Er sieht die *affections* als die Motivationskraft des Menschen, »die Triebfedern aller Angelegenheiten im Leben: Fehlten jegliche Liebe und jeglicher Haß, jegliche Hoffnung und Angst, jeglicher Unwille, Eifer und alles wunscherfüllte Streben, so wäre die Welt größtenteils reg- und leblos« (I.238a).

> *»Echter Glaube besteht zum großen Teil darin, daß man die Neigungen und den Willen der Seele auf kraftvolle und lebendige Weise in die Tat umsetzt und mit Inbrunst das tut, was das Herz will. Der Glaube, den Gott fordert und gelten lassen wird, besteht nicht aus schwachen, lustlosen und leblosen Wünschen, die uns kaum über den Zustand der Indifferenz hinaustragen«* (I.237b).

Auf unser geistliches Leben bezogen, gilt: »Bloße Kenntnis der Kirchendogmen und Spekulationen allein, wobei jegliche Gemütsregungen fehlen, haben nicht das geringste mit Glauben zu tun« (I.238b). Der Grund: »Die Dinge des Glaubens erfassen die Seelen der Menschen nur in dem Maße, in dem sie diese gefühlsmäßig beeinflussen« (I.238b). Einige Jahre zuvor hatte Edwards in seinem Buch *Thoughts Concerning the Present Revival* geschrieben: »Ein Zuwachs an spekulativem Wissen über das Göttliche ist bei weitem nicht so notwendig für unser Volk wie etwas anderes. Die Menschen können reich mit dieser Art des Lichtes ausgerüstet sein, doch es mangelt ihnen an Wärme.« Er verweist auf die beispiellose Fülle an Büchern, gedruckten Predigten und Traktaten und fragt dann: »Hat es je ein Zeitalter gegeben, in dem ein so dürftiges Bewußtsein des Sündenübels, eine so kärgliche Liebe zu Gott, ein so mangelhaftes Streben nach himmlischer Vollkommenheit und ein so unheiliger Lebenswandel unter den Bekennern des wahren Glaubens geherrscht hat? Unser Volk hat es nicht so nötig, den Kopf angefüllt zu bekommen, als vielmehr am Herz angerührt zu werden« (I.391b). Am Beispiel des Predigens illustriert er, daß häufig keine Effekte zu beobachten sind, weil der Affekt fehlt:

>»Sie* [die Zuhörer] *bleiben unverändert, ohne jegliche wahrnehmbare Veränderung, sowohl im Herzen als auch im Handeln, weil das, was sie hören, keinerlei Affekt auf sie ausübt. Ich stehe zu der Behauptung, daß es noch nie eine beachtliche Veränderung in dem Herzen eines Menschen oder eine Bekehrung gegeben hat, die durch religiöse Inhalte, die dieser Mensch gelesen, gehört oder gesehen hat, hervorgerufen worden wäre, es sei denn, sie hätte eine affektive Wirkung auf ihn gehabt«* (I.238b).

Eine lange Betrachtung über den Zusammenhang zwischen Hartherzigkeit und geistlicher Indifferenz schließt sich an. Doch »die Heilige Schrift stellt den Glauben immer wieder in den Bereich der Affekte hinein.« Edwards zitiert eine Bibelstelle nach der anderen, wo von der Liebe zu Gott »aus ganzem Herzen« die Rede ist, von »Furcht und Zittern«, vom »Stärken der Herzen derer, die auf den Herrn hoffen«, von der »Freude am Herrn«, von dem Aufruf zum »Freuen und Jubeln vor Gott« und von einem zerbrochenen und zerschlagenen Herzen.

Er erwähnt David, einen »Mann nach Gottes Herzen« – nicht nach Gottes Verstand.

Er erwähnt die große »Freude« des Apostels Paulus und das große »Mitleid« des Herrn Jesus.

Edwards gelangt zu folgendem Schluß: »Diese Texte stellen den Glauben deutlich in den Bereich der Affekte hinein. Jene, die das Gegenteil behaupten, müssen das, was wir als unsere Bibel bezeichnen, wegwerfen und sich einen anderen Maßstab zur Beurteilung des Glaubens beschaffen« (I.240a).

Edwards ist absolut davon überzeugt, daß der christliche Glaube und die Erfahrung mit diesem Glauben nicht ausschließlich auf intellektueller Basis existieren könne.[20]

»Einer kraftvollen, emotionsreichen und inbrünstigen Liebe zu Gott entspringen notgedrungen auch andere religiöse Emotionen. Aus ihr wird eine heftige Abscheu und Furcht vor Sünde erwachsen; ein furchtsames Vermeiden von allem, was Gottes Mißfallen erregen würde; Dankbarkeit für Gottes Güte; Zufriedenheit und Freude über Gott, wenn er gnädig und spürbar gegenwärtig ist[21]; Kummer, wenn er fern ist, und ein inbrünstiges Streben nach göttlicher Herrlichkeit« (I.240a).

105

Als Beispiel zieht er die Anbetung und den Lobpreis heran: »Die Pflicht, Gott durch Loblieder zu preisen, scheint einzig und allein dem Zweck zu dienen, religiöse Gemütsregungen hervorzurufen und diese zum Ausdruck zu bringen« (I.242a).

Mit einem Verweis auf das Thema, das zu diesen Überlegungen führte, nämlich das Wesen des echten Glaubens und dessen kennzeichnende Merkmale, schreibt Edwards folgendes mit ausdrücklicher Betonung:

»*Das große Wirken Gottes bei der Bekehrung, durch die er einen Menschen von der Macht der Sünde erlöst und seine Verderbtheit ausrottet, wird wiederholt mit diesen Worten beschrieben: ›Ich nehme das Herz von Stein aus ihrer Brust und gebe ihnen ein Herz von Fleisch‹ (Ez 11,19 und 36,26). Unter einem harten Herzen ist eindeutig ein ungerührtes Herz zu verstehen, ein Herz, das sich nur schwer von tugendhaften Affekten anrühren läßt; es gleicht einem Stein: gefühllos, stumpfsinnig, unbewegt und durch kaum etwas zu beeindrucken. Und was ist dagegen ein empfindsames Herz? Doch nichts anderes als eines, das sich leicht durch das beeindrucken läßt, was gut und richtig ist*« (I.243a).

Am Ende dieses Buchteils, mit dem er ein solides Fundament schafft, schreibt Edwards:

»*Ein Mensch, der keine religiösen Emotionen hat, befindet sich in einem Zustand des geistlichen Todes, und ihm fehlen jegliche mächtigen, belebenden, errettenden Einflüsse des Geistes Gottes auf sein Herz ... Es muß Licht im Verstehen geben, auch ein von Gefühlen angerührtes, inbrünstiges Herz. Wo Hitze ohne Licht existiert, kann es nichts Göttliches oder Himmlisches im Herzen geben; wo andererseits ein Licht ohne Hitze existiert, ein Kopf voller Gedanken und Spekulationen, dabei [jedoch] ein kaltes, gefühlloses Herz, da kann nichts Göttliches in diesem Licht sein ... Wenn die großen Dinge des Glaubens richtig verstanden werden, dann werden sie das Herz anrühren*« (I.243b).

Nach wie vor bemüht Edwards sich um eine Position des Gleichgewichts angesichts der beiden Extreme von Erweckungsgegnern einerseits und übereifrigen Fürsprechern auf der anderen Seite. Die folgenden Salven zielt er dementsprechend ab: »Jene, die tiefe Gemütsregungen bei anderen verurteilen, sind wohl kaum in der Lage, selbst tiefe Gemütsregungen zu empfinden« (I.244a), und:

»Die großen Gemütsregungen eines Menschen beweisen nicht, daß er echten Glauben besitzt; hat er jedoch keinerlei Gemütsregungen, so beweist dies, daß er keinen echten Glauben besitzt. Das richtige Vorgehen besteht nicht etwa darin, entweder alle Gemütsregungen rundheraus abzulehnen oder sie allesamt gelten zu lassen, sondern vielmehr darin, den Weizen von der Spreu, das Gold von der Schlacke, das Kostbare von dem Abscheulichen zu trennen« (I.244a).

Auf dieses Fundament aufbauend, geht er zu den körperlichen Manifestationen über: »Echter Glaube ist zu einem großen Teil in den Emotionen verankert. Sie enthalten eine große Kraft, und es gibt keinen Grund, weshalb körperliche Empfindungen nicht automatisch darauf folgen sollten.«

»Wenn der Heilige Geist mit Macht unsere geistlichen Emotionen anrührt, können derartig unaussprechliche und herrliche Freuden zu groß und mächtig für ›Staub und Asche‹ sein und diese beträchtlich überwältigen. Die Entdeckungen von Gottes Herrlichkeiten, wenn diese in einem hohen Maß gegeben werden, neigen dazu, den Körper zu überwältigen, indem sie das Herz anrühren« (I.246b).

In der Sprache der 90er Jahre: *System overload* (»System überladen«) und auf »vineyardisch«: Der Fußboden kommt hoch!

»Die Heilige Schrift bedient sich häufig der körperlichen Effekte, um die Kraft der heiligen und geistlichen Gemütsregungen zum Ausdruck zu bringen, beispielsweise Zittern, Stöhnen, Ohnmacht, Schreien, Lechzen und Erschöpfung (I.247a; Ps 119,120; Esra 9,4; Jes 66,2.5; Hab 3,16; Röm 8,26; Ps 84,3). Diese Manifestationen, die ›affektiven Erregungen‹, entspringen dem Einfluß der inneren Erfahrung oder spürbaren Wahrnehmung der unmittelbaren Macht und des Wirkens des Geistes Gottes« (I.248a).

Edwards schreibt über die manifeste Gegenwart Gottes: »Es ist Gottes Art, seine Hand in den Werken seiner Macht und seines Erbarmens sichtbar und seine Stärke wahrnehmbar zu machen.« In diesem Zusammenhang beruft er sich auf den Exodus aus Ägypten, die Befreiung unter Gideon, Davids Sieg über Goliath und die Arbeit der Urgemeinde.

»Und so verhielt es sich mit den meisten Bekehrungen bestimmter Personen, die in der Geschichte des Neuen Testaments verzeichnet sind: Sie

wurden nicht in der stillen, geheimen, allmählichen und unvernehmbaren Weise angerührt, auf der neuerdings beharrt wird, sondern mit den manifesten Bekundungen einer übernatürlichen Macht, welche auf wunderbare und plötzliche Weise eine große Veränderung auslösten, doch die heutzutage als sichere Anzeichen von Wahn und Enthusiasmus gewertet werden« (I.248b).

Edwards wird nie müde, über das Erleben der Gnade Gottes nachzudenken. Was folgt, ist eine verlockende Einladung, in Ruhe und allein über Gottes Wort zu meditieren:

»Heilige Gemütsregungen sind keineswegs Hitze ohne Licht, sondern sie gründen sich stets auf einige Informationen aus dem Verständnis, auf eine geistliche Anweisung, die der Verstand empfängt, auf ein Licht oder ein tatsächliches Wissen. Das Gotteskind wird gnädig angerührt, weil es mehr von den göttlichen Dingen sieht und begreift als zuvor, mehr von Gott oder Christus und von den herrlichen Dingen, die das Evangelium aufzeigt. Der Gläubige hat eine klarere und bessere Sicht der Dinge als zuvor, als er nicht angerührt war; entweder wird ihm eine neue Einsicht in göttliche Dinge gegeben, oder seine frühere Kenntnis wird erneuert, nachdem die Sicht trübe geworden war« (I.281b).

Implizit wird hier die ausschlaggebende Frage nach der Quelle der Inspiration gestellt, nach den »Wurzeln«, von denen schon an anderer Stelle die Rede war. Das Erlebnis der manifesten Gegenwart Gottes ist immer ein Geschenk, niemals ein Produkt des eigenen Handelns.

»Ein großer Unterschied liegt zwischen lebhaften phantastischen Vorstellungen, die aus starken Gemütsregungen entstehen, und starken Gemütsregungen, die aus lebhaften phantastischen Vorstellungen entstehen. Erstere können – und dies ist zweifellos oft der Fall – die Folge eines echten Angerührtwerdens durch die Gnade sein. Die Gemütsregungen entspringen nicht der Phantasie und sind in keiner Weise von ihr abhängig; ganz im Gegenteil ist die phantastische Vorstellung lediglich das Nebenprodukt oder die Folge des Angerührtwerdens … Wenn letzteres der Fall ist … dann ist die Gemütsregung trotz aller Intensität wertlos und leer« (I.288b).

Eigenmächtig fabrizierte religiöse Erlebnisse bringen nie irgendwelche Frucht von bleibendem Wert hervor.»Alle gnädigen [echten] Gemütsregungen entspringen einem geistlichen Verständnis … und geistliche Entdeckungen sind ebenfalls wahrhaft verändernd. Sie verändern nicht nur die gegenwärtige Ausübung, Empfindung und den Rahmen der Seele, sondern ihre Macht und Wirksamkeit ist so groß, daß sie sogar das Wesen der Seele selbst verändern« (I.302b). Dieser Aussage legt Edwards den 2. Korintherbrief, Kapitel 3, Vers 18 zugrunde, wo es heißt:»Wir alle spiegeln mit enthülltem Angesicht die Herrlichkeit des Herrn wider und werden so in sein eigenes Bild verwandelt, von Herrlichkeit zu Herrlichkeit, durch den Geist des Herrn.«

Diese Umwandlung in Christus hat praktische Konsequenzen. Der Zweck des belebenden Wirkens Gottes liegt in einem »christlichen Lebenswandel«, und Edwards verwendet die letzten drei Kapitel seines *Treatise on Religious Affections* auf eine Darstellung der spezifischen Einzelheiten, um die es ihm hier geht. Die folgenden Zeilen können als Edwards' Schlußfolgerung gelten:

»Jeder Baum wird nach seiner Frucht bestimmt.[22] *Nirgends sagt Christus: ›Jeden Baum erkennt man an seinen Blättern oder Blüten‹, oder: ›Die Menschen erkennt man an ihren Worten, an den guten Dingen, die sie über ihre Erlebnisse zu erzählen wissen … auch nicht an vielen Tränen und Gemütsregungen‹ … sondern der Mensch wird an seiner Frucht erkannt. Christus weist uns an, unseren Mitmenschen unsere Gottesfurcht kundzutun. Gottesfurcht gleicht einem Licht, das die Seele erhellt; Christus möchte, daß dieses Licht nicht nur in unserem Inneren leuchtet, sondern daß es vor Menschen leuchtet, damit sie es sehen. Aber wie wird dies geschehen? Durch unsere guten Werke. Christus sagt nicht: ›So soll euer Licht vor den Menschen leuchten, damit sie eure guten Worte, eure imposanten Berichte oder eure ergreifenden Bekundungen hören‹, sondern: ›damit sie eure guten Werke sehen und euren Vater im Himmel preisen‹«* (I.321a).

Eine Frage, die häufig während der Kurse für Pastoren gestellt wird, lautet: »Wie hätte Jonathan Edwards all die Manifestationen beurteilt, die bei den Veranstaltungen in der *Airport Vineyard*-Gemeinde aufgetreten sind?«

Aus seinen umfangreichen Werken habe ich zwei Zitate herausgegriffen, um auf diese Frage zu antworten; beide stammen aus seinem Buch *Thoughts on the Present Revival*, dem ausgereiftesten und umfassendsten seiner Schriften über die Erweckung. Das erste Zitat stellt Edwards' Antwort auf die Anschuldigung gegen Prediger dar, die »dem Schreien, den Ohnmachtsanfällen und anderen körperlichen Effekten viel Bedeutung zumaßen und diese als Zeichen der Gegenwart Gottes und einer erfolgreichen Predigt gewertet haben, die sich daran zu ergötzen schienen und sogar Gott dafür lobten, wenn sie solcherlei Effekte sahen«. Edwards schreibt:

>»Ich habe die Bedeutung der (Manifestationen) auf dieselbe Weise erlernt, wie ein Mensch die Bedeutung von Sprache erlernt: durch Gebrauch und Erfahrung. Ich gestehe: Wenn ich ein lautes Schreien in einer Kirchengemeinde höre, so wie ich es erlebt habe, nachdem ihnen Dinge vorgetragen wurden, die es durchaus wert sind, eine große Gemütsregung hervorzurufen, dann freue ich mich daran, … denn ich habe von Zeit zu Zeit einen viel größeren und vorzüglicheren Effekt gefunden. Wer sich darüber freut, daß das Werk Gottes in aller Stille und ohne viel Aufhebens fortgeführt wird, der freut sich darüber, daß es mit weniger Macht fortgeführt wird und daß der Einfluß von Gottes Geist geringer ist. Denn obwohl das Maß des Einflusses, das der Geist Gottes auf bestimmte Menschen hat, aufgrund der unterschiedlichen Verfassungen, Temperamente und Umstände keineswegs an dem Maß der äußeren Bekundungen beurteilt werden kann, so ist dennoch auf irgendeine Weise mit einem großen sichtbaren Effekt zu rechnen, wenn ein äußerst großer Einfluß des Geistes Gottes auf eine gemischte Menschenmenge fällt« (I.394b).

Das zweite Zitat stammt aus dem ersten Teil seines Buches *Thoughts on the Present Revival*. Edwards beginnt diese Betrachtungen mit den Worten: »Sie haben einen großen Fehler gemacht, als sie dieses Wirken prüften, ob es ein Wirken des Geistes Gottes sei, indem sie ein Urteil über die Mittel und Methoden, die benutzt wurden, fällten …«. Wieder weist er nachdrücklich darauf hin, daß nicht die Mittel, sondern der Zweck ausschlaggebend sind:

>»Wir haben den Effekt zu untersuchen, der ausgelöst wurde, und wenn sich dieser bei näherer Untersuchung mit dem Wort Gottes deckt, haben wir ihn als Gottes Wirken anzuerkennen. Wir werden wegen unserer Arroganz gezüchtigt werden, wenn wir uns weigern, [es als solches anzuerkennen,] bis Gott uns erkläre, wie er diesen Effekt erwirkt hat oder warum er dabei diese oder jene Mittel eingesetzt hat … Mir scheint, der große Gott hat … die Unzulänglichkeit aller menschlichen Kraft, Weisheit, Klugheit und Eigenmächtigkeit entblößt, die die Menschen zum Gegenstand ihres Vertrauens und Stolzes machen wollten … damit der Herr allein gepriesen werde« (I.366ab).

Kapitel 5

Die reich Gesegneten

Lebensverändernde Erfahrungen
von einzelnen und ganzen Gruppen

»Auch ist es mit dem Himmelreich wie mit einem Kaufmann, der schöne Perlen suchte. Als er eine besonders wertvolle Perle fand, verkaufte er alles, was er besaß, und kaufte sie« (Mt 13,45-46).

Im vorangegangenen Kapitel wurde die biblische Grundlage für das Erleben der manifesten Gegenwart Gottes näher betrachtet, und die theologischen Abhandlungen von Jonathan Edwards lieferten wesentliche Hintergrundinformationen zu der Dynamik von Erneuerung und Erweckung. Der Titel dieses Kapitels erklärt sich aus einem dicken Aktenordner voller schriftlicher Erlebnisberichte, die mir von fast hundert Leuten zugeschickt worden sind. Ich bin allen, die ihre Erlebnisse aufgeschrieben haben, zutiefst dankbar; es war mir eine große Bereicherung zu lesen, wie der Geist Gottes so vielen auf so unterschiedliche Weisen begegnet ist.

Bis auf die kurzen Einführungen sind die folgenden Berichte in der Ich-Form geschrieben, und sie sind lediglich sprachlich überarbeitet worden. Alle Berichte sind von den betreffenden Personen zur Veröffentlichung freigegeben worden.

Nun möge der Leser anhand der folgenden Erlebnisberichte selbst »die Geister prüfen«. Zuvor jedoch soll der große Baptistenprediger C. H. Spurgeon zu Wort kommen:

»Man beachte, wie souverän das Handeln Gottes ist ... Es ist möglich, daß er in einem Gebiet eine Erweckung bewirkt, durch die Menschen zu Boden fallen und laut rufen, während es an einem anderen Ort große Menschenmengen geben kann, wobei jedoch alles still und ruhig bleibt,

als fehlte dort jegliche freudige Erregung ... Er kann so segnen, wie er
will, und er wird so segnen, wie er will. Wir dürfen Gott keine Vor-
schriften machen. Manch ein Segen ist an Christen vorbeigegangen, die
ihn nicht als Segen erkannt haben, weil er nicht der Form entsprach, die
ihrer Auffassung nach die richtige gewesen wäre.«[1]

Sarah Lilliman, März 1994

Im Oktober 1991 bekam die dreizehnjährige Sarah einen Infekt, den ihre
Eltern für eine Grippe hielten. Kein Husten und Niesen der Welt hätte jedoch
ihr ohnehin schon von Geburt an schlechtes Sehvermögen noch verschlim-
mern können, ganz zu schweigen von dem Gedächtnisverlust und der
Beeinträchtigung anderer kognitiver Funktionen, die nun bei ihr auftraten.
Im *Peel Memorial* und im *Sick Children's Hospital* in Toronto wurde Sarah
gründlich untersucht, doch man fand keine medizinische Ursache ihrer
Symptome. Im Verlauf der nächsten Monate schritt der Verlust der Muskel-
kontrolle und der Gedächtnisfunktionen weiter fort. Im Oktober 1993 konnte
sie weder laufen, schlucken noch sehen. Im Januar 1994 wurde sie ins *Bloor-*
view-Krankenhaus überwiesen, das auf die Pflege chronisch Kranker spezia-
lisiert ist, da sie mit einer besonderen Hebevorrichtung ins Bett gebracht werden mußte.

Am 27. Februar 1994 kam Sarahs Freundin Rachel Allalouf zur Abend-
veranstaltung in die *Airport Vineyard*-Gemeinde. Nach dem Vortrag von
Randy Clark wurde für sie gebetet, und während sie im Geist ruhte, hatte sie
eine Vision, in der sie im Himmel an einem Tisch saß; ihre beiden Großväter
waren dort und auch Jesus. Diese Vision wich einer Vision des Kreuzes, bei
der Jesus Rachel anwies, am nächsten Tag ins *Bloorview*-Krankenhaus zu gehen und für Sarah zu beten. Rachel erzählte uns später, Jesus habe ihr gesagt,
wie sie beten solle.

Wie ihr aufgetragen worden war, ging Rachel am nächsten Tag mit ihrem
Vater Simon ins Krankenhaus. Sarah befand sich in ihrem Rollstuhl, einer
Sonderanfertigung, die eher einer fahrbaren Bahre glich. Sie erkannte zwar
die Stimmen, konnte aber nichts sehen und nichts von dem begreifen, was zu
ihr gesagt wurde. Speichel floß ihr fortwährend aus dem Mund.

Rachel und Simon brachten Sarah in einen stillen Winkel der Station, wo
Rachel begann, so zu beten, wie Jesus es ihr aufgetragen hatte. Während sie
und ihr Vater die nächsten zweieinhalb Stunden lang Fürbitte leisteten, begann Sarah zu weinen und dann zu zittern. Ihr Sehvermögen kehrte allmählich wieder zurück, und ihre Beinen bewegten sich. Sie machte Anstalten,

sich von selbst aufrecht zu setzen, und der zuvor unkontrollierbare Speichel-fluß hörte auf. Die Freude des Herrn begann sie zu erfüllen, und Sarah konnte sagen: »Mir geht es besser!«

Vor ihrem Besuch im Krankenhaus war Rachel derartig davon überzeugt, daß Jesus Sarah heilen würde, daß sie ihrer Freundin eine Tüte gewürzter Chips mitgebracht hatte. Im Verlauf der nächsten paar Tage fing Sarah an, selbständig zu gehen und zu essen, zuallererst die Chips! Auch ihr Sehvermögen besserte sich zunehmend.

Die Nachricht von Sarahs Genesung verbreitete sich wie ein Lauffeuer im Krankenhaus. Ein paar Tage später kam eine Frau von der Aufnahme auf Simon und Rachel zu und sagte: »Jesus hat wirklich große Macht, nicht war?« Sie war gläubig, und Simon sagt von ihr: »Sie freute sich riesig darüber, daß der Herr das Krankenhaus mit seiner heilenden Macht berührt hatte.« Die Frau bat die beiden, für ihren ungläubigen Mann, einen Alkoholiker, zu beten, was sie auch taten.

Am 22. April 1994 wurde Sarah aus dem *Bloorview*-Krankenhaus entlassen; niemand hatte damit gerechnet, daß sie je ohne die Pflege für chronisch Kranke auskommen würde.

Am Dienstag, den 26. April, kam Sarah zu der Veranstaltung in die *Airport*-Gemeinde. Ihre Freundin Rachel war bei ihr; sie hatte ein weiteres Wort vom Herrn empfangen, daß er Sarahs Augen heilen würde, wenn sie nach vorn gehen und ihr Zeugnis geben würde. Sarahs Mutter wußte, wie schwer ihr das fallen würde, weil sie so extrem schüchtern war – »aber sie hat es getan, weil sie Gott vertraute.«

Ein Mitglied des Gebetsteams kam auf die Mädchen zu, segnete Rachel und sagte dann zu Sarah: »Heute abend wirst du zwei Heilungen von Gott bekommen: Er wird deine Augen heilen und dein Gefühlsleben auch.«

Seither hat Sarah weitere »Geschenke« des Heiligen Geistes empfangen, unter anderem auch die Gabe des Sprachengebets. Ihre ganze Familie hat sich radikal verändert; die Mitglieder sind nun viel inniger miteinander verbunden und folgen Gott viel engagierter nach. Simons ungläubige Frau besuchte die Veranstaltungen in der *Airport*-Gemeinde und kam Anfang Mai zum Glauben. Simon erzählte einem alten Freund von den Dingen, die der Herr an Sarah getan hatte, und er kam daraufhin zu den Veranstaltungen und schenkte Jesus sein Herz. Sarahs Mutter brachte eine Freundin mit, und auch diese entschied sich für ein Leben mit Gott.

Simon, ein messianischer Jude, schließt seinen Bericht mit den Worten: »Wir geben Jesus alles Lob und alle Ehre. Wir lieben ihn von ganzem Herzen, und nichts, absolut gar nichts bedeutet uns mehr als er. Er ist das Alpha und das Omega. Alle Ehre sei Jeschua!«

Ron Allen, 5. März 1994

Ron ist Gründer und Pastor der *Vineyard*-Gemeinde in Fort Wayne; er ist auch der Bezirksbeauftragte des Verbandes der *Vineyard*-Gemeinden. Er war an den Gründungen von mehr als hundert Gemeinden beteiligt, von denen mehrere inzwischen über tausend Mitglieder haben. Bevor er sich der *Vineyard*-Bewegung anschloß, war er der Pastor einer der größten Quäker-Gemeinden in Amerika. Seine Frau Carolyn hat aktiv bei der Leitung der Gemeinden mitgearbeitet, denen sie in den letzten zwanzig Jahren gedient haben. Sie ist musikalisch begabt und übt ihre Gabe der Prophetie sowohl im Kontakt mit einzelnen als auch in der Gemeinde aus.

Als am 3. Februar das Telefon klingelte, war John Arnott am anderen Ende der Leitung. Die Intensität in seiner Stimme war nicht zu überhören, als er mir von dem erzählte, was Gott in ihren Abendveranstaltungen tat. Seine Bitte, »zu kommen und die Sache aus nächster Nähe zu begutachten«, klang verlockend, als er mir schilderte, wie eine Reihe von Menschen vom Heiligen Geist berührt worden waren. Dann kam Randy Clark an den Apparat und berichtete mir, wie aus einer viertägigen Veranstaltung regelmäßige Abendveranstaltungen geworden waren, die nun schon seit drei Wochen gehalten wurden; Hunderte von Menschen seien gekommen, sagte er, und der Heilige Geist komme mit Macht auf die Menschen und löse Weinen, Lachen, Zittern, Hinfallen und Freudensprünge aus.

Mein Interesse war geweckt, und ich besorgte mir ein einfaches Flugticket nach Toronto ohne Rückflug.

Als ich meinen Koffer packte, redete der Herr mit mir und sagte: »Wenn du zum Analysieren nach Toronto fliegst, wird es beim Kritisieren bleiben, und ich werde meine Hand von dir nehmen. Wenn du aber als Kind gehst, um an dem Geschehen teilzuhaben, dann werde ich meinen Segen auf dich ausgießen, ein ums andere Mal!« Daraufhin ließ ich meinen Computer zu Hause, nahm meine Bibel mit und flog noch am selben Tag, am Donnerstag, den 3. Februar 1994, nach Toronto.

Ich betrat den Festsaal, der für die Veranstaltung gemietet worden war, da der reguläre Gemeinderaum aus allen Nähten geplatzt war. Es war ein Gefühl, als hätte ich ein riesiges Leuchtfeuer vor mir. Das Beten und Singen hatte einen ausgesprochen intimen, aber auch sehr intensiven Charakter. Randy hielt einen kurzen Vortrag, und dann wurden viele von dem Lachen, Weinen und Hinfallen gepackt.

Ich tat das für *Vineyard*-Pastoren Typische: Ich stand am Rand des Geschehens, um zu beobachten, was sich abspielte. Randy betete sich durch die Menschenmenge im vorderen Teil des Saales hindurch, und es dauerte nicht lange, bis er vor mir stand. Während er für mich betete, spürte ich, wie ein überwältigendes Bewußtsein von Gottes Frieden und Macht über mich kam, und dann war mir, als hätte jemand das Licht ausgeschaltet. Ich weiß nicht, wie lange ich »weg« war, aber ich hatte ein unglaubliches Bewußtsein der immanenten Gegenwart des Heiligen Geistes, der auf mir ruhte. Den ganzen Abend über betete jedesmal, wenn ich aufstehen wollte, jemand für mich: »Rühr ihn noch einmal an, Herr. Mehr, Herr. Mehr, Herr!« Worauf ich wieder »weg« war und tief in dem Frieden und der Gegenwart des Herrn ruhte. Ich glaube, es war gegen drei Uhr morgens, als es mir endlich gelang, nach draußen zu kommen.

So ging es tagelang weiter. Ich fühlte mich wie ein Betrunkener und benahm mich auch entsprechend. Bis auf ein paar kurze, rätselhafte Sätze konnte ich nicht reden. Ich kann mich nur an wenig erinnern, und die Schilderungen über mein Verhalten möchte ich am liebsten nicht glauben! Aber im Laufe der Zeit fühlte ich mich tief in meinem Inneren immer reiner und ruhiger. Ich spürte pausenlos die Gegenwart des Heiligen Geistes, und ich sonnte mich in einem Zustand des paradiesischen Hingerissenseins.

Ich stellte fest, daß sich dieses Wirken des Heiligen Geistes keineswegs auf die *Vineyard*-Bewegung beschränkte. In den Abendveranstaltungen und dem Pastorentreffen waren auch viele andere Gemeinderichtungen vertreten. Besonders den Evangelikalen begegnete der Heilige Geist mit Macht. Ich erlebte, wie Menschen von körperlichen und psychischen Leiden geheilt wurden und wie verlorene Söhne zum Herrn zurückkehrten und ihm ihr Leben neu weihten. Ich erlebte, wie Pastoren innerlich erfrischt und erneuert wurden.

Mit jedem Abend wuchs die Menschenmenge. Bald wurden auch Sonderveranstaltungen in Hamilton, Cambridge, Stratford und Barrie gehalten. Überall fand das gleiche Geschehen statt: persönliche Anbetung; Zeugnisse darüber, wie Gott einzelne Menschen angerührt hatte; eine Botschaft über Gnade, Liebe und Annahme. Dann die Einladung, immer wieder kräftig von dem »neuen Wein« zu trinken. Schließlich kam es dann zu den Manifestationen bei Menschen egal welchen Alters, die mit Macht von Gott angerührt worden waren. Freude und Feststimmung begleiteten jeden Gebetsdienst, der bis in die frühen Morgenstunden hinein dauerte.

Für die letzten paar Tage kam meine Frau Carolyn dazu, und auch sie war bald so »trunken des Geistes« wie ich. Als wir am Samstag nachmittag, es war der 12. Februar, wieder in Fort Wayne waren und zum Büro gingen, probte gerade eins von unseren Musikteams im Gemeindesaal. Wir steckten die Köpfe zur Tür herein, um »Hallo« zu sagen, und der Heilige Geist kam über das Team; die Leute lagen lachend und weinend am Boden. Schließlich gingen wir, damit sie mit der Probe weitermachen konnten.

Am Sonntag morgen, dem 13. Februar, als wir uns zum Gottesdienst zusammengefunden hatten, fing der Heilige Geist sofort an, Menschen anzurühren. Bald passierte alles, was wir in Toronto erlebt hatten, auch bei uns. Als es Zeit für den zweiten Gottesdienst wurde, mußten wir Leute des ersten Gottesdienstes nach draußen auf den Flur tragen, damit wir mit dem nachfolgenden Gottesdienst anfangen konnten. Aber bevor wir den Gottesdienst eröffnen konnten, fielen die Gegenwart und der Friede des Herrn auf die Leute, die den Saal betraten. Wir versuchten, eine »normale« Gottesdienstordnung einzuhalten, doch es dauerte nicht lange, bis wir füreinander beteten, und Gott beschenkte in seiner Gnade alle. Gegen zwei Uhr am Nachmittag kündigte ich einen Abendgottesdienst an, etwas, was bei uns normalerweise nicht üblich ist, und um sechs Uhr abends war das Gebäude randvoll. Der Gottesdienst fing an; wir versuchten, das zu schildern, was wir erlebt hatten; wieder fiel der Heilige Geist auf uns, und wir stapelten sämtliche Stühle am Rand des Gemeindesaals, um genug Platz zum Beten zu haben. Gott berührte die Leute bis in die frühen Morgenstunden hinein.

Seitdem halten wir jeden Abend eine Veranstaltung, wobei etwa ein Drittel bis die Hälfte der Besucher aus anderen Gemeinden kommen. Ungefähr fünfzig Pastoren sind auf wunderbare Weise vom Herrn berührt worden. Dieses Wirken hat sich auf andere Orte in der Nähe ausgebreitet, und die Gemeinden dort haben mit den allabendlichen Veranstaltungen angefangen. Und so geht es weiter.

Einige Beobachtungen:

1. Dieses Wirken Gottes beschränkt sich nicht auf die *Vineyard*-Bewegung. Gott benutzt es, um eine Stadt durch seine vereinte Gemeinde zu erreichen.
2. Wir werden durch das, was wir verschenken, reicher gemacht.
3. Wenn wir zum Beobachten kommen, stehen wir nur mit unserer Meinung da; kommen wir aber als aktive Teilnehmer, dann empfangen wir eine frische Salbung des Heiligen Geistes und können ihn an andere weitergeben.
4. Ich habe den Eindruck, daß die Leute sich weiterhin beteiligen werden, solange die Gemeindeleiter beteiligt sind. Man kann das Geschehen ignorieren oder ablehnen, doch das scheint Gott keineswegs in seinem Wirken zu hindern. Wir können es uns nicht verdienen oder es als unser Recht einfordern, sondern wir müssen es als Geschenk annehmen.

5. Man braucht Demut, um sich zu beteiligen und dies immer wieder zu tun. Jene unter uns, die zum Beherrschen und Bestimmen neigen, müssen sich erniedrigen und als Kinder kommen. Alles Prestigedenken muß abgelegt werden.

6. Die Anbetungsstunden sind zwar sehr persönlich und intensiv, aber auch von Freude und Frohlocken durchsetzt. Wir sind noch nie eine tanzende Gemeinde gewesen – aber jetzt sind wir es!

7. Im Gegensatz zu Gemeindestrukturen, bei denen der Leiter alles von vorne regelt, wird die Arbeit von der gesamten Gemeinde gemeinsam getan. Selbst die Leiter arbeiten gern nach dem »Vereinte-Kräfte-Modell« mit und wechseln sich mit dem Leiten der Veranstaltungen ab, ohne zu versuchen, die Zügel an sich zu reißen.

8. Das Evangelisieren gewinnt stetig an Dynamik. Überall erzählen die Leute Außenstehenden unerschrocken und enthusiastisch von ihrer Beziehung zu Jesus Christus!

9. Es ist unverkennbar, daß Gott an einer Beziehung, einer intensiven Liebesbeziehung mit seinem Volk interessiert ist. Die Leute sitzen nicht am Fernseher oder lesen die Zeitung. Sie fühlen sich zum Herrn und zueinander hingezogen.

10. Die Hauptthemen der Zeugnisse sind der Friede Gottes, die Gnade Gottes, die Freude des Herrn, Heilungen von Gott und das Vaterherz Gottes.

Unsere Veranstaltungen sind chaotisch und ein wenig beängstigend, aber andererseits haben wir die ehrwürdige Ordnung hinter uns gelassen, um einer vom Heiligen Geist mit Kraft ausgerüsteten Ordnung zu folgen. Dies ist keine Heimsuchung von kurzer Dauer, sondern Gott kommt zu seinem Volk, um mit seinem Volk eine tiefe, dauerhafte Gemeinschaft zu pflegen. Gott kommt zu seinem Volk, bevor er es zu sich holt.

Carolyns Bericht

Als Ron nach Toronto flog, um sich das anzusehen, was dort passierte, blieb ich in Fort Wayne und fragte mich, was es wohl mit diesem »Wirken Gottes« auf sich habe. Es gab sogar Momente, in denen ich dachte: Das wird halt wieder irgendeine Konferenz oder irgendein Seminar sein, bei dem man einiges lernen kann, aber gebraucht Gott so etwas wirklich, um Menschen dauerhaft zu verändern? Das hatte mir schon lange auf der Seele gelegen: »Vater, bitte komm, wohne unter deinem Volk und ändere uns. Ich habe diese

Gänsehaut-Erlebnisse so satt, die im Grunde genommen nichts an der Art ändern, wie ich bin und lebe.«

Bei jedem von Rons Anrufen aus Kanada spürte ich eine zunehmende Gegenwart des Herrn. Jedesmal hatte er weniger zu sagen; er weinte einfach nur und sagte:»Das ist von Gott.« Am Sonntag nachmittag, den 6. Februar, konnte er kaum noch sprechen. Er stotterte, und zwischen seinen Silben waren lange Pausen. Ich fing an, mir Sorgen zu machen. So kannte ich meinen beredten, nie um Worte verlegenen Mann überhaupt nicht! War das von Gott oder nicht?

Während Ron sich bemühte, mit mir zu reden, wurde die Gegenwart des Herrn so stark, daß er um Hilfe rief. Ich hörte ihn rufen:»Randy (Clark) … H h i i l l l f f f e e!«, und dann kam ein dumpfer Schlag. Er war unter der Macht des Herrn zu Boden gesunken. Ich brach am Telefon in Tränen aus und fing an zu zittern. Randy redete kurz mit mir und versuchte mir zu erklären, was mit Ron los war. Ich entschloß mich auf der Stelle dazu, am nächsten Morgen nach Kanada zu fliegen, um mir mit eigenen Augen ein Bild von dem Geschehen zu machen und das anzunehmen, was der Herr für mich bereithielt. Ich hungerte und dürstete nach »mehr« von Gott. (Außerdem fand ich es beunruhigend, daß Ron nur eine Hinflugkarte gebucht hatte!)

Ich sagte meine Termine ab und reiste am Montag früh ab. Unterwegs konnte ich immer nur beten:»Laß deinen Willen geschehen, Herr … laß deinen Willen geschehen.« Ich muß zugeben, daß mir reichlich mulmig zumute war. Würde mein Mann je wieder reden können? War er ausgeflippt und übergeschnappt? Und wenn es wirklich von Gott war, was würde dann mit mir passieren?

Der Abendgottesdienst am Montag war in der *Cambridge Vineyard*-Gemeinde. Als Ron hereinkam, ging ich auf ihn zu, um ihn zu begrüßen. Er hatte Steve Stewart, den Pastor, zuerst gesehen und begrüßte ihn. Beide waren des Geistes so trunken, daß sie beim Umarmen im Gang zu Boden fielen. Ich war total fassungslos.

Wir hoben Ron auf und setzten ihn auf einen Stuhl, und als der Gottesdienst gerade anfing, stieß er mich an, zeigte mit dem Finger in mein Gesicht und sagte (so gut es ging):»R-r-u-f n-e-u-n-h-u-n-d-e-r-t-e-l-f a-a-n« (Unter 911 ist in den meisten Gegenden Nordamerikas der Notrufdienst zu erreichen; Anm. d. Übers.). Sein Gesicht war von Angst und Entsetzen gezeichnet, und ich erschrak. Mein erster Gedanke war, daß er den Verstand restlos verloren hatte. Als der Gottesdienst seinen Lauf nahm, schaffte Ron es, ein paar andere Leute in der Nähe auf sich aufmerksam zu machen, und er sagte das gleiche wie vorher. Es war so verrückt und uncharakteristisch für Ron, daß wir einfach nur lachten, in erster Linie deshalb, weil wir nicht wußten, was wir sonst tun sollten.

118

Nachdem Ron ein paar Tage lang darum gebeten hatte, jemand möge 911 anrufen, legte endlich jemand während einer Gebetszeit die Hand auf seinen Kopf und sagte: »Schon gut, Ron. Jesus hat deinen Ruf um Hilfe (911) gehört, und er läßt dir ausrichten, daß alles in Ordnung geht.« In dem Moment kam der Friede des Herrn über Ron, und danach bat er uns nicht mehr, 911 anzurufen.

Wer kennt schon die Wege des Herrn und die Wechselwirkung mit unseren Reaktionen darauf? Die ganze Zeit hatte Ron tief in seinem Geist voller Verzweiflung um Hilfe geschrien. Jesus ist der einzige, der diese Hilfe leisten kann; das ist bei uns allen so. Wir alle sind verzweifelt darauf angewiesen, daß er uns in unserem innersten Wesen anrührt. Ich brauchte seine Berührung und betete noch einmal: »Laß deinen Willen geschehen, Herr.« Ron nahm alles wie ein Kind an; das zu sehen, half mir, selbst für alles, was Gott mir geben wollte, offen zu werden.

In den letzten Wochen hat der Herr mich auf so viele Arten angerührt. Nach wie vor staune ich über das Außerordentliche an Gottes Charakter und Wesen. Eines Nachts habe ich seine Macht körperlich so stark gespürt, daß ich befürchtete, sterben zu müssen; die meiste Zeit jedoch erfüllt mich ein unglaublicher Frieden, wie ich ihn noch nie erlebt habe. Trotz aller Manifestationen seiner Gegenwart und meiner physischen Reaktionen darauf (z. B. Zittern, Zittern und wieder Zittern – ein Baptistenprediger, der zusah, wie ich zitternd für andere betete, meinte: »Ist doch prima, daß in der *Vineyard*-Gemeinde auch Behinderte den Dienst tun dürfen!«) herrscht dieser unglaubliche Frieden tief in meinem Inneren. Könnte das eine Erfahrung sein, die uns Entscheidendes über die bleibende Gegenwart des lebendigen Herrn in seiner Kirche – seinem Volk – lehrt? Dem Herrn liegt an einer unvorstellbaren Liebesbeziehung mit uns, und er will, daß alle daran teilhaben.

Hilf uns, Herr, auch weiterhin auf deine Initiative einzugehen und das, was du uns geschenkt hast, weiterzuverschenken, damit alle von deiner großen Liebe erfahren.

Nachtrag, 25. August 1994

Sieben Monate nach unserem ersten Besuch der Veranstaltungen in der *Airport Vineyard*-Gemeinde berührt Gott uns noch immer auf mächtige und überwältigende Weise. Der »Showeffekt« ist seitdem etwas abgeflacht, weil wir anfangen zu begreifen, daß das fortwährende Erleben der manifesten Gegenwart Gottes ein Aufruf dazu ist, inniger und kontinuierlicher in seiner Gegenwart zu verharren, ein radikalerer Aufruf zu einem ergebenen und heiligen Leben und ein frohes Streben danach, Freunden sowie Fremden unerschrocken und spontan von unserem Glauben zu erzählen. Letzte Woche haben wir eine Zeltevangelisation in der Innenstadt gehalten. Es sind nicht nur viele Menschen geheilt worden, sondern über hundert Leute haben sich für ein Leben mit Jesus Christus entschieden. Fünfundfünfzig Bandenmitglieder haben ihre Baseballmützen und Bandenabzeichen gegen ein Leben für Jesus Christus eingetauscht.

Günther Füssle, 16. Oktober 1994

Von Beruf bin ich Geschäftsmann; ich bin als Ingenieur in der Industrie tätig. Ich gehöre einer Schweizer Kirche an und beteilige mich an der Leitung einer Stiftung namens »Schleife« in Winterthur. Die »Schleife« (Name einer industriellen Liegenschaft, in der die Stiftung eingemietet ist) wurde vor etwa zwei Jahren von Geri Keller und seiner Frau Lilo gegründet. Geri hatte sich vorzeitig aus seinem Amt als Pfarrer verabschieden lassen, um sich der Arbeit in der »Schleife« widmen zu können. Die »Schleife« ist ein christliches Zentrum für Versöhnung, Heilung, Seelsorge und geistliche Zurüstung.

Ich hatte vorgehabt, im September Verwandte in den USA zu besuchen. Zugleich hörte ich von dem »Toronto-Segen«, der in vielen Ländern weitere Verbreitung fand, besonders in England. Blitzartig kam mir die Idee ins Herz, die *Airport Vineyard*-Gemeinde in Toronto auf dem Rückweg von den Staaten zu besuchen. Ich freute mich schon sehr darauf, dieses Wirken des Heiligen Geistes selbst zu erleben und angerührt, gestärkt, neu erfüllt und zum weiteren Dienst für meinen Herrn zugerüstet zu werden.

Zwei Wochen vor meiner Abreise erzählte ich einem Freund von meinen Plänen und Hoffnungen. Er sagte spontan: »Das ist genau das, was mir fehlt: eine innere Erfrischung und ein Berührtwerden vom Heiligen Geist.« Er stellte seinen Terminkalender auf den Kopf, und drei Tage später hielt er seine Flugkarte in der Hand. Ebenso spontan entschieden sich kurz darauf Geri und Lilo, ihre Urlaubspläne zu ändern, um sich dieser kleinen Schweizer Delegation anzuschließen.

Kurz vor dem Abflug nach Toronto hatte ich eine Vision: Ich sah ein olympisches Stadion während der Eröffnungsfeier. Ein Athlet lief in das Stadion; in der hoch erhobenen rechten Hand trug er eine Fackel. Er kam an eine riesige, mit Öl gefüllte Schale, die er mit seiner Flamme in Brand steckte. Das Feuer war hell und erleuchtete das Stadion. Ich hatte das Gefühl, daß Jesus mir eine solche Fackel geben wollte – daß sie während meines Aufenthalts in Toronto angezündet werden würdc und daß ich sie in die Schweiz zurücktragen sollte, wo daraufhin viele weitere Feuer angezündet werden würden. Ich sah, wie er viele Schalen vorbereitete, die mit Öl gefüllt und angezündet werden sollten, wobei viele Leute als Fackelträger fungierten und das Feuer trugen.

In dem Hotel in Toronto hatten wir vier zwei nebeneinanderliegende Zimmer, damit wir uns leicht treffen konnten, um gemeinsam zu beten und die Gegenwart des Herrn zu suchen. Wir hofften ebenfalls, daß er uns seinen Plan für die Arbeit daheim in der Schweiz enthüllen würde.

In der ersten Veranstaltung wurde ich enttäuscht, weil ich keine besondere Berührung des Herrn erlebt hatte. Wegen des großen Andrangs gab es während der Fürbitte lange Wartezeiten. In den Vorträgen und Zeugnissen wurde jedoch dazu aufgerufen, immerzu mehr und mehr zu erwarten und sogar mehrmals am selben Abend Gebet zu empfangen, um das Wirken des Heiligen Geistes intensiver zu erfahren.

Eines Abends, es war schon nach Mitternacht, betete Carol Arnott, die Frau des Pastors, für mich. Ich teilte ihr meinen Wunsch mit, mit mehr Vollmacht für meinen Dienst und mein Leben ausgerüstet zu werden. Sie betete um eine doppelte Salbung, um mehr … Als ich hinfiel und am Boden lag, passierte etwas, das ich noch nie erlebt hatte. Ein Zucken ging durch meinen Körper; es kam in Wellen und schien vom Bauch auszugehen, um von dort den ganzen Körper zu durchströmen. Es fühlte sich wie Elektrizität an, nur ohne Schmerzen. Mein ganzer Körper zuckte, und mein Kopf schlug auf den Boden; ich war einfach machtlos dagegen. Zwischendurch gab es auch Zeiten, wo ich ruhig dalag. Das Ganze dauerte etwa eine Stunde.

Während des Schüttelns hatte ich den Eindruck, als werde irgend etwas geboren, und in den ruhigen Zeiten spürte ich einen tiefen Frieden. An diesem Abend, während der Zeit des völligen Friedens und der Ruhe, sprach der Herr ganz deutlich mit mir, und ich erlebte seine Gegenwart auf eine neue Weise. Jesus erinnerte mich: »Habe ich dir nicht gesagt, daß ich dich bei der Hand nehmen werde, Günther, und dir sagen werde: Ich werde dir Dinge zeigen, die du noch nie gesehen hast?«

Weiter sagte er: »Ich bin für dich am Kreuz gestorben, ich ging in den Tod und wurde wieder zum Leben erweckt. Sieh nur, ich habe dir Macht gegeben, auf Schlangen und Skorpione zu treten, und nichts wird dir Schaden zufügen.« »Meine Kraft ist in den Schwachen mächtig. Meine Auferstehungskraft wird in dir mächtig sein.« – »Ich werde dir den Weg weisen, den du gehen sollst; weiche weder nach rechts noch nach links davon ab.« »Ich habe dich lieb!«

Ferner sah ich undeutlich, wie Jesus auf seinem Thron saß, und ich spürte seine Gegenwart, seinen Trost, seine Heiligkeit und Liebe auf eine besondere Weise. Später im Hotelzimmer sagte ich zu Jesus: »Ich vertraue dir mein Leben neu an. Ich will dir dienen und das, was du mir gibst, an andere weitergeben. Du hast die Fackel in meiner Hand angezündet, und ich will sie brennend zurücktragen; mit ihr will ich daheim in der Schweiz andere Fackeln anzünden.«

Am Sonntag verspürte ich wieder Enttäuschung, weil er mir noch immer keinen klaren, konkreten Plan für mein Leben enthüllt hatte. Gut, er hatte zwar mit mir gesprochen, aber …

Am Montag, unserem »freien Tag«, fuhren wir zu den Niagarafällen, unser einziger Ausflug in dieser Woche. Das Wetter war herrlich. Die Sonne schien hell an diesem Spätsommertag, und die Herbstfarben leuchteten schon. Als ich überwältigt dastand und den riesigen Wasserfall und die ungeheure Kraft des Wassers bestaunte, sah ich einen wunderschönen Regenbogen, und Gott sagte zu mir: »Warum bist du so unzufrieden? Habe ich dir nicht vieles gezeigt und dich überreich beschenkt? Hast du etwa nicht meine Macht erfahren und erlebt? Wo ist dein Glaube?«

Am Montag abend, als wir uns zu viert zum Beten trafen, mußte ich um Vergebung für meine Unzufriedenheit und meinen Kleinglauben bitten, und wieder sprach Gott mit mir: »Bin ich denn kein treuer Gott, der seine Versprechen hält? Dieser Regenbogen, den du gesehen hast, soll dir ein Zeichen sein. So, wie du die Macht der Niagarafälle heute gesehen hast, wie sie über die Grenzen hinausstoßen, so soll auch die Macht Gottes nicht von Grenzen aufgehalten werden. Sie wird nicht aufhören, bis sie die Schweiz und Winterthur erreicht hat.« Und er zeigte mir den großen Saal in unserer Stadt: In dieser Vision folgten viele Menschen der Einladung, ihr Leben Jesus auszuliefern und ich sah das Feuer Gottes auf die Versammlung herabfallen.

Am Dienstag abend, dem 20. September, ermunterte Gott mich wieder auf eine ganz besondere Weise. Während der Gebetszeit betete eine Mitarbeiterin von der *Cambridge Vineyard*-Gemeinde für mich. Sie betete, daß ich ein Fackelträger sein möge und daß der Herr Feuer in meinen Heimatort bringen möge. Später beteten zwei Brüder für mich; sie beteten um mehr Macht, Freude und Salbung, und wie vor zwei Tagen erlebte ich wieder ein Gefühl des Gebärens und Stöhnens und danach einen tiefen Frieden und eine tiefe Freude.

Am selben Abend sprach ich mit der Frau, die für mich gebetet hatte und fragte sie, warum sie im Gebet von einer Fackel gesprochen hatte. Sie sagte mir, sie habe ein Olympiastadion gesehen, in das ein Athlet mit einer brennenden Fackel gelaufen kam, um die große Schale anzuzünden. Ich war einfach überwältigt von der Bestätigung der Vision, die Gott mir zwei Wochen zuvor in der Schweiz gegeben hatte!

Ich war außerordentlich beeindruckt von der Liebe und Hingabe, mit der die *Vineyard*-Teams dienten. Es war auch offensichtlich, daß dieses mächtige Wirken Gottes nicht auf eine Ortsgemeinde beschränkt war, sondern daß es ein gnädiges Ausgießen des Heiligen Geistes auf seinen Leib weltweit darstellte. Für mich gab es jetzt keinen »Toronto-Segen« mehr, sondern »Segnungen von Gott«, zu denen der gesamte Leib Christi freien Zugang hat. Wir hörten beeindruckt die Zeugnisse von Menschen aus der ganzen Welt; sie erzählten, wie Gott so viele Herzen angerührt und so viele Menschenleben verändert habe und wie er seinen Geist und sein Feuer auf seine Gemeinde ausgegossen habe, ganz unabhängig von der geographischen Lage. Dies machte uns Mut für unsere Stadt und unser Land.

Wir hatten den Herzenswunsch, einen Pastor und seine Frau, zwei Mitglieder des Erneuerungsteams der *Toronto Airport Vineyard*-Gemeinde, nach Winterthur einzuladen, um an einem schon geplanten Seminar in der »Schleife« teilzunehmen. Wir fragten diese beiden, ob sie kommen und uns dabei helfen könnten, um dann anschließend weitere Veranstaltungen zu leiten, bei denen sie ihre Erfahrungen mitteilen und uns Starthilfe geben könnten. Dazu erklärten sie sich bereit, und es gelang uns, ihnen binnen einer Woche Flugtickets zu besorgen (normalerweise sind alle Flüge über den Atlantik ausgebucht). So flogen wir also nach Hause und freuten uns schon sehr auf das, was der Herr bei uns tun würde.

Zu Hause konnte meine Frau einen Unterschied an mir feststellen. Sie sah und erlebte meinen tiefen inneren Frieden, meine Freude und meine größere Freiheit in der Verkündigung. Die Rastlosigkeit in mir schien verflogen zu sein. Ein tiefes Vertrauen in die Fürsorge meines Vaters war an ihre Stelle getreten. Was mein »Feuer« betraf, so wuchs mein Verlangen stetig, es weiterzugeben. Der Herr benutzte mich schon bei den Sonderversammlungen, die wir veranstalteten, und ich kann es kaum erwarten, sogar noch mehr von ihm in unserer »Schleife« eingesetzt zu werden, weil ich schon jetzt mit einer größeren Freude, Freimütigkeit und Freiheit als je zuvor diene.

Ich habe auch meine Prioritäten in meiner Familie und am Arbeitsplatz überprüft und bin zu dem Ergebnis gekommen, daß ich reifen und in Jesus wachsen muß. Die Erfüllung mit seinem Geist ist eine ständige Notwendigkeit, aber ich weiß aus Erfahrung, daß er treu ist – ihm sei alle Ehre.

Happy Leman, 11. April 1994

Happy ist der Gründer und Pastor der *Vineyard*-Gemeinde in Champaign (Illinois). Er ist der Bezirksbeauftragte des Bezirks Mittlerer Westen des *Vineyard*-Verbandes. Bevor er die Arbeit in Champaign gründete, war er als Versicherungs- und Erbschaftsfachmann tätig; seinen M. B. A.-Titel hat er an der *University of Illinois* erworben.

Am 18. März 1994 fühlten meine Frau Di und ich uns gedrängt, nach Toronto zu reisen, um das Wirken des Heiligen Geistes mit eigenen Augen zu sehen. Wir hatten Randy Clark schon im Herbst 1993 kennengelernt und wußten in etwa, was er tat. Zu dem Zeitpunkt unserer Abreise glaubten wir zwar, daß Gott handelte, aber wir fuhren mit einer gewissen Skepsis nach Toronto; wir waren uns nicht sicher, ob diese Ausgießung des Heiligen Geistes einen bleibenden Effekt haben würde.

Der Heilige Geist ließ unsere Skepsis nicht lange bestehen. Mitten in unserer ersten Veranstaltung wurde ich von der Macht des Geistes überwältigt und fand mich am Boden wieder. Nachdem ich zwei Stunden gelacht, gezittert und am Boden umhergerollt war, ohne aufstehen zu können, merkte ich, daß Gott mir etwas zu sagen hatte. Mir wurde deutlich, daß mein Glaube schal geworden war und daß ich dringend eine innere Erfrischung brauchte. Im Verlauf des Wochenendes wurden Di und ich mehrmals angerührt.

Wir verließen Toronto mit der festen Überzeugung, daß Gott in der Tat am Werk war. Der Heilige Geist schien einen neuen Hunger nach Jesus zu bewirken, ein neues Sehnen nach der Bibel, eine neue Freimütigkeit beim Zeugnisgeben, ein größeres Verlangen nach Gebet, eine tiefere Buße und eine ganze Reihe anderer Glaubensattribute. Wir waren begeistert, denn wir waren davon überzeugt, daß Gott wahrhaftig das bewirkte, was wir ein »Apostelgeschichte-3-Vers-19«-Erlebnis nennen: eine Zeit der inneren Erfrischung.

Einerseits war ich mir sicher, Gott in Toronto erlebt zu haben, aber andererseits quälte mich die Angst, dieses Erlebnis in meiner Gemeinde in Champaign nicht nachvollziehen zu können. Diese Angst wuchs angesichts der Zeugnisse von vielen Gemeindeleitern, die den »Segen« im großen Stil in ihre Gemeinden mitbringen konnten, um ihn dort auszuteilen. Manche dieser Männer brauchten sogar nur ihre Gemeinden zu betreten, und schon fielen die Leute zu Boden.

Als ich am Donnerstag, den 24. März, meine Gemeinde betrat, fiel niemand zu Boden, und niemand zitterte, lachte oder weinte. Meine Befürchtungen, daß ich womöglich nichts weiterzugeben hatte, wurden noch größer.

Diese Befürchtungen legten sich dann aber schlagartig, als wir uns an diesem Nachmittag mit unserer Mitarbeitergruppe trafen. Wir erzählten, was wir erlebt hatten, und dann fingen wir an, für die Mitarbeiter zu beten. Die nächsten zweieinhalb Stunden lang war die Gruppe auf mächtige Weise vom Geist überwältigt. Einige lagen am Boden und lachten, weinten, zitterten oder erlebten andere Manifestationen des Heiligen Geistes. Am nächsten Tag kam ein junges Mädchen zu mir ins Büro. Ich betete kurz für sie, und im Flur fiel sie unter der Macht des Geistes zu Boden. Plötzlich brach es auch unter anderen im Büro aus. Ich fühlte mich schon wesentlich zuversichtlicher.

Für Samstag, den 26. März, hatten wir ein Seminar über Heilung geplant. Dieses Seminar strichen wir vom Programm und verbrachten die gesamten vier Stunden statt dessen damit, füreinander zu beten. Ich bin davon überzeugt, daß wir beim gemeinsamen Austausch und Gebet mehr von den Werken Jesu erlebten, als dies der Fall gewesen wäre, wenn wir das Seminar gehalten hätten. Am nächsten Tag erlebten wir einen mächtigen Ausbruch des Heiligen Geistes in unserem Sonntagsgottesdienst. Viele wurden mit denselben Manifestationen angerührt, die ich in Toronto gesehen hatte. Für mich stand fest, daß Gott in der Tat hier bei uns in der *Vineyard*-Gemeinde in Champaign am Werke war.

Die meisten Gemeinden, die durch die Erweckung in der *Airport*-Gemeinde beeinflußt worden sind, haben sofort mit regelmäßigen Veranstaltungen angefangen, aber wir fühlten uns vom Heiligen Geist zu einem anderen Vorgehen angehalten. Wir wurden dahingehend geführt, daß wir die Gemeindeleitung in Teams von je zwei oder drei Mitarbeitern aufteilten, die wir in die Kleingruppen schickten. Auf diese Weise konnten wir für jeden in der Gruppe beten und auch Fragen beantworten. Wir haben den Eindruck, daß wir viele der Befürchtungen aus der Welt schaffen konnten, die manchen beim Gottesdienst am Sonntag morgen gekommen waren.

Was wir in den Kleingruppen erlebten, war für alle Anwesenden – vorsichtig ausgedrückt – aufschlußreich. Von der ersten Kleingruppe wußten wir, daß sie den übernatürlichen Geschehnissen skeptisch gegenüberstand. Mehrere der Gruppenmitglieder sagten sogar, daß ihnen das, was im Gottesdienst passiert war, nicht geheuer sei und daß sie in diesem Gruppentreffen nicht offen für so etwas seien. Derjenige, der die größten Bedenken hatte, sah etwa zwei Stunden lang zu, ohne etwas zu sagen. Dann erklärte er sich mit einigem Widerwillen dazu bereit, jemanden für ihn beten zu lassen, und wenig später schlug er auch schon eine ganze Stunde lang am Boden wie wild um sich. Am Ende dieses Gruppentreffens (nach Mitternacht) gestand er, daß Gott ihn auf eine Weise angesprochen habe, die er nie vergessen werde. Jesus habe ihn sogar so sehr in seine Liebe eingetaucht, daß er an nichts anderes als an Jesus denken könne.

Ähnlich erging es den übrigen Kleingruppen. Bei jedem Treffen offenbarte der Heilige Geist seine große Macht. Auch unsere Jugend- und Kindergruppen beteiligen sich; sie erleben dieselben Dinge.

Inzwischen, also gerade erst zwei Wochen danach, beten die Kleingruppen auch ohne Pastor auf übernatürliche Weise füreinander. In unseren Augen stellt dies einen bedeutenden Meilenstein dar: Die Leute werden von dem Heiligen Geist ermächtigt, den Dienst, den er schenkt, in anderen freiwerden zu lassen.

Nachtrag, 23. August 1994

Am besten läßt sich das Geschehen der letzten fünf Monate mit dem letzten Vers aus dem Johannesevangelium (Joh 21,25) beschreiben: »Es gibt aber noch vieles andere, was Jesus getan hat. Wenn man alles aufschreiben wollte, so könnte, wie ich glaube, die ganze Welt die Bücher nicht fassen, die man schreiben müßte.« Wir haben erlebt, wie Menschen radikal verändert wurden. Es hat nicht nur körperliche und psychische Heilungen gegeben, sondern auch Heilungen auf zwischenmenschlicher Ebene. Wir haben einen wunderbaren Gott!

Melanie Morgan-Dohner, Mai 1994

Melanie und ihr Mann sind Assistenzpfarrer in der *Hopkinsville Vineyard*-Gemeinde und waren während der letzten beiden Jahre als Psychotherapeuten tätig. Melanie ist Monicas Mutter; seit ihrem Vorschulalter kämpft Monica mit einer nachgewiesenen Lernschwäche.[2]

Ende Februar kamen neun Leute aus der *Vineyard*-Gemeinde in Hopkinsville (Kentucky) zur *Toronto Airport Vineyard*-Gemeinde, um das in sich aufzunehmen, was Gott dort tat. Zu diesen neun Leuten zählte auch Heather Harvey, die dreizehnjährige Tochter von Graham Harvey, unserem Hauptpastor.

Seit ihrem ersten Schultag hatte Heather mit Legasthenie zu kämpfen. Schon seit ihrer frühen Kindheit konnte sie Sprachlaute nicht richtig verarbeiten; sie hatte Mühe, den Sinn sowohl gesprochener als auch geschriebener Wörter zu begreifen. Das Lesen war ihr schon immer schwergefallen. Oft fühlte sie sich ausgegrenzt, weil sie einen großen Teil der Unterhaltung um sich her nicht verstehen konnte; es war schwer für sie, Anweisungen zu begreifen.

In Toronto bat sie um Gebet für ihre Lernschwäche. Wir waren schon vier Abende dort gewesen und hatten keine Gelegenheit zur Fürbitte ausgelassen. Während des Gebets und danach hatte Heather oft gezittert und gezuckt und manchmal auch dramatische tanzähnliche Bewegungen ausgeführt. Als jetzt jemand für ihre Legasthenie betete, fiel sie zu Boden und lag sehr still da.

Später erzählte sie uns, Engel hätten sie am Gehirn operiert. Sie hörte, wie Gott den Engeln Anweisungen gab, und man sagte ihr, sie solle stillhalten, weil »diese Operation sehr schwierig ist«. Heather berichtete auch, einer der weiblichen Engel sei so »aufgedreht« gewesen, daß er anfing, mit Heathers Gehirn zu spielen, und Gott habe ihn zur Ruhe rufen müssen: »Dies ist sehr ernst und nicht die richtige Zeit zum Spielen.« (Heather fand das sehr lustig.) Ihr war, als läge sie auf einem kalten Operationstisch, und zum Schluß sah sie eine Vision von sich selbst, wie sie für andere Freunde mit Legasthenie betete.

Am Abend nach unserer Rückkehr von Toronto kam Heather schnurstracks zu meiner Tochter Monica, die ebenfalls Legasthenikerin ist und betete für sie. Später erzählte Monica mir: »Die Engel haben meinen Kopf rasiert, von einem Ohr bis zum anderen. Dann haben sie meinen Kopf aufgeschnitten, vorn eine Öffnung gemacht und mein Gehirn herausgenommen.« Sie zeichnete ein Bild von ihrem Gehirn, wie es zu diesem Zeitpunkt ausgesehen hatte; es wies eine konkav eingedrückte Stelle auf. »Daran haben die Engel dann gearbeitet und daran gezogen, bis es wie mein übriges Gehirn nach außen gewölbt war. Dann haben sie es in meinen Kopf zurückgetan, und ich konnte das Ziehen der Nahtstiche spüren, quer über meinem Kopf.«

Ihr Nachhilfelehrer sagt: »Kein Zweifel: Die Legasthenie ist weg!« Monica hat zwar noch viel an Lernstoff aufzuholen, aber sie sagt jeden Tag: »Heute habe ich alles verstanden, was in der Schule passiert ist!«

Das war der Anfang. Heather, Monica und Heathers Schwester Autumn Morgan-Dohner haben angefangen, für alle Legastheniker zu beten, die sie kennen. Heather und Autumn konnten die Bewegungen der Engel während des Vorgangs, den sie als »Gehirnoperation« bezeichnen, beobachten. Die Erwachsenen haben dabeigestanden und zugeschaut, aber tunlichst ohne im Weg zu sein!

Heather Harvey, 13 Jahre alt

Heather kann nach eigenen Angaben in der Schule viel mehr als früher verstehen. Sie sagt, sie könne jetzt Texte auswendig lernen und sie später aufsagen. Früher brauchte sie lange dazu, um Textaufgaben zu begreifen, aber jetzt sind sie ihr verständlich; das gleiche gilt für die Anweisungen der Lehrer.

Mary Harvey, ihre Mutter, bestätigt, daß Heather das Lesen jetzt viel leichter zu fallen scheine; sie mache keine für Legastheniker typischen Fehler mehr, beispielsweise spiegelverkehrt geschriebene Buchstaben und fehlender Anlaut beim Lesen von Wörtern. Sie beschreibt eine drastische Verbesserung beim Tippen, weil die für Legastheniker so typische verdrehte Buchstabenreihenfolge früher zu vielen Fehlern geführt und das Tippen zu einer langwierigen Angelegenheit gemacht hatte. Ihr Arbeitstempo und ihre Fehlerquote sank rapide. Am auffälligsten für ihre Mutter ist die Tatsache, daß eine Begeisterung für das Lernen an die Stelle ihrer Minderwertigkeitsgefühle und Verwirrtheit getreten ist; Heather entwickelt auch eine Begeisterung für das Lesen.

Monica Morgan-Dohner, 11 Jahre alt

Monicas Zensuren haben sich schlagartig verbessert. Ihr Nachhilfelehrer sagt, daß sie zwar wie Heather eine Menge aufzuholen habe, um das Klassenziel zu erreichen, doch jetzt habe sie die Fähigkeiten dazu. Beim Lesen fängt sie mit dem Wortanlaut an; früher hat sie oft mit dem mittleren Laut oder dem Auslaut angefangen, weil sie diese als Anfangslaut gesehen hatte. Monica hatte sich große Sorgen gemacht, im nächsten Schuljahr auf der Mittelschule nicht mitzukommen, doch diese Angst legt sich inzwischen und sie staunt selbst über ihre Fähigkeit, sich zu konzentrieren, genau zuzuhören und Vorgänge um sich her zu begreifen.

Zu Hause sehen wir sie jetzt aus eigenen Stücken lesen. Sie trägt Bücher mit sich umher und nimmt sich für längere Autofahrten etwas zum Lesen mit. Vor ihrer Heilung hätte sie nichts von alledem getan. Sie beteiligt sich an den Lese- und Schreibaufgaben in der Sonntagsschule; früher hätte sie sich die Bücher und losen Blätter gar nicht erst angesehen. Wir sind glücklich über die neuen Möglichkeiten, die vor Monica liegen.

Sammy Collins, 12 Jahre alt

Während des Gebets sah und hörte Sammy nichts. Autumn dagegen sah, wie Engel an seinem Gehirn arbeiteten und wie sie ein Gewebestück von der einen Gehirnseite auf die andere Seite verlegten. In der Vergangenheit hatte er große Schwierigkeiten beim Lesen und Lernen und weigerte sich, im Beisein anderer laut vorzulesen, doch jetzt tut er es. Seine Lehrer sagen, daß er beachtliche Fortschritte im Lesen gemacht hat. Er sieht die Wörter nicht mehr verdreht!

Tina English, 13 Jahre alt

Tina ist eine von Heathers Schulkameradinnen; auch sie hatte schon immer große Schwierigkeiten in der Schule. Während Heather, Autumn und Monica für sie beteten, sah sie, wie ihr Gehirn von Engeln bearbeitet wurde; sie »werkelten« daran herum. Nach dem Gebet hatte sie für kurze Zeit Kopfschmerzen.

Danach fiel ihr das Mitkommen im Unterricht beträchtlich leichter, und ihre Zensuren verbesserten sich deutlich. Sie erreichte das Klassenziel und beabsichtigt, einen Teil der Sommerferien damit zu verbringen, Wörter zu lernen, die sie zuvor nicht lernen konnte. Sie sagt, daß sie sich vor ihrer Heilung nicht lange konzentrieren konnte und daß es ihr schwergefallen sei, Texte, die sie las, im Gedächtnis zu speichern und zu begreifen. Jetzt liest sie flüssiger und schneller und kann sich an das Gelesene erinnern.

Cindy English, Erwachsene

Auch Tinas Mutter Cindy wollte geheilt werden. Als Heather, Monica und Autumn für sie beteten, weinte sie und fühlte sich unglücklich. Die tiefen seelischen Wunden aus ihrer Schulzeit wurden wieder in ihr lebendig: Sowohl zu Hause als auch in der Schule war sie »dumm« genannt worden; sie konnte nie mit ihrer Klasse Schritt halten, und sie wußte nicht einmal, wieviel ihr verstehensmäßig entging. Ihr fiel wieder ein, wie sie einmal aus dem Klassenzimmer auf den Flur geschickt wurde, wo sie zur Strafe eine Zeitlang stehen mußte, weil sie etwas nicht begriffen hatte; dabei war ihr vollkommen unklar, was eigentlich geschehen war.

Nach dem Gebet hatte sie den Eindruck, als müsse Gott sie zuerst von ihren psychischen Wunden heilen, bevor er ihre Legasthenie heilen könne; sie glaubte, für ihre Lernschwäche bei einer späteren Gelegenheit Fürbitte suchen zu müssen. Einige Zeit später ertappte sie sich jedoch dabei, wie sie in einem Buch versank, das sie schon seit langem lesen wollte; sie las ihrem Mann sogar daraus vor. Beiden fiel auf, wie ungewöhnlich dies für sie war. Sie begannen zu vermuten, daß »etwas passiert sein mußte«. Cindy hatte früher Schwierigkeiten, sich an das Gelesene zu erinnern, und konnte jeweils nur vier bis fünf Seiten lesen, bis sie wieder von vorn anfangen mußte. Inzwischen hat sie abends bis zu achtzig Seiten gelesen und deren Inhalt abrufbar im Gedächtnis gespeichert. Früher hatte sie das Lesen wegen ihrer Verständnisprobleme als Zeitverschwendung betrachtet. Inzwischen spricht sie voller Begeisterung von den Entdeckungen, die sie in ihren Büchern macht. In Anbetracht der Tatsache, daß sie länger als die Kinder an ihrer Lernschwäche gelitten hat, freut sie sich umso lautstärker über ihre Heilung!

Belma Vardy, 20. Juli 1994

Belma ist eine begabte Tänzerin, Tanzlehrerin und Choreographin; sie leitet Tanz- und Musikworkshops in Gemeinden vieler Glaubensrichtungen in ganz Kanada, den Vereinigten Staaten und Europa. Sie war an Musikkonferenzen wie *America Arise*, *Canada Arise*, *Ministering Arts Conference* und der *International Dance Conference* in Frankreich beteiligt. Sie hat ein Musikvideo mit dem Titel *Songs for a Celebration of Dance* produziert.

Am Sonntag, den 23. Januar, begleitete ich nachmittags eine Freundin zur *Airport*-Gemeinde. Der Zweck dieses Besuchs war es, einen Brief dort abzugeben und als wir ankamen, empfing uns ein unerwarteter Anblick. Der Gottesdienst war zwar offensichtlich vorbei, aber einige Leute rollten auf dem Boden herum und lachten dabei hysterisch. Ich setzte mich hinten in den Gemeindesaal und beobachtete das Geschehen aus sicherer Entfernung.

Ich dachte: »Das kann einfach nicht echt sein; diese Leute wollen ja nur Aufmerksamkeit auf sich lenken!« Als ich Carol Arnott, die Frau des Pastors, lachend am Boden liegen sah, war ich schockiert und entsetzt über ihr Verhalten. Ich fand es total würdelos. Es löste Kritik und Mißtrauen in mir aus. Ich dachte: »Bloß gut, daß ich nicht zu dieser verrückten Gemeinde gehöre.« Es ist untertrieben zu sagen, daß das, was ich hier gesehen hatte, nicht in meine Vorstellungswelt als konservativ-evangelikale Christin paßte!

Ich stand direkt an der Tür und wollte gerade gehen, als jemand auf mich zukam und mich fragte, ob schon für mich gebetet worden sei. Ich verneinte die Frage und dachte dabei: »Fürbitte kann ich eigentlich immer gut gebrauchen. Wenn das hier von dir ist, Gott, dann will ich das annehmen, was du für mich bereithältst. Wenn es nicht von dir ist, Gott, dann verschone mich damit.« Im nächsten Moment standen auch schon ungefähr zehn Leute um mich herum. Als sie anfingen, für mich zu beten, spürte ich, wie mein Gesicht von einem Wärmegefühl durchdrungen wurde. Ich hatte das Gefühl, als hätte ich das Gesicht des Herrn unmittelbar vor meinem Gesicht und mir war, als werde ich ganz langsam von seiner Liebe erfüllt.

Dieses Gebetserlebnis war so positiv, daß ich beschloß, eine der Sonderveranstaltungen zu besuchen, um mir ein Bild von dem zu machen, was hier eigentlich los war. Ich bin von Natur aus kritisch veranlagt und akzeptiere so gut wie nichts, was ich nicht vorher gründlich überprüft habe. Während der nächsten Monate ging ich durchschnittlich zu drei Veranstaltungen pro Woche, um das Geschehen zu beobachten; ich war zwar fasziniert davon, war mir aber nicht hundertprozentig sicher, daß es von Gott war. Ich persönlich erlebte keine der äußeren Manifestationen, die ich um mich her sah, aber ich stellte fest, daß sich meine Einstellung zu manchen Dingen und die Art, wie ich mit anderen umging, änderte. Ich merkte, daß ich anderen mit größerer Freiheit verzeihen konnte, und zugleich wurden mir auch Dinge viel bewußter, für die ich um Vergebung bitten mußte. Meistens war dies während meiner persönlichen »Stillen Zeit« der Fall, wenn ich mit dem Herrn allein war; auch diese hatte sich verändert, weil ich jetzt mehr danach hungerte und dürstete, ein vertrauteres Verhältnis zu Gott zu bekommen.

Als das alles passierte, fing ich an zu glauben, daß das, was ich in der *Airport*-Gemeinde erlebte, in der Tat ein Wirken Gottes war, und ich wurde aufgeschlossener und offener für die Vorgänge dort.

Ich erzählte einer Freundin von dem Geschehen in der *Vineyard*-Gemeinde und von den grundlegenden inneren Veränderungen bei mir. Am 22. März kam sie auf meine Einladung hin mit mir zu der Veranstaltung, aber bevor wir dort eintrafen, fragte sie mich, ob sie wohl selbst von einer Manifestation betroffen werden würde. Ich sagte ihr, sie sei in völliger Sicherheit. »Dir wird schon nichts passieren; ich gehe jetzt schon seit Wochen zu den Veranstaltungen, und ich habe noch keine einzige Manifestation an mir selbst erlebt.«

Wie immer war das Programm großartig. Als Pastor John die Ankündigungen gab, merkte ich, wie ein Freund, der links von mir saß, sonderbare Geräusche von sich gab und leichte Zuckbewegungen machte. Ich hatte den Eindruck, als wolle er ein Lachen unterdrücken. So hatte ich ihn noch nie erlebt; sein Verhalten schien ihm selbst peinlich zu sein. Ich machte meine Freundin auf ihn aufmerksam. Zu unserer beider Überraschung brach er in Hysterie aus. Wir begriffen nicht, was mit ihm los war. Urplötzlich war uns, als öffne sich der Himmel und schüttete auch auf uns einen Eimer voller Gelächter aus. Wir waren restlos übermannt und kreischten vor Lachen. So sehr wir uns auch bemühten, wir konnten einfach nicht aufhören – wir waren vollkommen machtlos dagegen. Meine Freundin fiel seitlich hin, und ich fiel mit dem Kopf auf ihre Hüfte, total »undamenhaft«. Wir versuchten, uns wieder hinzusetzen und die Beherrschung wiederzugewinnen, aber vergeblich. Kaum saßen wir wieder, als wir erneut hinfielen. Als ich mich an einem Stuhl hochziehen wollte, landete ich zwischen zwei Stuhlreihen am Boden. Meine

Freundin lag quer über den Plätzen und kroch wie ein Wurm auf ihnen entlang; dabei lachte sie hysterisch und versuchte, von mir wegzukommen. Immer wenn wir einander berührten, fing das unbezähmbare hysterische Lachen wieder an, bis wir schließlich so laut keuchten und lachten, daß wir die Veranstaltung störten. Wir selbst hatten das Gefühl, von einer Wand des Schweigens umgeben zu sein; wir konnten zwar jemanden reden sehen, aber wir konnten nichts hören. Es war, als feierten wir eine kleine Privatparty.

Am Ende des Abends verließen wir das Gebäude buchstäblich auf Händen und Knien. Das war uns überhaupt nicht peinlich; es war uns völlig egal, welch einen Anblick wir abgaben und welche Geräusche wir dabei machten. Außerdem schien jedermann es vollkommen normal zu finden, das Gebäude auf diese Art zu verlassen! Ich war eigentlich schon immer ein Mensch, der Wert auf Manieren und Anstand gelegt hat; dieses Verhalten war total untypisch für mich.

Als ich am nächsten Morgen aufwachte, fühlte ich mich unwahrscheinlich von der Gegenwart Gottes erfüllt. Ich fühlte mich erfrischt und verspürte eine tiefere Liebe zu meinem himmlischen Vater. Meine Freundin und ich beschlossen, an diesem Abend wieder zur *Airport*-Gemeinde zu gehen – aber diesmal in Skihosen!

Vor der Veranstaltung hatte ich zu dem Herrn gesagt: »Ganz egal, was nötig ist, um mich zu ändern und dir ähnlicher zu werden, Herr: Ich bin offen dafür. Ich gehöre dir.« Pastor John rief mich nach vorn, um von dem zu berichten, was Gott am Abend zuvor in mir getan hatte. Dies kam völlig unerwartet, und ich konnte nicht sprechen. Ich öffnete den Mund, aber ich brachte kein Wort zustande. Fünf Minuten lang stand ich so da, und dann brach das Lachen wieder aus. Das Gebetsteam betete für mich, und ich fiel zu Boden, ohne auch nur berührt worden zu sein.

Als ich an diesem Abend in der *Airport Vineyard*-Gemeinde auf dem Fußboden lag, spürte ich die wunderbare Gegenwart Gottes. Ich lag drei Stunden lang da, etwas, was ich noch nie getan hatte – zumindest nicht in einer Kirche! Als ich dalag, spürte ich, daß mein physischer Körper nicht in der Lage war aufzustehen, und während ich »ruhte«, erlebte ich etwas, was sich am besten als Erlebnis »außerhalb des Leibes« beschreiben läßt.

Ich sah mich auf einer grünen Weide, wo ich Hand in Hand mit Jesus umherging. Wir kamen an einen Fluß, und er sagte mir, daß dies der Fluß des Lebens sei, »das Wasser des Lebens, klar wie Kristall; er geht vom Thron Gottes und des Lammes aus« (Offb 22,1). Der erste Teil des Flusses war sehr seicht, etwa nur dreißig Zentimeter tief. Als wir weiter in den Fluß gingen, merkte ich, daß das Wasser durch mein Bein floß, nicht um es herum. Beim Weitergehen empfand ich ein Gefühl der Frische, das meinen Körper von den Zehen bis zum Kopf durchflutete.

Nach den drei Stunden kam ich mühsam auf die Beine und mußte mich nach Hause bringen lassen. In dieser Nacht wurde ich um zwei Uhr früh wach. Ich schlug die Augen auf und war sofort hellwach. Ich hörte eine Stimme sagen:»Sieh dir dein Bein an.«(Seit Juli 1988 hatte ich eine Wucherung an meinem Bein. Es fing mit einer Art Ausschlag an, aber inzwischen bedeckte sie eine Fläche von etwa zehn Zentimetern Länge und fünf Zentimetern Breite, hob sich etwa eineinhalb Millimeter von der übrigen Haut ab und war extrem unangenehm und schmerzhaft und verursachte einen starken Juckreiz. Im Laufe dieser sechs Jahre war ich oft beim Arzt gewesen, und dieser hatte mir erklärt, es handle sich um eine Hautveränderung, mit der ich mich für den Rest meines Lebens abfinden müsse; es gebe nichts, was man dagegen tun könne.)

Mir war blitzartig klar, daß ich das Bein mit der Wucherung ansehen sollte. Die Wucherung war restlos verschwunden! Ich schnappte nach Luft und faßte die Stelle an. Ich strich mit der Hand darüber und war vollkommen überwältigt. Ich glaubte zu träumen …»Wo ist der Fleck? Herr, was ist passiert?«Als ich am Morgen aufwachte, wußte ich, daß es kein Traum gewesen war, und staunte über diese Heilung. Ich konnte es kaum fassen, daß Gott mich so sehr liebte, daß er mich geheilt hatte.

In der folgenden Nacht hatte ich einen Traum. In diesem Traum sah ich alles, was ich am Abend zuvor erlebt hatte, als ich in der *Airport*-Gemeinde auf dem Boden gelegen hatte, noch einmal vor mir ablaufen. Wieder ging ich Hand in Hand mit dem Herrn im Himmel umher. Wir kamen an den Fluß, und er sagte:»Dies ist der Fluß des Lebens. Er enthält Heilung. Als wir ihn durchquerten, wurdest du geheilt. Mein Kind, ich liebe dich; nimm meine Liebe an.«In dem Moment wachte ich weinend auf.

Einige Zeit später machte ich einen Termin bei meinem Arzt aus, um mein Bein untersuchen zu lassen. Der Arzt untersuchte die Stelle, wo die Wucherung gewesen war; die Arzthelferin schaute zu und sah dann in der Kartei nach; ich war immerhin schon häufig in der Praxis gewesen, um mir eine Salbe verschreiben zu lassen. Sowohl der Arzt als auch die Arzthelferin staunten nicht schlecht und meinten, ich hätte großes Glück gehabt, da solche Hautveränderungen normalerweise nicht von selbst heilen. Sie erkundigten sich, was passiert sei, und ich sagte ihnen, ich sei mir ganz sicher, daß Gott mich geheilt habe. Die Arzthelferin sagte:»Ich glaube Ihnen, Belma; ich habe so ein unbestimmtes Gefühl, als würde bald etwas ganz Wunderbares passieren. Beinahe, als vereinten sich das Medizinische und das Geistliche zu einem Ganzen!«

Auf dem Weg aus der Praxis dankte ich dem Herrn für seine Gegenwart und für die Gelegenheit, dem Arzt und der Arzthelferin von meinem Glauben zu erzählen. Ich gebe dem Herrn Jesus alle Ehre für seine Gnade und sein Erbarmen, mit dem er mich überschüttet hat!

Es gibt noch viel mehr zu berichten, was Gott in diesem Jahr seit der Erweckung an mir getan hat. Nach wie vor gehe ich jede Woche zu zwei Veranstaltungen. Ich habe längst aufgehört, mir Vorstellungen von dem zu machen, was passieren oder nicht passieren könnte, und ich lasse mich bereitwillig in die Gegenwart Jesu ziehen. Ich hatte seither keine weiteren physischen Manifestationen, aber diese sind nicht so bedeutsam wie das souveräne Handeln von Gottes Geist in meinem Herzen – besonders das Bewirken einer tiefen Umkehr aufgrund der übergroßen Gnade; ich weiß, daß Gott mir da begegnet, wo ich bin.

Ich habe eine neue Liebe zum Herrn, eine viel tiefere als je zuvor, und zugleich ein Sehnen und ein Dürsten danach, näher zu ihm zu gelangen, einen Hunger danach, ihn besser zu kennen. Ich möchte mein Ich aus den Augen verlieren und mich ihm vollkommen ausliefern; ich möchte seinen Willen für mein Leben erfahren. Ich will nur seine Gegenwart, sein Vorhaben und seinen Zweck für mein Leben. Ich habe entdeckt, daß ich ein tieferes Vertrauen in ihn setze und ein tieferes Verständnis davon habe, wie sehr er mich liebt. Ich lese sein Wort mit einer neuen Leidenschaft, und wie eine Braut in ihren Bräutigam verliebt ist, habe ich mich aufs neue in Jesus verliebt.

Das Lachen hat mich viermal zu Hause überwältigt. Wenn ich mich ihm hingebe und unterwerfe und mich von ihm formen lasse, füllt er mein leeres Herz ein ums andere Mal und überschüttet mich mit seiner Macht und seiner Herrlichkeit. In meiner Zeit mit ihm allein erfrischt er mich und gibt mir neue Kraft, und er füllt mich aufs neue mit Leben. Eines Morgens führte er mir die Wahrheit der Worte aus Kohelet 3,14 vor Augen: »Jetzt erkannte ich: Alles, was Gott tut, geschieht in Ewigkeit. Man kann nichts hinzufügen und nichts abschneiden, und Gott hat bewirkt, daß die Menschen ihn fürchten.«

Terry Bone, 5. August 1994

Terry ist siebenunddreißig Jahre alt, verheiratet und Vater von drei Kindern. Er ist seit acht Jahren vollzeitlich im Pfarrdienst; die letzten beiden Jahre leitet er eine Gemeinde in Grimsby, die durchschnittlich einhundertfünfundzwanzig Besucher im Sonntagsgottesdienst zählt. Er wuchs in einer Familie auf, die nur dem Namen nach Christen waren, und wurde bei der Freizeit einer Brüdergemeinde gläubig. Er schloß sich einer *Jesus-People*-Gruppe an, heiratete die Tochter eines geisterfüllten lutherischen Pfarrers und gehört der Pfingstgemeinde an.[3]

Im Januar 1994 machte unsere Gemeinde ein paar typische »Übergangskrisen« in ihrem Dienst durch. Dieser Prozeß brachte einige meiner eigenen langjährigen Problempunkte an die Oberfläche, und ich war nicht besonders erfreut über das, was ich da an mir selbst sehen mußte.

Im Februar riefen mich unabhängig voneinander zwei Freunde an, die von dem Geschehen in der *Toronto Airport Vineyard*-Gemeinde gehört hatten. Beide sagten mir, sie fühlten sich von Gott dazu angehalten, mich anzurufen; ich solle mir die Sache näher ansehen. Meine Reaktion zu dem Zeitpunkt lautete:»Das ist zwar gut und schön für die Leute in Toronto, aber der Herr weiß ja, wo ich wohne, und wenn er eine Erweckung nach Grimsby (Ontario) bringen will, dann bin ich jederzeit bereit.« Ich hielt es für ein Zeichen der besonderen Glaubensreife, nicht hinter den Segnungen anderer herzurennen.

Bis zum März war mir klargeworden, daß meine Effektivität als Pfarrer auf ein Minimum herabgesunken war, da sie sich auf nichts als menschliches Abstrampeln stützte. Ich leitete zwar nach wie vor Gebetsversammlungen, aber persönlich litt ich zweifellos an einer inneren »Energiekrise«.

Ich muß gestehen, daß ich, obwohl ich Pfingstler bin, im Laufe der Jahre eine Aversion gegen offene Manifestationen des Heiligen Geistes entwickelt hatte, weil ich zuviel erleben mußte, was einfach nicht echt zu sein schien. Zweimal bin ich von jemandem zu Boden gestoßen worden, der mich in seinem Übereifer handgreiflich in den Zustand des »Ruhens im Geist« versetzen wollte. Die Veranstaltungen, die ich leitete, waren dagegen von Ordnung und Pünktlichkeit gekennzeichnet. Meine Berufsausbildung auf dem Gebiet der Computersystemanalyse scheint mich mit einem analytischen Ansatz auf allen Bereichen des Lebens ausgestattet zu haben, einschließlich bei den »Dingen des Geistes«!

Im März berief die Leitung unseres überörtlichen Gemeindeverbandes eine besondere Gebetsversammlung für Pfarrer ein. Als ich während dieser Versammlung mit geschlossenen Augen betete, zeigte der Herr mir ein Bild meiner Seele, und eine große Hand langte von oben in meine Seele hinein, um ein Etwas, das die Aufschrift »Angst« trug, daraus zu entfernen. In dem Moment wurde mir klar, daß der Herr mir meine Angst vor allem Unechten und die Angst vor dem Verlust der Selbstkontrolle nahm – zwei Ängste, die bei mir Hand in Hand gingen. Ein paar Sekunden später fiel ich rückwärts auf den Boden, wo ich eine halbe Stunde lang liegenblieb und weinte, während der Geist Gottes eine innere Heilung bewirkte. An diesem Tag war mit meiner geliebten Ordnung kein großer Staat mehr zu machen.

Ein paar Wochen später ging ich zu dem Mittwochstreffen für Pastoren in die *Airport Vineyard*-Gemeinde. Ich ging mit anderen Pfarrern aus der

Umgebung in das Café neben dem Gemeindesaal, und nachdem sich jeder kurz vorgestellt hatte, stellten sich zwei Baptistenpfarrer, ein Pfarrer von der *United Church*, ein Bibelschullehrer und zwei *Vineyard*-Leiter (von diesen Leuten kannte ich niemanden persönlich) um meinen Stuhl und fingen an, leise zu beten. Plötzlich betete einer von ihnen mit einer solchen Einsicht, die ihm nur vom Geist direkt gegeben worden sein konnte. Ein anderer brach die Fesseln des Unglaubens, und ein weiterer weissagte etwas über mich und meine Gemeinde. Die Gegenwart des Geistes lastete so schwer auf mir, daß ich schließlich vom Stuhl auf den Boden fiel. In ihrer Entschlossenheit ließen diese Männer nicht nach; einer betete: »Mehr Feuer, Herr«, und mein Körper verkrampfte sich, während ich am ganzen Leib ein seltsames Gefühl verspürte. Es war, als tue Gott tief in meinem Inneren etwas, was ich nicht begreifen konnte.

Die Situation war nicht etwa »außer Kontrolle«. Ich verspürte keine Angst dabei, und ich hatte das Gefühl, als könne ich das Geschehen jederzeit beenden – doch das genau wollte ich auf keinen Fall!

An diesem Abend fuhr ich zu meiner Gemeinde, um ein Planungstreffen für unser Gemeindepicknick zu leiten. Ich predigte nicht, ich betete nicht, ich ließ auch keine Lieder singen. Wir redeten lediglich über Banalitäten wie wer das Essen vorbereitet und wer anschließend aufräumt. Als ich das Treffen mit einem einfachen Gebet beenden wollte, sagte der Heilige Geist klar und deutlich zu mir: »Es gibt viel Arbeit zu tun.« Diese Worte gab ich an die zwölf Leute weiter, die zu dem Treffen gekommen waren, und wir warteten alle im stillen Gebet. Innerhalb von wenigen Minuten brachen mächtige physische Manifestationen aus, und als wir anderthalb Stunden später fertig waren, waren einige zu Boden gefallen, einer tanzte vor Freude, eine sonst so ruhige und reservierte Frau hatte angefangen zu lachen, und andere weinten beim Freiwerden des Geistes tief in ihrem Inneren. Erstaunt und gesegnet gingen wir nach Hause.

Während der nächsten drei Wochen fuhr ich wiederholt zur *Airport Vineyard*-Gemeinde, um den Heiligen Geist ganz in mich aufzunehmen. In unserer Gemeinde daheim brachte jede Zusammenkunft neue Freuden und Überraschungen mit sich. Am Tag vor unserem Sonntagsgottesdienst am 5. Juni redete der Geist deutlich in meinem Herzen und sagte: »Ich will Feuer bringen.«

»Gut, Herr«, antwortete ich, »ich versuche, alles vorzubereiten.« Als erstes strich ich meine fertige Predigt vom Programm (was nie einfach ist) und dann beeilte ich mich, Bibelzitate zu dem Wort »Feuer« durch den Computer suchen zu lassen.

An diesem Abend brachte meine Frau einige Bedenken über die Manifestationen der letzten Zeit zum Ausdruck, besonders was das Fallen und das Gelächter betraf.

Am nächsten Morgen hielt ich meine »Feuer-Predigt«, und bei der Gebetszeit danach brach eine Frau so heftig in Lachen aus, daß sie auf eine andere Frau fiel. Dann, am Ende des Abendgottesdienstes öffnete der Himmel sozusagen seine Schleusen und ergoß sich auf uns. Ich hatte alle, die Gebet wünschten, einfach aufgefordert, nach vorn zu kommen. Etwa vierzig kamen nach vorn. Ich stand mit meiner Gitarre am Rande des Geschehens und sah zu, wie die Leute reihenweise zu Boden fielen. Meine zuvor so skeptische Frau wurde von einem heftigen Lachen des Geistes ergriffen, fiel zu Boden und konnte zwei Stunden lang nicht aufstehen. Die Frau des Assistenzpastors begann zu zittern und zu stöhnen und fiel neben meiner Frau auf den Boden. Die nächsten zwei Stunden lang lachte die eine immer, sobald die andere stöhnte und umgekehrt! Später kam mein zwölfjähriger Sohn nach vorn und sagte: »Ich glaube, Kinder können das auch erleben, Dad.« Sobald er die Hände erhoben hatte, fing er an zu schluchzen, fiel zu Boden und lachte wenig später so laut und lange wie noch nie in seinem Leben. Nach dreißig Minuten strömten zum ersten Mal Sprachengebete aus ihm hervor! Kurze Zeit danach fiel auch meine zehnjährige Tochter zu Boden, blieb mit hochgestreckten Händen dort liegen und lobte Gott.

Im Verlauf des Abends gab Gott meiner Frau ein Bild von unserem Gemeinderaum als Operationssaal, wobei alle, die über anderen beteten, die Operationsschwestern waren.

Über die nächsten zwei Wochen hinweg hielten wir an zwei Abenden pro Woche Veranstaltungen dieser Art. Ich war bei jeder davon anwesend und staunte darüber, wie Leute, die ich gut kenne, sich allem Anschein nach völlig untypisch benahmen und dabei haargenau das zu empfangen schienen, was Gott für sie bereithielt. Diese Erlebnisse haben inzwischen schon echte Frucht hervorgebracht. Ein Mann, der soeben in der *Airport Vineyard*-Gemeinde seine erste »Begegnung mit dem Teppich« gemacht hatte, stand auf und gestand öffentlich, daß der Herr einen tiefsitzenden Groll gegen seinen Pastor von ihm genommen habe (der Pastor war übrigens der Mann, der mit dem Mikrophon in der Hand neben ihm stand – ich), ebenso einen Groll gegen einige Angehörige. Viele berichten von einer persönlichen Erneuerung, einer neuen Leidenschaft für den Herrn und einer Verbesserung ihrer zwischenmenschlichen Beziehungen. Mehrere haben von einem größeren Glauben gesprochen, und dies zeigt sich in ihrer Bereitschaft, für andere zu beten und sich in unsere Gemeindearbeit einzubringen.

Im Verlauf der Monate haben wir viele ungewöhnliche Reaktionen auf das machtvolle Wirken des Heiligen Geistes erlebt; als aber die Manifestation, die unter der Bezeichnung »das Brüllen des Löwen« bekannt ist, in der *Vineyard*-Gemeinde aufzutreten begann, fand ich, daß dieses Wirken des Geistes im Begriff war zu entgleisen und Gefahr lief, ins Abwegige abzurutschen. Ich glaubte, meine Grenzen erreicht zu haben. Eine kurze Zeit lang nahm ich Abstand von meinem »Suchen und Aufsaugen« (dem persönlichen Anflehen Gottes um mehr Vollmacht und dem kontinuierlichen Besuch von Veranstaltungen, in denen seine Macht manifest gegenwärtig war). Das Ergebnis war, daß ich selbst es war, der hier zu entgleisen begann.

Bei meiner Rückkehr zu den Pastorentreffen in der *Airport*-Gemeinde schloß ich mich der Gruppe im Café an, um für andere zu beten, doch wieder kamen diese vom Geist geführten Männer auf mich zu und stellten sich um mich. Früher an diesem Tag hatte ich gesagt, ich persönlich verspüre kein Bedürfnis nach einigen der fraglichen Manifestationen und erwarte nicht, daß diese bei mir auftraten. Als die Männer aber nun leise für mich beteten, zeigte der Herr mir einen Bereich in meinem Leben, der noch von meinem »Ich« beherrscht wurde. Daraufhin spürte ich ein unerwartetes, geistgewirktes »Brüllen« in mir aufsteigen. Es wurde immer stärker, bis ich ihm schließlich mit meiner Stimme Ausdruck geben mußte. Als ich dies tat, spürte ich, wie Jesus, der »Löwe Judas«, in mir war, um die Macht der Sünde buchstäblich aus mir zu verjagen und seinen gerechten Zorn über die verbleibende Gefangenschaft meiner Seele hören zu lassen. Es folgten eine Weissagung und ein Zittern meiner rechten Körperhälfte, das fast eine Stunde lang anhielt.

Das Resultat dieses Erlebnisses? Ich stelle einen größeren Glauben an mir fest, mehr Mut und Freiheit, prophetisch zu reden und eine größere Bevollmächtigung meines Dienstes, wenn ich für andere bete – der Heilige Geist kommt mit einer Macht wie noch nie zuvor.

Ich staune darüber, wie unerforschlich Gottes Wege sind. Warum war es notwendig, daß ich diese seltsamen, aber wunderbaren Manifestationen erleben mußte, bevor ich einen effektiveren Dienst tun und ein Freiwerden des Geistes erleben konnte? Nach wie vor habe ich einen Dienst des Lehrens, aber dieser beschäftigt sich jetzt oft mit dem, was Gott zur Zeit tut, nicht so sehr mit dem, was wir uns in der Zukunft von ihm erhoffen. Unser Gott erscheint größer, und unsere Probleme erscheinen kleiner. Gott gibt jedem von uns, was wir brauchen, selbst wenn wir nicht einmal wissen, was das ist!

Wir schulen Mitarbeiter darin, während der Gebetszeiten effektiv zu handeln, und wir planen noch weitere Sonderveranstaltungen. Bleibt nur noch zu sagen: »Komm, Heiliger Geist!«

Alan Wiseman, 8. August 1994

In den letzten drei Monaten hat mein Glaubensleben beträchtlich an Dynamik gewonnen. Ich habe versucht, schriftlich festzuhalten, was Gott in meinem Leben getan hat, doch es war außerordentlich schwierig, damit Schritt zu halten. Er scheint in einem noch nie dagewesenen Tempo mit mir zu reden, durch mich zu handeln und die Menschen um mich her anzurühren. Ich preise Gott für alles, was er getan hat und ich bete, daß die Macht, durch die er mich Christus immer ähnlicher macht, anhält und sogar noch stärker wird, damit Jesus in mir jeden Tag mehr verherrlicht werde, bis ich ihn von Angesicht zu Angesicht sehe.

Ich bin der Sohn eines Missionarsehepaars; aufgewachsen bin ich in Südafrika. Ich habe eine klassische Musikausbildung erhalten und war über zehn Jahre lang musikalischer Leiter in zwei Baptistengemeinden und einer presbyterianischen Kirche. Ich habe ein Musikstudium und ein Theologiestudium absolviert, letzteres an dem *Ontario Theological Seminary*. Viele Jahre lang habe ich aus sicherer Entfernung das bestaunt, was Gott in den *Vineyard*-Gemeinden tat, fühlte mich aber nie gedrängt, mich diesen Gemeinden anzuschließen oder Kontakt mit ihnen zu pflegen. Ich wartete auf etwas anderes.

Als ich ein Teenager war, betete eine Missionarin in Südafrika für mich, und ich wurde mit dem Heiligen Geist erfüllt und bekam die Gabe des Sprachengebets. Da meine Familie und die Gemeinde den Geistesgaben gegenüber negativ eingestellt waren und die Ansicht vertraten, die Geistesgaben schafften Uneinigkeit, behielt ich diesen Segen für mich. Ich habe mich sowohl beruflich als auch privat immer in konservativen evangelikalen Kreisen bewegt, welche die übernatürlicheren Gaben des Geistes nicht praktizieren, und habe daher die Träume, Visionen und prophetischen Worte, die ich empfing, verheimlicht. Sogar das Lachen des Geistes habe ich erlebt, das neuerdings in der *Airport*-Gemeinde auftritt, aber das war vor Jahren, und ich war damals ganz allein damit.

Seit Jahren habe ich für eine Erneuerung in meinem konservativen Umfeld gebetet, in dem ich meiner Berufung nachkam, aber immer stand ich vor dem folgenden Dilemma: Ich wünschte mir eine charismatische Gemeinde, in der ich alle Gaben, von denen ich glaubte, sie von Gott geschenkt bekommen zu haben, frei ausüben konnte, aber andererseits wünschte ich mir auch ein intellektuelles und ästhetisch ansprechendes Klima. Was mir da vorschwebte, war wohl eine charismatische Hochkirche. Bei den charismatischen Gemeinden, die ich kannte, hatte ich jedoch den Eindruck, daß sie von relativ ungebildeten Leuten geleitet wurden, die simple und ästhetisch unschöne Musik in ihren Gottesdiensten verwendeten. Ich zog es vor, zu bleiben, wo ich war, und weiterhin dafür zu beten, daß Gott die traditionellen Gemeinden mit derselben Macht erneuerte, die in den *Vineyard*-Gemeinden offenkundig geworden war. Wenn das einträfe, hätte ich die Form der charismatischen Erneuerung, die auch für kulturell Anspruchsvollere geeignet wäre ... (für meine entsetzliche Überheblichkeit bitte ich um Verzeihung).

Am 31. März 1994 ging ich zur *Airport*-Gemeinde. Ich hatte von Freunden gehört, daß Gott hier mit Macht handle und daß es viele Manifestationen seiner Gegenwart gab. Bei unserer Ankunft trafen wir auf einige Freunde, und gemeinsam setzten wir uns, wie es sich für gute Baptisten gehört, in eine der hinteren Reihen. Was ich bei dieser Veranstaltung erlebte, bombardierte meine Sinne. Ich hörte Leute lachen, ich sah Leute zittern und zucken, und ich fand das Ganze sehr verwirrend. Etwa nach einer Stunde verließ ich die Veranstaltung und ging in einen Coffeeshop in der Nähe. Ich war derartig überfordert von dem, was ich gesehen hatte, daß ich in Ruhe nachdenken und nur normale Leute um mich haben wollte. Kurze Zeit später ging ich zu der Veranstaltung zurück; wir blieben, bis vorne im Saal gebetet wurde, und dann gingen wir nach Hause. Meine Frau und ich waren uns ziemlich sicher, daß das, was wir gesehen hatten, die Kraft Gottes war, aber ich war davon überzeugt, daß unsachgemäß mit ihr umgegangen wurde. Ich war der Ansicht, daß der ganze Stil zu locker und unorganisiert war, und die Musik sagte mir ganz und gar nicht zu.

Nachdem ich zu dem Schluß gekommen war, daß das, was ich in der *Vineyard*-Gemeinde erlebt hatte, von Gott kommen mußte, war es ein demütigender Schritt für mich zu sagen: »Herr, ich glaube, daß dies von dir ist. Ich möchte mehr von dir, und wenn ich zittern und zucken muß, um es zu empfangen, dann werde ich halt zittern und zucken. Bitte segne mich.« Gelobt sei Gott, denn ich habe von ihm empfangen, was ich mir gewünscht hatte, und ich lobe ihn sogar noch mehr dafür, daß ich es in aller Demut über diese *Vineyard*-Gemeinde und unter reichlich verrücktem Verhalten meinerseits empfangen habe.

Während der nächsten Monate nahm ich jede Gelegenheit war, um wiederzukommen. Das Gebetsteam in der *Airport*-Gemeinde hat oft für mich gebetet, und ich bin sehr dadurch gesegnet worden. Die Macht des Geistes hat sich auf heftige – manchmal sogar auf gewaltige – Weise an mir manifestiert und zwar durch Zittern, Lachen, Weinen und »Löwengebrüll«! Für mich stellen diese Erlebnisse im Grunde genommen nicht die Folgen einer nagelneuen Gabe dar. Es stimmt zwar, daß ich seit meinem ersten Besuch in der *Vineyard*-Gemeinde viel Neues erlebt habe, doch dies ist nur deshalb so, weil ich mehr von dem empfangen habe, was ich schon hatte. Ich habe eine Flut der Kraft des Geistes empfangen – mein armer Körper hatte seine liebe Last, damit fertigzuwerden – wochenlang hatte ich Muskelschmerzen! Ich sehe das Handeln Gottes bei meiner Erneuerung eher als Intensivierung und Vermehrung seines Wirkens, das er schon zuvor in mir begonnen hatte. Als in der *Vineyard*-Gemeinde für mich gebetet wurde, beschleunigte sich das Wirken Gottes in meinem Leben mit einem unglaublichen Tempo. Ich hatte vor meinem ersten Besuch in der *Vineyard*-Gemeinde schon Fortschritte mit meiner Gabe der Weissagung gemacht, aber danach ist diese Gabe sehr viel mächtiger geworden. Jetzt wird die Gabe durch physische Manifestationen begleitet, die so stark sind, daß meine Arme und Beine zittern! Ich bin dankbar – nicht so sehr für die neuen Manifestationen, sondern für die neue Vollmacht in meinem Dienst an anderen.

Vielleicht betrachten manche die Manifestationen als höchst wünschenswert. Bei mir ist dies nicht der Fall. Die Manifestationen sind peinlich und demütigend für mich gewesen. In den konservativen Kreisen, in denen ich mich bewege, ist es äußerst unangenehm, wenn man bei der Arbeit von aufsehenerregenden Manifestationen heimgesucht wird! Beispielsweise saß ich kurz nach einem Gebetsdienst am Computer, um das Bekanntmachungsblatt zu tippen, und beim Abtippen der Gottesdienstordnung kam ich an die Worte »Komm, Heiliger Geist«. Unverzüglich bekam ich einen Zitteranfall und hüpfte auf meinem berädertem Schreibtischstuhl umher! Solcherlei Manifestationen sind zuweilen geradezu aufdringlich! Ich mußte es lernen, einfach zu lachen und Gott für sie zu danken.

Über die letzten paar Monate hinweg habe ich eine geheimnisvolle Logik und Bedeutung entdeckt, die hinter den Zuckbewegungen stecken. Wenn ich mich unter der Macht des Geistes befinde und anfange zu zucken, dann reagiert mein Körper sehr stark auf die Absichten und das Handeln des Geistes. Das Zucken scheint von der Macht des Geistes ausgelöst zu werden, aber die Art, in der ich zucke, scheint das widerzuspiegeln, was er damit bezweckt. Wenn der Geist jemanden erfüllen möchte, fliegen meine Arme mit Kreisbewegungen durch die Luft; wenn er eine Gebundenheit brechen will, fangen meine Arme an, in die Luft zu hacken. Es gibt ein umfangreiches Repertoire an kinetischer Körpersprache, das die Absichten und das Handeln des Geistes zu symbolisieren scheint. Die Wege Gottes erstaunen und demütigen mich.

Jedes Erlebnis mit der Gegenwart und der Kraft des Heiligen Geistes hatte eine große Bedeutung für mein Leben, doch es würde viel zu weit führen, sie alle zu schildern. Lieber möchte ich über die Änderungen in meinem Herzen und das neue Verständnis schreiben, das ich von Gottes Handeln in seiner Kirche habe. Im Verlauf der letzten beiden Jahre hatte ich kontinuierlich mehr über die Kraft Christi in mir gelernt. Er hatte mir den Mut gegeben,

Dinge für ihn zu tun, zu denen ich zuvor zu schwach gewesen war. Diese Kraft hat nun enorm zugenommen, und Gott hat sie prophetisch manifestiert, indem er mich wie einen Löwen brüllen ließ. Als ich auf die Fürbitte des Gebetsteams hin zum ersten Mal wie ein Löwe brüllte, spürte ich eine Welle der löwenartigen Kraft, was ein ausgesprochen schönes Gefühl war. Ich schien die Unbesiegbarkeit Christi zu spüren. Verbunden mit diesem Bewußtsein der Kraft Christi spürte ich auch seinen Zorn auf seine Feinde und ein Wissen um deren bevorstehenden Untergang.

Diese neue Kraft, die ich wie ein Einströmen der Liebe Gottes in mein Leben erfahren habe, wirkt geradezu elektrisierend. Sie beflügelt meine Liebe zu Gott und zu anderen. Sie intensiviert meinen Wunsch zum Dienen und sie erfüllt mich, wenn ich diene. Sie macht meine geistlichen Gaben wirkungsvoller, indem sie diese anfacht und schürt. Dies ist etwas, was wir alle dringendst brauchen. Vielleicht brauchen wir nicht alle das Zittern und Zucken, aber wir brauchen seine Liebe und seine Vollmacht.

Ich habe schon von der zusätzlichen Kraft gesprochen, mit der meine Geistesgaben bereichert worden sind, ebenso von dem Zuwachs an der Kraft Christi in mir; nun möchte ich das kostbarste Geschenk schildern, das ich je empfangen habe.

Seit meiner Jugend habe ich ein relativ diszipliniertes Leben als Christ geführt. Ich habe hart darum gekämpft, Christus mehr als alles andere zu lieben und ihm die höchste Priorität einzuräumen. Ich habe aber auch hart mit großen Versuchungen gekämpft. Christus hat mir viele Siege geschenkt, aber es war ein Kampf. Als dieses Wirken auf die Fürbitte des Gebetsteams hin in meinem Herzen anfing, kam mir »orkanartig« eine neue Erkenntnis: Jesus liebte mich sehnsüchtig! Ich konnte es gar nicht glauben. Ich hatte schon immer gewußt, daß er mich liebte. Aber das hatte ich für die Standardhaltung des Himmels hinsichtlich der gesamten Schöpfung gehalten. Ich hatte nicht geahnt, daß er sich mit richtigen Emotionen nach mir sehnte.

Ich hatte mich immer darauf konzentriert, meine Sehnsucht nach ihm zu vergrößern, damit ich mich an ihm festklammern konnte. Nun war ich von der Erkenntnis überwältigt, daß sein Sehnen nach mir größer war als meines nach ihm. Sein Verlangen nach mir war selbst größer als mein Verlangen nach sämtlichen Dingen, die mich je gereizt hatten – einschließlich Sünde! Und es war seine Sehnsucht nach mir, die mich in seiner Nähe hielt, nicht meine Sehnsucht nach ihm! Ich habe versucht, dies in einem Lied auszudrücken:

»Come love of Mine and I will be Your home.
Do not wander any longer looking for a heart to own,

for in My heart I carry a hidden sanctuary.
Come love of Mine and I will be Your home.

Jesus what a blessed mystery
that Your love should reach through history.
I have wanted to discover
all my life the perfect lover.
And now that I have seen Your face
my search has ended in the place
where Your love
is poured out
with Your life.

Come love of Mine and I will be Your home.
Do not wander any longer looking for a heart to own,
for in My heart I carry a hidden sanctuary.
Come love of Mine and I will be Your home.

How can I shun such desire?
How could I turn down the honour?
All the time that I spent looking
You were at my door just waiting,
and now that I have heard Your song
I finally know that all along
It was You
who first sang
it to me, singing:

Come love of Mine and I will be Your home.
Do not wander any longer looking for a heart to own,
for in My heart I carry a hidden sanctuary.
Come love of Mine and I will be Your home.«

(»Komm, mein Geliebter, und ich gebe Dir ein Heim.
Suche nicht länger nach einem Herzen, das Dein Eigentum sei,
denn in meinem Herzen trage ich eine verborgene Zuflucht.
Komm, mein Geliebter, und ich gebe Dir ein Heim.

Jesus, welch ein Geheimnis, das Segen bringt,
indem Deine Liebe die Jahrtausende durchdringt.
Mein Leben lang suchte ich schon
Liebe in reinster Perfektion.
Jetzt habe ich Dein Gesicht gesehen
und bleibe da in meiner Suche stehen,
wo Deine Liebe
mit Deinem Leben
ausgegossen wurde.

Komm, mein Geliebter, und ich gebe Dir ein Heim.
Suche nicht länger nach einem Herzen, das Dein Eigentum sei,
denn in meinem Herzen trage ich eine verborgene Zuflucht.
Komm, mein Geliebter, und ich gebe Dir ein Heim.

Wie kann ich vor solchem Sehnen fliehen?
Wie kann ich mich dieser Ehre entziehen?
Während ich lange auf der Suche war,
standest Du wartend an meiner Tür da,
doch jetzt, wo ich Dein Lied vernahm,
weiß ich endlich, daß Du von Anfang an
der Sänger warst, der als erster sang:
Mir sangst Du es zu, und es erklang:

Komm, mein Geliebter, und ich gebe Dir ein Heim.
Suche nicht länger nach einem Herzen, das Dein Eigentum sei,
denn in meinem Herzen trage ich eine verborgene Zuflucht.
Komm, mein Geliebter, und ich gebe Dir ein Heim.«)

Diese Vertrautheit mit Christus hat mich ein großes Stück auf meinem Glaubensweg voran »katapultiert«. Ich habe mehr Siege über Versuchungen als je zuvor, weil ich ihn inniger liebe als je zuvor. Es fällt mir schwerer, ihn zu betrüben oder ihm Mißfallen zu bereiten. Und in seiner Nähe zu sein ist eine solche Freude, daß ich mich nicht mehr versucht fühle, seine Gegenwart zu verlassen. Dafür gehört ihm allein alle Ehre.

Noch ein paar abschließende Gedanken über das Empfangen dieser Segnung: Wie ich schon gesagt habe, ist es mir nicht leichtgefallen, mich von der *Vineyard*-Gemeinde beschenken zu lassen. Die Leute dort schienen viel von dem zu haben, was ich mir wünschte, aber auch viele Dinge, die ich ablehnte. Mir widerstrebte die Atmosphäre, mit der ihre Versammlungen behaftct zu sein schienen. Ich ging davon aus, daß die *Vineyard*-Gemeinde ein Magnet für jede Menge leidender, hilfsbedürftiger Leute war. In der *Vineyard*-Gemeinde schien man eine ziemlich kalifornische Einstellung zum Leben zu haben, zu locker und leger für meinen Geschmack. Die Leute dort kamen mir ausgesprochen »niederkirchlich« vor, während ich mir das »Hochkirchliche« in den Kopf gesetzt hatte. Erst nachdem ich mich gedemütigt hatte, um mir von den *Vineyard*-Leuten helfen zu lassen, wurde mir klar, daß es eigentlich eine Unvermeidlichkeit war, Christus ausgerechnet von jenen zu empfangen, für die ich keine Bewunderung hegte. Bei Erneuerungsbewegungen ist es oft so, daß die neuen Leiter nicht aus den etablierten Kreisen der religiösen Gesellschaft kommen und daß sie häufig weniger angesehen und gebildet sind. Diese Leute waren keine etablierten, studierten Anführer, die hoch in jedermanns Achtung standen. Auch die Leute, die sich um Jesus drängten und das Reich Gottes empfingen, waren nicht die Pharisäer und Sadduzäer. Die Bedürftigen waren die ersten, die Jesus nachfolgten. Der belesene, angesehene Paulus mußte vom Herrn zurechtgewiesen werden, bevor er das Reich Gottes empfangen konnte. Auch ich gehöre zu jenen, die getadelt wurden, bevor sie den Segen empfingen.

Weil ich mich nicht für bedürftig hielt, fiel es mir schwer, das neue Wirken des Heiligen Geistes in mir zu empfangen. So geht es vielen Menschen. Vermutlich zählen die meisten Gemeindeleiter unserer Zeit dazu. Es ist außerordentlich schwer, ein neues Wirken Gottes zu empfangen, weil wir es von anderen, die es zuerst empfangen haben, entgegennehmen müssen, und diese sind meistens die »Zerbrochenen«. Weil sie sich ihrer Bedürftigkeit bewußter waren, waren sie auch die ersten, die empfingen. Wenn wir nur zugeben wollten, wie bedürftig wir sind, dann hätten wir vielleicht die Demut, um mehr zu empfangen. »Selig, die hungern und dürsten nach der Gerechtigkeit; denn sie werden satt werden.«

Ich fühle mich keineswegs von Gott dazu gedrängt, meine ästhetische Empfindsamkeit zu ignorieren und den Rest meines Lebens im Kulturslum zu verbringen, damit mein geistlicher Durst gestillt werden kann. Allerdings mußte ich mich durchaus demütigen und Vergebung für meine Überheblichkeit suchen, und das hat mir gutgetan. Ich freue mich auf die Frucht des geschulten Denkens und der Kunst in der Wechselwirkung mit dem gegenwärtigen Wirken des Geistes Gottes. Ich tröste mich mit der Tatsache, daß die Erneuerung unter Luther mit Kneipenliedern angefangen hat, die zu geistlichen Liedern – damals nannte man sie Choräle – umfunktioniert worden waren. Zweihundert Jahre später schuf J. S. Bach die größten Meisterwerke abendländischer Musik auf der Basis von solchen ordinären Melodien. Die hohen musikalischen Ausdrucksformen der Anbetung, nach denen ich mich sehne, müssen notwendigerweise ihren Anfang in der einfachen Sprache einer Erweckungsbewegung haben.

Gott segne den Dienst der *Vineyard*-Gemeinde, durch den sie diese Segnung von Gott empfangen und an mich weitergegeben hat.

Richard Riss, 11. August 1994

Richard ist der Autor von *A Survey of 20th-Century Revival Movements in North America* (etwa:»Ein Überblick über die Erweckungsbewegungen des 20. Jahrhunderts in Amerika«; Anm. d. Übers.) und promoviert zur Zeit über Kirchengeschichte. Über das *E-Mail*-System hörte er von dem Geschehen in der *Airport Vineyard*-Gemeinde. Im Juni traf er sich in *Rockville Centre* auf Long Island mit den Arnotts, die als Gastredner zum *Metro Vineyard*-Kongreß gekommen waren.

Einer der ersten Anhaltspunkte dafür, daß das, was wir zur Zeit erleben, ein echtes Wirken des Geistes ist, war die Tatsache, daß immer wieder von Toronto als geographischem Ausgangspunkt der Ausgießung des Heiligen Geistes die Rede war. Ich sah sofort eine Parallele zu früheren Erweckungen, beispielsweise zu der *Azusa-Street*-Erweckung, die ihren Ausgangspunkt in Los Angeles hatte, und der *Latter-Rain*-Erweckung, die von North Battleford (Saskatchewan) ausging. In solchen Fällen ist der Verbreitungsmodus der Erweckung immer derselbe: Aus der ganzen Welt kommen Menschen an einen bestimmten Ort, um die Erweckung dann nach ihrer Rückkehr an ihrem Heimatort weiterzuverbreiten; jene, die sich am Ort des anfänglichen Erweckungsimpulses befinden, reisen an viele verschiedene Orte und verbreiten die Erweckung überall, wo sie sich aufhalten. Zu beachten ist ferner, daß nicht nur ein bestimmter Ort oder eine Stadt bei den Anfängen einer Erweckung von Bedeutung ist, sondern auch eine bestimmte Gemeinde (oder Gebetsgruppe) innerhalb dieser Stadt. Fast immer handelt es sich um eine unscheinbare, unbeachtete Örtlichkeit, von der diese Dinge ausgehen, und die Gegenwart Gottes wird so deutlich wahrgenommen, daß riesige Menschenmengen aus der ganzen Welt davon angezogen werden.

Außer der ursprünglichen Gemeinschaft oder Kirche (es können auch mehrere sein) gibt es meistens ein paar einzelne Personen, die selbst als Quelle der Erweckung fungieren. 1948 war es beispielsweise William Branham, den Gott in North Battleford dazu benutzte, die Erweckung zu entfachen, doch seine einzige Verbindung zu North Battleford bestand darin, daß einige Leute seine Veranstaltungen in Vancouver besucht hatten und die Erfahrung mit dem Heiligen Geist zu dem *Sharon*-Waisenhaus und den Schulen nach North Battleford mitbrachten. Auf dieselbe Weise scheinen Randy Clark und die Arnotts die besondere Geistbegabung von Rodney Howard Browne nach Toronto geholt zu haben.

Ich habe mich mehrere Jahre mit den Parallelen zwischen der *Azusa-Street*-Erweckung (1906) und der Erweckung in North Battleford (1948) beschäftigt, und als ich die ersten Berichte über Toronto las, war mir sofort klar, daß es sich hier um ein weiteres Parallelereignis handelt. Die Geschichte war haargenau dieselbe. Es war einfach phantastisch – wie eine lange Wanderung, auf der man die Orientierung verliert und urplötzlich gerade dann auf vertrautes Gebiet stößt, wenn man es am wenigsten erwartet hatte. Die Freude darüber, etwas derartig Kostbares gefunden zu haben, läßt sich nicht beschreiben. Um eine andere Analogie anzuführen, gleicht dieses Erlebnis einem Juwelier, der beim alltäglichen Sortieren von gewöhnlichen Halbedelsteinen plötzlich einen mit dem berühmten *Hope*-Diamanten vergleichbaren Edelstein findet. Wenn der Juwelier erfahren und geschult ist, erkennt er den Stein so gut wie auf den ersten Blick. Dies war auch meine Erfahrung. Ich war absolut sprachlos und außer mir vor Freude!

Gott segne Sie alle!

Mike Turrigiano, 15. Juni 1994

(Eine überarbeitete Transkription des Pastorentreffens in der *Airport*-Gemeinde)

Ich bin Pastor der *Vineyard*-Gemeinde von Manhattan in New York City, und mit den Arnotts verbindet mich eine gute Freundschaft. Vor drei Monaten bekam ich einen Anruf, in dem ich dringend gebeten wurde, nach Toronto zu kommen, und was ich zu erzählen habe, gleicht in vielen Dingen den Berichten, die Sie von anderen gehört haben.

Der Herr hat etwas Neues in meinem Leben freigesetzt, auch im Leben meiner Frau, und ich sage Ihnen, ich rede hier als einer, der das Vorrecht hatte, schon 1980, '81 und '82 eine Ausgießung mitzuerleben, über die unter der Bezeichnung »Die dritte Welle« viel geschrieben worden ist. Ich war an einigen der Veranstaltungen beteiligt, von denen John Wimber in seinem Buch *When the Spirit Comes with Power* (etwa: »Wenn der Geist mit Macht kommt« Anm. d. Übers.) schreibt. Gleich zweimal etwas zu erleben, worüber andere nur in Büchern lesen und von dem sie ihr Leben lang beten: »Herr, komm!« ... ich habe gar keine Worte, um meine Dankbarkeit meinem Vater gegenüber auszudrücken. Ich weiß nicht, warum er so gut zu mir gewesen ist.

Aber ich sage Ihnen: Ich kann mich nicht hier hinstellen und behaupten: »Ja, ja, das kenne ich alles schon, da gibt's nichts Neues zu lernen ... ich hab's 1982 schon gesehen, erlebt, mitgemacht, erfahren.« Nein, nein, nein; es gibt zwar Ähnlichkeiten, aber dieses Wirken Gottes hat entschieden seine Besonderheiten.

Zum einen ist da die Dynamik, daß Leute viele, viele Male wiederkommen und einfach nicht genug von der Gegenwart des Herrn kriegen können. Da ist eine größere Freude, ein größeres Freiwerden, eine Erfrischung, die das, was wir zur Zeit erleben, von dem Wirken des Geistes zu Anfang der 80er Jahre unterscheidet.

Zusammengehalten wird das Ganze, wie ich glaube, von einer frischen Offenbarung der Liebe des Vaters, einer Offenbarung, die Gott in so vielen unserer Gemeinden kundgetan hat, und dies verdanken wir Männern wie John Wimber und Ed Pioreck, die uns geholfen haben zu begreifen, wie wichtig unsere Beziehung zu unserem Abba ist.

Anfang der 80er Jahre brach Gott unser Pharisäertum – wissen Sie, wir waren Pharisäer, und Gott mußte das in uns zerbrechen. Anfang der 80er Jahre war ich jung, radikal, eigensinnig und verunsichert, und als Gott mir in seiner Gnade begegnete und eine Gabe der Vollmacht und Autorität freiwerden ließ, ging ich falsch damit um. Ich nutzte es dazu aus, um anderen etwas zu beweisen und mir selbst auch; daß ich berufen bin, daß ich wichtig bin. Es war ein Fall von »Leute, hört auf mich!«

Ich war so verunsichert ... Es war eine äußerst harte Zeit, eine Zeit, von der ich befürchtete, sie würde nie zu Ende gehen. Es war, als spielte sich ein Trauerprozeß in mir ab, besonders wenn ich daran dachte, wie unsachgemäß ich mit dem Schatz umgegangen war, den Gott mir in seiner Gnade anvertraut hatte; es war wie Sand, der mir in die Hand gegossen wurde und mir durch die Finger rann.

Gott fing damit an, eine Grundlage für meinen Heilungsprozeß zu legen, indem ich ihn als Vater kennenlernen durfte – so, wie Jesus ihn als Vater kannte –, und ich habe begriffen, daß das Selbstopfer Jesu eine Reaktion auf Liebe war; es war keine Methode, um Anerkennung oder Liebe zu ernten. Als er im Jordan stand, bevor er sein erstes Wunder vollbracht hatte, bevor er seine erste Predigt gehalten hatte, bevor er die Toten auferweckt hatte, bevor er die Aussätzigen geheilt hatte, bevor er ans Kreuz gegangen war, da riß sein Vater den Himmel auf und sagte: »Du bist mein geliebter Sohn, an dir habe ich Wohlgefallen.«

Das interpretiere ich so: »Mein Sohn, es gibt nichts, was du tun kannst, nichts, was du tun mußt, damit ich dich liebe; du bist doch schon das Kostbarste, das ich habe.« Und aus dieser Bestätigung heraus, dieser umwerfenden Bestätigung heraus – wie sie die meisten von uns noch nie gehört haben – konnte Jesus dann seinen Weg gehen und sich seinen Feinden stellen. Er hatte keine Angst vor Menschen, weil er sich vom Vater akzeptiert wußte; er brauchte niemanden zu manipulieren, er brauchte sich die Zuneigung seiner Mitmenschen nicht zu erarbeiten, weil er sich schon geliebt wußte. Die Kraft, der Mut, seine Fähigkeit, rein zu bleiben und nicht in die Falle zu gehen, all diese Dinge hatten mit seiner Identität zu tun, die sich auf das Fundament der Liebe seines Vaters gründete.

Als wir dies begriffen, wurde mein Herzenswunsch: »Herr, gib uns bitte eine zweite Chance!« Ich hatte es vergeudet. Ich rede jetzt nur von mir selbst; da gab es andere, mit denen ich zusammengearbeitet hatte, die reifer waren – sie haben es nicht vergeudet, aber ich, und deshalb habe ich zu dem Herrn gesagt: »Noch eine Chance, nur noch eine Chance.«

Als John Arnott anrief, hatte ich zwei Reaktionen: »Na, ich weiß nicht recht ...« und dann das, was der Heilige Geist zu meinem Herzen sagte: »Hier hast du deine Chance, Mike. Sieh dir die Sache näher an. Was hast du schon zu verlieren?« Ich kam nach Toronto und beim Nachdenken über das, was ich erlebt habe, bin ich zu dem Schluß gekommen, daß dieses Wirken Gottes, diese Ausgießung des Heiligen Geistes nicht losgelöst von dem Kennenlernen Gottes als unserem Vater zu sehen ist. Es ist nicht in unterschiedliche Aspekte unterteilt. Sein wunderbarer Plan für seine Gemeinde ist ein kontinuierlicher Lebensstrom vom Herzen des Vaters in die Gemeinde hinein.

Dieses Fundament der Liebe des Vaters ist ungeheuer wichtig für uns als Pastoren, weil die meisten von uns so verunsichert sind. In der Apostelgeschichte, Kapitel 6, dem Anfang der Gemeinde, dem Säuglingsstadium der Erweckung, lesen wir: »Und das Wort Gottes breitete sich aus, und die Zahl der Jünger in Jerusalem wurde immer größer; auch eine große Anzahl von den Priestern nahm gehorsam den Glauben an« (Apg 6,7). Es ist das Sehnen meines Herzens, daß wir Priester, wir Hirten geheilt werden. Denn wenn wir geheilt sind, wird auch der ganze Leib Christi in unvorstellbarer Weise freigesetzt. Vielleicht wird dann aus einer geistlichen Erfrischung wirklich eine Erweckung werden.

Ich gehöre einer Gemeinde an, die drei neue Gemeinden gegründet hat; ich sehe mich als Katalysator, als »Pyromane« – als ich vor drei Monaten hier war, bezeichnete sich einer der Pastoren als »Pyromane«, der Feuer für den Herrn anzündet. Ich glaube, daß Gott mir diese Aufgabe gegeben hat, das Aufrütteln, und ich wünsche mir nichts sehnlicher, als daß diese erfrischende Ausgießung des Heiligen Geistes in der Arbeit der Gemeinden Wurzeln schlägt und Früchte bringt, damit wir als Leib Christi unserem Herrn Jesus immer ähnlicher werden.

Zu Hause in New York reden wir in unseren Mitarbeiterbesprechungen ständig darüber, wie aus den vielen Krafterweisen des Heiligen Geistes als Rohmaterial etwas Konkretes, Effektives werden kann, so daß aus dem »Mehr, Herr!« ein »Mehr an konkreter Umsetzung!« wird: mehr Ähnlichkeit zu Jesus, mehr Arbeit im Weinberg Gottes, mehr Innigkeit mit ihm. In unseren Zusammenkünften beten wir jetzt: »Herr, bringe geistliche Dienste aus dem Ganzen hervor, sowohl innerhalb der Gemeinde als auch nach außen.« Das ist zum Sehnen unserer Herzen geworden. Und zwar deshalb, weil wir davon überzeugt sind, daß diese gegenwärtige Erneuerung und Austeilung etwas Bestimmtes anstrebt. Der Herr hat eine entschiedene Richtung und ein Ziel für das Ganze.

Ich denke an Ezechiels Vision in Kapitel 47. In der Vision fängt das Wasser als kleines Rinnsal an, doch daraus wird schrittweise ein reißender Fluß, der ins Tote Meer fließt und alles lebendig macht. Dies ist ein Bild für den Geist Gottes, der Erfrischung und Erneuerung in die Gemeinde bringt, und letztendlich Erweckung und Leben zu den Verlorenen, den geistlich Toten.

Meiner Ansicht nach ist die gegenwärtige Ausgießung des Heiligen Geistes nicht nur für die Gemeinde allein bestimmt. Ich glaube, hier wird eine Einladung ausgesprochen. Wir werden eingeladen, in den Strom des Geistes Gottes zu treten und uns bereitwillig von ihm davontragen zu lassen, und zwar von der gegenwärtigen Erneuerung über unsere Veranstaltungen und Konferenzen hinaus in einen lebenspendenden, vom Geist initiierten und ermächtigten Dienst an den Kirchen- und den Gottfernen um uns herum. Ich bin davon überzeugt, daß alle, die in den Strom des Geistes waten und bereit sind, tiefer hineinzugehen, letztendlich zu jenen gehören werden, deren Fang an Fischen so riesig sein wird, daß sie überwältigt »ihre Netze zum Trocknen ausbreiten« (vgl. Ez 47,10).

Abschließender Kommentar

In seinem *Narrative of Surprising Conversions* (etwa: »Schilderung von überraschenden Bekehrungen«; Anm. d. Übers.) läßt Jonathan Edwards zwei Zeugnisgeber persönlich zu Worte kommen, »um eine klare Vorstellung von der Handlungsweise des Geistes Gottes zu schaffen, wie sie in dieser wunderbaren Ausgießung zu beobachten war«. Ich hoffe, daß die hier angeführten Beispiele dem gleichen Zweck dienen werden.

Zu welchem Schluß man auch gelangen mag, so wird auf jeden Fall das zutreffen, was Edwards in seinem Buch *Thoughts Concerning the Present Revival of Religion, and the Way in Which it Ought to be Acknowledged and Promoted*[1] zum Ausdruck bringt:

»Zu einer Zeit, in der Gott sich in einem derartig großen Wirken für seine Kirche manifestiert, gibt es kein Neutrum; es besteht die zwingende Notwendigkeit, entweder für oder gegen den König zu sein, der dann in seiner Herrlichkeit erscheint.« (I.380a)

Kapitel 6

Feuer gefangen

Zusammenfassung und Synthese

»Er wird euch mit dem Heiligen Geist und mit Feuer taufen« (Lk 3,16).

Es gibt eine Geschichte, die in der Wüste Ägyptens spielt und mindestens 1 500 Jahre alt ist; sie eignet sich als Metapher, als Bild für das erneuernde, erweckende Wirken Gottes in der *Toronto Airport Vineyard*-Gemeinde. Die Protagonisten sind zwei Mönche, ein junger und ein älterer, zwei Männer, die einen Eid geschworen haben, Gott aus ganzem Herzen zu lieben, Gastfreundschaft zu üben und jeden, der sie um Rat und geistliche Hilfe, um Fürbitte und Heilung ersucht, zu segnen.

»Bruder Lot besuchte Bruder Josef und sagte: ›Bruder, insofern ich in der Lage bin, übe ich mich ein wenig im Fasten, ein wenig im Gebet und im Meditieren; ich führe ein ruhiges Leben und halte, soweit ich dazu in der Lage bin, meine Gedanken rein. Was soll ich ansonsten noch tun?‹ Der alte Mann stand auf und streckte seine Hände zum Himmel aus, und seine Finger wurden zu zehn brennenden Fackeln. Er sagte: ›Werde Feuer!‹« [1]

Diese Geschichte will keineswegs die Bedeutung der geistlichen Disziplinen schmälern, sondern vielmehr das betonen, was Tausende von Männern und Frauen, die danach hungern, dem Ruf Jesu zu folgen, persönlich erlebt haben. Martin Lloyd-Jones hat es so ausgedrückt: »Die heutige Kirche muß geweckt werden, aufgerüttelt werden, mit einem Geist der Herrlichkeit erfüllt werden, denn sie versagt in der modernen Welt.«[2] Mit den besten Absichten haben zahllose Pastoren und Gemeindeleiter bei Wachstums- und Managementstrategien Zuflucht gesucht, und viele sind bei ihren Bemühungen, neues Leben in problembelastete Gemeinden zu bringen, auf Sand gelaufen oder haben sogar sich selbst und die Gemeinden, denen sie dienen, vollkommen ausgelaugt. Manche haben den Bankrott erklärt und stellen die Frage des jungen Mönches: »Was soll ich ansonsten noch tun?«

G. Campbell Morgan stellt den Kontrast in seinen Ausführungen über die Erweckung von Wales in den Jahren 1904 und 1905 anschaulich dar:

»Wenn wir von oben auf Wales herabschauen könnten, dann würden wir hier und da und dort und drüben Feuer ausbrechen sehen und zwar ohne jede vorherige Absprache oder Planung. Es handelt sich um ein übernatürliches Kommen Gottes, bei dem Gott – und dies sage ich in aller Ehrfurcht – uns zuruft: ›Seht mal, was ich ohne die Dinge zustande bringe, die ihr für unbedingt erforderlich haltet‹! ›Seht mal, was ich als Reaktion auf eine betende Gemeinde zustande bringe‹! ›Seht mal, was ich durch die einfachsten Menschen zustande bringe, die mir bereitwillig gehorchen und sich ausschließlich und absolut von mir abhängig machen.‹«[3]

Wo es um die Begegnung mit Gott geht, ist die biblische Schilderung der manifesten Gegenwart des Geistes immer von einer ausdruckskräftigen, verkündenden und erfahrungsbezogenen Wortwahl gekennzeichnet. Als der Prophet Habakuk die Offenbarung von der kommenden Herrlichkeit des Herrn empfing, sagte er:

»Ich zitterte am ganzen Leib, als ich es hörte,
ich vernahm den Lärm, und ich schrie.
Fäulnis befällt meine Glieder, und es wanken meine Schritte.
Doch in Ruhe erwarte ich den Tag der Not,
der dem Volk bevorsteht, das über uns herfällt …
Dennoch will ich jubeln über den Herrn,
und mich freuen über Gott, meinen Retter.
Gott, der Herr, ist meine Kraft.
Er macht meine Füße schnell wie die Füße der Hirsche
und läßt mich schreiten auf den Höhen.« (Hab 3,16.18-19)

Der Apostel Paulus rückt die Erfahrung in den Vordergrund, wenn er sagt: »Weil ihr aber Söhne seid, sandte Gott den Geist seines Sohnes in unser

Herz, den Geist, der ruft: Abba Vater. Daher bist du nicht mehr Sklave, sondern Sohn; bist du aber Sohn, dann auch Erbe, Erbe durch Gott« (Gal 4,6-7; vgl. auch Röm 8,14-17). Die versöhnende, transformierende und energieeinflößende Macht des Geistes ist kein religiöses Theater, sondern der Kern aller Geistlichkeit und Mission der Kirche des auferstandenen Christus.

In der gesamten Kirchengeschichte ist das Erfahren des erneuernden, belebenden Wirkens des Geistes genau das, was Vitalität und »Re-Formation« in einen Organismus hineinhaucht, der immer den Hang hat, in leere Rituale und Institutionalismus abzurutschen. Ein kurzer historischer Abriß belegt diese Tatsache.

In den Tagebüchern von John Wesley finden sich zahlreiche Begebenheiten, in denen der Heilige Geist seine Gegenwart und Macht manifestiert hatte. Es folgen einige kurze Auszüge:

»Am Neujahrstag 1739 befand ich mich gemeinsam mit George White-field, meinem Bruder Charles, drei übrigen sowie sechzig Brüdern bei einem Liebesmahl in der Fetter Lane. *Gegen drei Uhr morgens, als wir im Gebet versunken waren, kam die Macht Gottes so stark über uns, daß viele vor heiliger Freude aufschrien, während andere zu Boden fielen. Sobald wir uns ein wenig von der Ergriffenheit und dem Erstaunen über die Gegenwart Gottes erholt hatten, riefen wir wie aus einem Mund: ›Wir preisen dich, oh Gott; du bist unser Herr.‹«*[4]

»Am Donnerstag, als ich in Newgate predigte, … sank erst einer, dann ein zweiter und ein dritter zu Boden; wo man auch hinsah, fielen sie wie vom Donner gerührt hin. Eine von ihnen schrie laut. Wir flehten Gott ihretwegen an, und er ließ aus ihrer Seelenqual Freude werden. Eine zweite Frau litt dieselbe Agonie, und wir riefen Gott auch ihretwegen an; er gab ihr Frieden ins Herz.«[5]

»Am Freitag abend ging ich in eine Versammlung in Wapping; ich fühlte mich körperlich erschöpft und schwach im Geist. … Nach meiner Predigt forderte ich alle Sünder ernsthaft dazu auf, das Allerheiligste durch diesen neuen und lebendigen Weg zu betreten, und daraufhin riefen viele von jenen, die die Botschaft gehört hatten, Gott mit lauter Stimme und unter Tränen an. Manche sanken zu Boden, da sie keine Kraft mehr besaßen. Andere zitterten und zuckten auf das heftigste. Manche hatten am ganzen Leib Krämpfe, oft so heftig, daß zuweilen vier oder fünf Personen einen einzigen Krampfbefallenen nicht bändigen konnten. Ich

habe viele hysterische und epileptische Anfälle miterlebt, doch keiner davon kam diesem Geschehen gleich. Ich betete unverzüglich, daß Gott es verhindern möge, daß die Schwächeren im Glauben Anstoß daran nehmen würden.«[6]

Ein weniger bekannter Mann namens Daniel Rowland gehörte zu den Erweckungspredigern in Wales. In seinen Briefen an seinen Freund George Whitefield beschreibt er einige der unvergeßlichen Begebenheiten, die er miterlebt hatte:

»Während der eine betet, lacht ein anderer; manche machen ein lautes Geheul und schlagen die Hände zusammen; andere weinen und jammern; wieder andere kauern in Entrückung am Boden, verdrehen possenhaft den Körper und brechen dann urplötzlich in Gelächter aus, welches eine Viertelstunde anhält.«[7]

»Die Macht, die bei [Bruder Rowland] besteht, ist ungewöhnlicher Natur. Ein solches Schreien und herzerweichendes Jammern, stilles Weinen und heilige Freude und Freudenrufe habe ich noch nie erlebt. Wenn er predigt, fallen die Zuhörer oft in Scharen unter der Macht des Wortes zu Boden, durchbohrt und verwundet oder von der Liebe Gottes überwältigt, sowie von Visionen der Schönheit und Vorzüglichkeit Jesu ...
Manche liegen mehrere Stunden lang [am Boden], wobei manche Jesus loben und anbeten, während anderen die Worte fehlen. In ihrem himmlischen Anblick läßt sich die Sprache eines Herzens lesen, das vor Liebe überströmt; in ihren Augen leuchtet das Feuer der Liebe und Freude und des tiefen Ruhens in Gott.«[8]

An einer anderen Stelle wurden die drastisch unterschiedlichen Reaktionen auf das Wirken des Geistes in Rowlands Predigten folgendermaßen beschrieben:

»In dieser Versammlung ergötzten sich einige Seelen am Tisch ihres himmlischen Vaters. Einige waren trunken, und zwar des besten Weines, nämlich des Heiligen Geistes, des Friedens Gottes, der Liebe Gottes, die vom Heiligen Geist in ihre Herzen eingegossen wurde. Einige prominente Bürger verachten und verhöhnen dies, doch es ist das Wesen der Religion.«[9]

Diese Entweder-Oder-Reaktion auf die Dynamik der Erneuerung und Erweckung ist von Anfang an eine typische Begleiterscheinung der Ausgießung von Gottes Geist gewesen, und sie läßt sich leicht an den Veranstaltungen der *Airport Vineyard*-Gemeinde nachvollziehen. In einem Artikel, der vom *Christian Research Newsletter* veröffentlicht wurde, wird das »heilige Gelächter in der *Vineyard*-Gemeinde von Ontario« mit großer Zurückhaltung beschrieben:

»... *Pastor John Arnott sprach Themen an, die unter konservativen Evangelikalen als durchaus biblisch gelten würden: Gewißheit hinsichtlich der Liebe des Vaters, Einheit unter den Christen, Dienst am Nächsten, die Notwendigkeit einer weltweiten Erweckung innerhalb der Kirche, Befreiung von Verbitterung und mangelnder Vergebungsbereitschaft sowie ein Aufruf zur Buße und zur Annahme Christi.*
Die Veranstaltung schien jedoch von Aktivitäten überschattet zu sein, deren Bedeutung oder Zweck sich nur schwer an der Bibel festmachen ließ. Arm- und Kopfzuckungen, Stampfen, Stuhlwippen und vor allem Gelächter; laute, zuweilen hysterische Jammerschreie seitens einiger Besucher erklangen in dem großen Gottesdienstraum ...«

Am Ende des Artikels werden die Schlußfolgerungen aufgeführt, zu denen Dr. Daniel Lundy, Präsident des *Toronto Baptist Seminary* und Pastor der *Jarvis Street Baptist Church*, gelangt ist:

»*Wenn die* Vineyard-*Gemeinde Hoffnung auf ein dramatisches übernatürliches Eingreifen wecken will, sagt Dr. Lundy, so seien er und seine Kollegen im Gemeindedienst in ihren Erwartungen enttäuscht worden.*«[10]

Jene, die das »dramatische übernatürliche Eingreifen« bei den Veranstaltungen in der *Airport*-Gemeinde am eigenen Leib erlebt haben, finden sich dagegen voll in dem bestätigt, was unter Rowland in der Erweckung in Wales bezeugt worden war:

»*Der süße Hauch der Liebe des Herrn fiel über uns. Das Feuer wurde entfacht ... Beseitigt waren Unglaube, Schuld, Angst, Zaghaftigkeit, mangelnde Liebe, Eifersucht, Argwohn ... und an ihre Stelle traten Liebe, Glauben, Hoffnung, ein Geist der Freude, mit einer herrlichen Vielfalt der Gaben des Heiligen Geistes.*«[11]

Trotz einer derartig überzeugten Bestätigung der befreienden Dynamik des Evangeliums wird ständig die Frage gestellt:»Ist dies ein echtes Wirken Gottes?« 1762 wurde mit der folgenden Einschätzung darauf geantwortet, und sie hat auch heute noch vollste Gültigkeit:

>»Nicht nur aufgrund der äußeren Manifestationen wie Schreien, Springen und Lachen komme ich zu dem Schluß, daß Gott in der Kirche und unter seinem Volk gegenwärtig ist. Abgesehen von der Beeinflussung ihrer Seelen durch den Himmel, die ihren Zungen ein lebhaftes Lob Gottes entlockt, brennt dieses Feuer in dem Leben und Verhalten so vieler. ... Sie streben voller Eifer, und zwar nicht nach den sekundären Dingen des Glaubens, sondern nach den wesentlichen Fragen der Errettung. Glaube und Liebe sind die hauptsächlichen Gaben, um die sie flehen ...«[12]

Die Menschen, die in der *Airport*-Gemeinde ihr Zeugnis geben, stammen aus allen Schichten der Gesellschaft. Manche tun sich schwer, Worte zu finden, die ihre Erlebnisse auf angemessene Weise wiedergeben; andere sind mit einer Eloquenz begabt, die dem Wirken des Geistes einen nahezu poetischen Ausdruck verleiht. Dies traf auch auf Henry Alline zu, einen Prediger der Erweckung, der in Neuschottland und an der Ostküste tätig war. In seinem Tagebuch lesen wir folgendes über das erneuernde, belebende Wirken des Geistes vor zweihundertzehn Jahren:

>»Oh welch süße Befreiung, wenn die trauernde Seele lange unter Zweifeln und Ängsten, Versuchungen und Prüfungen niedergebeugt war und wenn der gesegnete Erlöser, die größte Freude ihrer Seele, das Reich Gottes in ihrem Herzen belebt, ihm die göttliche Gnade zuspricht und ihr niedergeschlagenes Herz mit dem Lächeln des Himmels tröstet! Oh welch froher Wechsel von Ketten zur Freiheit, von Finsternis zum Licht, von Kummer zur Freude, vom Trauern zum Frohlocken, von Gefangenschaft zum Sieg; dann können Sie sich an die Brust ihres Geliebten lehnen und sich an seinem herrlichen Namen freuen. Oh, niemand kann die Süße seiner Liebe beschreiben außer jenen, die sie erlebt haben.«[13]

Das belebende Wirken des Geistes beschränkt sich keineswegs auf das 18. Jahrhundert. Historiker sprechen von einer»Zweiten Großen Erweckung«, die in den Jahren 1798 bis 1832 stattfand. 1801 galt Cane Ridge in Kentucky als der geographische Ausgangspunkt dieses bemerkenswerten Wirkens Gottes. Die Besucher, die sich zu den regelmäßigen Veranstaltungen einfanden, waren zwischen 10 000 und 20 000 an der Zahl und sie kamen zum Teil aus so weit entfernten Gegenden wie Ohio und Tennessee. Um diese Besucherzahl in Beziehung zu den damaligen Gegebenheiten zu setzen, muß man sich vor Augen halten, daß Lexington, damals die größte Stadt in Kentucky, 1 800 Einwohner hatte.[14] Einer der leitenden Evangelisten war ein Grenzbewohner namens Peter Cartwright, ein Wanderprediger der *Methodist Episcopal Church*. Seiner eigenen Schätzung zufolge hielt er mindestens 14 600 Predigten, hieß mindestens 10 000 Erwachsene als neue Gemeindemitglieder willkommen und taufte etwa ebensoviele Kinder.[15] In seiner Autobiographie schreibt Cartwright über die »starke Kraft Gottes«, die bei den Versammlungen auf freiem Feld erlebt wurde. Es folgen seine Beobachtungen über eines der Phänomene dort:

>*»Inmitten der Kontroverse über die heftigen Bewegungen bei den Hörern der Predigten brach eine neue Bewegung unter uns aus, die als Zuckungen bezeichnet wird und die einen überwältigenden Effekt auf die Körper und Seelen der Betroffenen hat. Ganz gleich, ob es sich um Sünder oder Heilige handelte, so werden sie unter dem Einfluß eines herzerwärmenden Liedes oder einer Predigt von einem krampfartigen Zucken erfaßt, gegen das sie machtlos sind; je mehr sie sich dagegen wehren, desto stärker wird es. Wenn sie dem Zucken nicht widerstrebten, sondern mit allem Ernst beteten, ließ das Zucken in aller Regel nach. In meinen großen Versammlungen habe ich über fünfhundert Menschen auf einmal zucken gesehen. Die meisten von den mit Zuckungen Befallenen verschafften sich nach eigenen Angaben Erleichterung von dem Zucken, indem sie aufstanden und tanzten. Manche liefen fort, doch es gelang ihnen nicht, den Zuckungen dadurch zu entkommen. Manche widersetzten sich den Zuckungen; bei ihnen waren die Zuckungen normalerweise am heftigsten.*
>*Zu sehen, wie diese stolzen jungen Herren und Frauen in ihrer Seidenkleidung, ihrem Schmuck und ihren Segeltuchmänteln vom Scheitel bis zur Sohle von den Zuckungen ergriffen wurden, reizte mich oft [zum Lachen!] Bei den ersten paar Zuckungen flogen ihnen die feinen Hauben, Kappen und Haarkämme vom Kopf; und das Zucken des Kopfes war so heftig, daß ihr langes, loses Haar fast so laut wie eine Kutscherpeitsche schnalzte.«*

Die »Zuckungen« gehören zu den Manifestationen, die auch in der *Airport*-Gemeinde aufgetreten sind, und es ist in der Tat amüsant, jemanden zu beobachten, der davon befallen wurde. Zuweilen ist das Zucken so heftig, als habe jemanden den »Heimgesuchten« mit einem Viehstock geschlagen. Es ist jedoch nicht die äußerliche Reaktion, die von Bedeutung ist, sondern die innere Umwandlung. Ein Mann, der die unberechenbaren Zuckungen über sich ergehen lassen mußte, war derartig dankbar für die neuen Aspekte seines Glaubenslebens, die er in Christus erfuhr, daß er sich voller Stolz ein T-Shirt drucken ließ; es trug die Aufschrift: *I'm a Jerk for Jesus* (doppelsinnige Aussage; erste Lesart: »Ich bin ein ›Zucker‹ für Jesus, zweite Lesart: »Ich bin ein Trottel für Jesus«; Anm. d. Übers.).

Peter Cartwright dokumentierte die Manifestationen nicht nur, sondern schrieb auch seine Gedanken und Einschätzung zu diesem Phänomen nieder:

> *»Die Zuckungen habe ich immer als eine Strafe Gottes betrachtet, der erstens die Sünder zur Buße bringen sollte und zweitens den Bekennern zeigen sollte, daß Gott mit oder ohne Mittel arbeiten konnte, daß er weit über alle Mittel hinaus arbeiten konnte und daß er das tat, was ihm förderlich für den Ruhm seiner Gnade und die Errettung der Welt erschien.«*[16]

Er setzt hinzu, daß viele »geistig minderbemittelte, unwissende und abergläubische Personen« die Zuckungen fälschten, um sich damit ins Rampenlicht der allgemeinen Aufmerksamkeit zu drängen; bei vielen war das Zucken jedoch auch »unfreiwilliger Natur«. Cartwright empfahl den von den Zuckungen Befallenen gewöhnlich inbrünstiges Gebet als Abhilfe. »Dies erwies sich fast immer als ein wirksames Hilfsmittel.«[17]

Die führenden Leute in den Erweckungen aller Zeiten haben stets betont, daß die physischen und emotionalen Manifestationen nie als Gradanzeiger für die Kraft oder sogar die Gegenwart des Heiligen Geistes gewertet werden dürfen. William Blair schreibt über das Phänomen des »Hinfallens, gewöhnlicherweise niederstrecken genannt«. Seine Abhandlung nennt er treffenderweise *Things Which Have Been Seen And Heard* (etwa: »Dinge, die gesehen und gehört wurden«; Anm. d. Übers.); die Erweckung, von der darin die Rede ist, fand im August 1859 in Nordirland statt. Blair stellt fest:

> *»Zu geringe sowie zu große Bedeutung ist den eigenartigen physischen Begleiterscheinungen dieser großen Erweckung beigemessen worden. Manche betrachten sie als* [absonderlich und exzessiv]. *Ich bin anderer Ansicht. Alle Erweckungen sind von ihnen begleitet worden. ... Mich kümmert nicht, was die Skeptiker sagen oder die kleingläubigen Christen, die nicht an die außergewöhnlichen Einflüsse des Geistes glauben. Ich bin fest davon überzeugt, so fest wie von meiner eigenen Existenz,*

daß der Heilige Geist sein Wirken niemals mit derartig rätselhaften und scheinbar unglaublichen Phänomenen vermischt hätte, wenn er dadurch nicht ein äußerst wichtiges Ziel erreichen wollte.«[18]

Blair schließt seine Abhandlung mit drei Zeugnissen, von denen eines der Bericht eines Mannes ist, der »überwältigt wurde und sechs Stunden still dalag und dann Frieden bekam«. Er hatte seit frühster Kindheit gestottert und »seine Sprechfähigkeit wurde durch ein Wunder wiederhergestellt«, eine Heilung, die von einem Notar bescheinigt wurde. Er wurde auch von seiner »unmäßigen Sucht« nach Tabak und Spirituosen geheilt.[19]

1892 wurde eine Welle der Kritik gegen Ralph Horner laut, einen ehemaligen Methodisten und Evangelisten, der im Ottawa-Tal von Ontario und Quebec umherreiste. Man warf ihm vor, »das Hinfallen zu predigen«, weil viele bei seinen Gottesdiensten »unter die Kraft des Geistes« kamen. Wie Wesley vor ihm hielt Horner es für unangebracht, die Zuhörer zum Hinfallen aufzufordern, doch andererseits sprach er sich auch nicht gegen das Hinfallen aus. Er förderte die physischen Manifestationen nicht ausdrücklich, und er bemühte sich auch nicht, ihr Auftreten absichtlich herbeizuführen; in den von seiner Frau zusammengetragenen *Memoirs* heißt es: »Er war immer der Ansicht, daß sich solche Szenen bei der mächtigen Ausgießung des Heiligen Geistes von selbst einstellen würden.«[20]

Erweckungsphänomene sind in den Geistausgießungen der jüngeren Geschichte ausführlich dokumentiert worden. Richard Riss' Buch *A Survey of 20th Century Revival Movements in North America* dient als hilfreiche Beschreibung und Einschätzung der frühen Pfingstausgießung, der *Latter Rain*-Bewegung in den 40er und 50er Jahren dieses Jahrhunderts, der *Jesus People*-Bewegung und der charismatischen Erneuerung. Wer sich mit Erweckungen beschäftigt hat, wird mit vielen der in dieser Abhandlung erwähnten geistlichern Leiter vertraut sein und seine eigenen wichtigsten Begebenheiten anfügen können. Die Geschichte der Erweckungen und ihrer Dynamik beschränkt sich jedoch nicht auf die letzten zweihundertfünfzig Jahre. Howard Snyder zeichnet das erneuernde Wirken Gottes auf hilfreiche Weise nach und nennt besonders vier Bewegungen, die das, was er die Neuformung der Kirche nennt, verkörpern: den *Montanismus*, die »erste charismatische Bewegung der Kirche«; den deutschen *Pietismus* unter Johann Arndt; Graf von Zinzendorf und die Herrnhuter Brüdergemeine und den *Methodismus* mit seiner Zellstruktur, der von John Wesley ins Leben gerufen wurde.[21]

Snyders Darstellung ließe sich problemlos erweitern, denn während der ersten kirchengeschichtlichen Jahrhunderte gab es beredte Zeugen des erneuernden, belebenden Wirkens des Geistes Gottes. Hilarius von Poitiers, ein Theologe, dessen Schriften Augustinus und Ambrosius beeinflußten, verfaßte eine Abhandlung über die Dreieinigkeit (356-359) und eine weitere über die Psalmen (364-367). In beiden befaßt er sich mit der Taufe und der Erfüllung mit dem Heiligen Geist im Leben des Gläubigen. Hilarius kommentiert die Einladung Jesu aus Johannes 7,37-39 (»Wer Durst hat, komme zu mir, und es trinke, wer an mich glaubt. Wie die Schrift sagt: Aus seinem Inneren werden Ströme von lebendigem Wasser fließen«) und schreibt:

> *»Der Heilige Geist wird ein Strom genannt. Wenn wir den Heiligen Geist empfangen, werden wir betrunken gemacht. Weil aus uns als Quelle eine Vielfalt von Gnadenströmen hervorfließt, betet der Prophet, daß der Herr uns betrunken machen möge. Der Prophet möchte, daß dieselben Personen betrunken gemacht werden und zur Fülle mit den göttlichen Gaben angefüllt werden, damit ihre Generation vermehrt werde. Dies bedeutet, daß die gute Erde in dem Evangeliumsgleichnis mit der Saat des Wortes verglichen wird, die dreißigfache, sechzigfache und hundertfache Frucht trägt.*
>
> *Wir, die wir durch das Sakrament der Taufe wiedergeboren sind, verspüren intensive Freude, wenn wir die ersten Regungen des Heiligen Geistes in uns fühlen. Wir bekommen Erkenntnisse über die Geheimnisse des Glaubens, wir können prophetisch und mit Weisheit sprechen. Wir werden unerschütterlich in der Hoffnung und empfangen die Gaben [Plural] des Heilens. Die Dämonen werden unserer Autorität unterworfen.*
>
> *Diese Gaben dringen wie ein sanfter Regen in uns ein, und wenn dies geschehen ist, tragen sie nach und nach reichliche Frucht. Wenn dieser sanfte Regen fällt, frohlockt die Erde. Der Regen wird vermehrt, damit zunächst kleine Rinnsale daraus werden; diese Rinnsale werden dann zu reißenden Flüssen, so daß mächtige Ströme daraus werden.«*[22]

Hilarius macht mindestens zwei Aussagen ganz ausdrücklich: Erstens ist Gott im Ausgießen seines Geistes überaus großzügig und zweitens ist Ziel und Zweck der Ausgießung die Mission/Evangelisation und der Dienst der Gemeinde.

Etwa zehn Jahre später verfaßte ein weiterer Kirchenvater namens Basilius der Große, Erzbischof von Cäsarea, eine Abhandlung über den Heiligen

Geist. Zu dieser Schrift sah er sich durch den *Arianismus* veranlaßt, eine ketzerische Bewegung. Der zentrale Punkt der Irrlehre, die Arius vertrat, war die niedrigere Rangeinstufung Jesu und des Heiligen Geistes; bezüglich der Dreieinigkeit behauptete Arius: »Es handelt sich um eine Triade mit ungleicher Herrlichkeit.«[23]

In seiner Verteidigungsschrift über den Heiligen Geistes beschreibt Basilius den Dienst des »Parakleten« und des Offenbarers (Joh 14,26; 16,7-15). An erster Stelle nennt er einen erneuernden, belebenden Dynamismus, der Mission und ein Zunehmen an Heiligkeit bewirkt:

> *»Wie bei einem Sonnenstrahl, der auf helle und transparente Gegenstände fällt und diese zum Leuchten bringt, so daß sie ihrerseits eine frische Helligkeit ausstrahlen, so werden auch Menschenseelen, in denen der Geist wohnt, vom Geist erhellt, und sie werden selbst geistlich und strahlen ihre Gnade an andere aus.*
>
> [Vom Geist] *kommen vorherige Kenntnis der Zukunft, Verstehen von Geheimnissen, Begreifen des Verborgenen, die Austeilung wunderbarer Charismen (Gaben), eine Bürgerschaft im Himmel, ein Tanzen mit Engeln und Freude ohne Ende, Ruhen in Gott und an oberster Stelle* [größere Ähnlichkeit zu Christus].«[24]

Selbst wenn man buchstäblich »mit Engeln tanzen« sollte, so ist eine solche Ekstase zweitrangig. So oft dies schon betont worden ist, so muß es an dieser Stelle wiederholt werden: Eine Erfahrung der manifesten Gegenwart des Geistes Gottes verursacht zwar häufig ungewöhnliche religiöse Erlebnisse und Phänomene, doch darf niemals das Hauptaugenmerk auf das Zittern, Fallen, Jammern oder Brüllen gerichtet sein, so beeindruckend diese Manifestationen auch sein mögen. Sie sind lediglich Anzeichen oder Hinweise auf eine viel größere Dynamik.

Rückblende auf das erste Kapitel dieses Buches, wo Annie Dillards Gedanken zum Gottesdienst zitiert wurden: Wenn wir uns dem Herrn zur Verfügung stellen, wird Gott uns »aus der Reserve locken und an einen Ort bringen, von dem es kein Zurück gibt«. Dies ist bei Tausenden von Menschen der Fall gewesen, die im überreichen Maß Gnade empfangen haben. Das Kommen des Geistes in den *Toronto Airport Vineyard*-Gemeinde hat viele von uns dazu gezwungen, unsere vorgefaßten Vorstellungen und Erwartungen zu ändern; es hat der Schublade, in die wir unseren Gott so fein säuberlich einsortiert hatten, den Boden herausgeschlagen. Wir haben uns neu orientiert, und wir fangen an zu begreifen, was Eduard Schweizer gesagt hat: »Lange bevor der Heilige Geist zum Thema in der Kirchenlehre wurde, war er ein Faktor im Leben der [Urgemeinde].«[25]

Eine Haltung der Reue breitet sich aus, denn mit unseren neuen Augen sehen wir jetzt, daß wir Gott in ein viel zu kleines Kästchen gesperrt haben; viele von uns haben de facto an ein »Vater, Sohn und Heiliges Buch«- Evangelium geglaubt, und wir gestehen, mit unserem Auftrag, Botschafter Christi zu sein, viel zu leichtfertig umgegangen zu sein.

Viele von uns haben nun auf eine nie dagewesene Weise etwas von der Auferstehungsmacht und Gegenwart des Herrn erlebt, den Kernwahrheiten des Evangeliums. Wir sehen mehr geistgewirkte Furcht und heilige Freude in unserem Leben. Vieles bleibt uns ein Geheimnis; doch mit den unbeantworteten Fragen hat sich auch zugleich eine gesunde Demut und Offenheit für das, was der souveräne Herr für seine Gemeinde bereithält, eingestellt. Dadurch, daß dieses Wirken Gottes weiterhin an Dynamik gewinnt, daß sich Abend für Abend Hunderte von Menschen einfinden und daß Pastoren und Gemeindeleiter zu ihren Gemeinden auf der ganzen Welt zurückkehren, ist dieses erneuernde, belebende Wirken Gottes für Tausende zur Erweckung geworden.

Joseph Hazzaya und seine Schriften bilden den Abschluß dieses Buches. Hazzaya ist einer der großen syrischen Theologen, und er verwebt zwei Dinge miteinander, die so häufig meilenweit voneinander getrennt werden: dynamisches geistliches Erleben einerseits und spekulatives Begreifen andererseits. Als Mönch war er unter dem Namen *Abdischo* bekannt: »der Seher«. Über die Einzelheiten seines Lebens weiß man wenig; er lebte um die Wende des 8. Jahrhunderts. In seinem »Buch der Fragen« beschäftigt er sich mit denselben Fragen, die mich zum Schreiben dieses Buches veranlaßt haben: Wie der Geist, der in uns wirkt, erkannt wird, worin seine Macht offenbar wird und was das Zeichen ist, durch das der Geist sein Wirken in uns kundtut. Hazzaya schrieb vor nahezu 1 300 Jahren, und er bedient sich einer poetischen, wenn auch teilweise unvertrauten Sprache und Wortwahl, um die Austeilung des Geistes zu beschreiben, den der Glaubende zum Zeitpunkt seiner Taufe empfängt. Mit einer Sachkenntnis, die über die Jahrhunderte hinweg ungeschmälert bleibt, nennt er vier Anzeichen für die mächtige Gegenwart des Geistes:

»Das erste Anzeichen des effektiven Wirkens des Geistes ist, wenn die Liebe Gottes in dem Herzen eines Menschen wie Feuer brennt ...

Das zweite Anzeichen, durch das ihr spüren werdet, daß der Geist, den ihr bei der Taufe empfangen habt, in euch wirkt, besteht aus echter Demut, geboren in eurer Seele. ... Durch Demut werden Frieden, Sanftmut und Ausharren unter Drangsal in der Seele geboren.

Das dritte Anzeichen für das Wirken des Geistes in euch besteht aus dem [Erbarmen], das das Ebenbild Gottes in euch verkörpert, durch welches, wenn eure Gedanken sich auf alle Menschen erstrecken, Tränen aus euren Augen wie aus einem Wasserbrunnen hervorströmen, als wohnten alle Menschen in eurem Herzen, und ihr umarmt sie voller Liebe und küßt sie und gießt eure Güte über sie alle aus. Wenn ihr an sie denkt, wird euer Herz mit der Macht des Wirkens des Geistes in euch wie mit Feuer entfacht, und daraus werden Güte und Freundlichkeit in euren Herzen geboren.

Das vierte Anzeichen für das Wirken des Geistes, den ihr bei der Taufe empfangen habt, besteht aus einer erleuchteten Sicht eures Herzens ... Diese Sicht erhält das Licht der Heiligen Dreieinigkeit. Daraus ... werdet ihr ein Fließen der geistlichen Sprache und eine Kenntnis beider Welten erhalten: sowohl der vergangenen als auch der zukünftigen; dazu ein Wissen um die Geheimnisse der zukünftigen Dinge, die feinen Töne der geistlichen Erkenntnisse: Freude, Frohlocken, Lobpreis, Verherrlichung, Lieder und Oden des Lobpreises.

Wenn ihr diese Anzeichen an euch feststellt, dann werdet ihr wissen, daß der Heilige Geist, den ihr bei der heiligen Taufe empfangen habt, in euch am Werke ist.«[26]

Wenn wir von der Wassertaufe zu der prophetischen Ankündigung des Johannes übergehen, in der es heißt, der Messias werde »mit dem Heiligen Geist und mit Feuer taufen«, gewinnt dies alles eine noch tiefere Bedeutung. Die Wendung »er wird taufen« ist ein Ausdruck aus der Wollverarbeitung. Die rohe Wolle wurde in ein Faß mit Färbemittel geworfen und so lange darin umhergerührt, bis das Ganze mit der Farbe durchtränkt war. Der griechische Ausdruck, der dieses Verfahren beschreibt, leitet sich von der Wurzel *baptizo* mit der Bedeutung »eintauchen« her.

Der Prophet Johannes gibt uns ein plastisches Bild, wenn er sagt: »Er wird euch *mit dem Heiligen Geist und mit Feuer* taufen« (Hervorhebung durch den Autor). Wenn wir mit dem Geist und dem Feuer Gottes getauft werden, werden wir sozusagen in etwas hineingeworfen, umhergerührt und durchtränkt. Einige der ungewöhnlichen physischen Manifestationen, die in der *Airport*-Gemeinde beobachtet wurden, lassen sich eventuell als Vorgang des Durchtränkens begreifen, durch den der Herr sein Volk mit seinem Heiligen Geist und mit Feuer erfüllt.

Viele von uns Teilnehmern der Veranstaltungen haben erkannt, daß wir »batikgefärbte« Christen sind.

Batik war vor zwanzig Jahren »in«. T-Shirts wurden geknotet und dann in unterschiedliche Farbtöpfe »getauft«. Nach dem Trocken wurden sie aufgeknotet, und das Muster ergab sich aus dem jeweiligen Grad der Farbdurchtränkung.

Jeder von uns hat Lebensbereiche, die zugeknotet sind; bei manchen sind ganze Lebensteile derartig abgetrennt, daß sie überhaupt nicht von dem Feuer erreicht und von dem Heiligen Geist durchtränkt werden. Demzufolge tragen diese Lebensstücke nicht die »Farbe«, die sie haben könnten.

Das Evangelium Jesu Christi verkündet, daß der Geist Gottes unablässig an uns arbeitet, uns entknotet, uns löst und unser gesamtes Wesen bis zur Sättigung durchtränkt, damit wir eine immer größere Ähnlichkeit mit Christus annehmen.

Wenn wir Feuer fangen sollen, dann muß ein jeder von uns »Ja, Herr« sagen und den Geist das befreien lassen, was befreit werden muß, damit er das füllen kann, was gefüllt werden muß.

Mögen wir durch Gottes Gnade unsere Taufe mit Feuer und Heiligem Geist zur Gänze in unserem Leben umsetzen!

S. D. G.

ANMERKUNGEN

Kapitel 1: Aus der Reserve gelockt

1. **Annie Dillard,** *Teaching a Stone to Talk*, S. 58.
2. **John Calvin,** *A Commentary on the Harmony of the Evangelists,* Bd. 2, Baker Book House, Grand Rapids, Michigan, 1979, S. 428.
3. **John Calvin,** *The Institutes of the Christian Religion*, IV. 19.6. übers. von F. L. Battles, The Library of Christian Classics XXI, Westminster Press, Philadelphia, 1960, S. 1454. Hervorhebung durch den Autor. Vgl. auch: Dr. Ernst Stähelin, *Jean Calvin*, Bd. 1 u. 2, Verlag Friedrichs, Elberfeld 1863
4. **Novatian**, *De Trinitate,* Hrsg. Hans Weyer, Patmos, Düsseldorf 1962, S.187
5. **Philip Schaff,** *Preface to Augustine's* »*The City of God*«, in: *Nicene and Post-Nicene Fathers*, Bd. 2, Hrsg. von Philip Schaff, Hendrickson Publishers, 1994.
6. ebd. XXII.8, S. 484-491

Kapitel 2: Durch Verschenken reicher geworden

1. Vgl. *The Church of England Newspaper* vom 17. Juni 1993; der Hauptartikel auf der Titelseite war überschrieben: »Revival breaks out in London Churches« (etwa: »Erweckung bricht in Londoner Gemeinden aus«; Anm. d. Übers.).

Kapitel 3: Ausweitung unserer praxisbezogenen Theologie

1. *CFTO*, Freitag, 24. Juni; *Globe,* Mittwoch, 6. Juli; *Spectator*, Samstag, 23. Juli; *Time,* 15. August, S. 43.
2. **Jonathan Edwards**: »The Distinguishing Marks of a Work of the Spirit of God« aus: *The Works of Jonathan Edwards,* Bd. II, (etwa: »Die unterscheidenden Merkmale des Wirkens des Heiligen Geistes.« Anm. d. Übers.) Banner of Truth Trust, Edinburgh 1992, S. 273 a.
3. *Sunday Daily Telegraph,* London.
4. In Anbetracht des Kontextes in diesem Psalm wäre es hier vielleicht angebrachter zu sagen: Er *beklagt* die Allgegenwart des Herrn!

5. **Samuel Terrien**: *The Elusive Presence: the Heart of Biblical Theology,* Harper and Row, New York 1978, S. 28.
6. **Thomas von Aquin**, *Commentary on the Book of Sentences by Peter Lombard,* (»Kommentar zum Sentenzenbuch des Petrus Lombardus«) 1 Sent. 2.1.4.
7. **Albert and Thomas,** *Selected Writings,* hrsg. von Simon Tugwell, Paulist Press, New York 1988, S. 266
8. **Blaise Pascal,** *Pensées,* hrsg. von Ewald Wasmuth, Tübinger Verlagshaus, Tübingen 1948, S. 250f.
9. **Iain Murray:** *Jonathan Edwards: A New Biography,* Banner of Truth Trust, Edinburgh 1987, S. 307.
10. »Memoirs of the Rev. David Brainerd, Missionary to the Indians …« by Jonathan Edwards aus: *The Works of Jonathan Edwards,* Bd. II, op. cit., S. 319b.

    Hugh Kerr und **John Mulder** präsentieren eine hilfreiche und leserfreundliche Sammlung von dokumentierten erlebten Manifestationen der Gegenwart Gottes in ihrem Buch *Conversions: the Christian Experience,* Eerdmans, Grand Rapids (Michigan) 1983.
11. Vgl. besonders Sprichwörter 8,1.4.6.17: »Ruft nicht die Weisheit, erhebt nicht die Klugheit ihre Stimme? … Euch, ihr Leute, lade ich ein, meine Stimme ergeht an alle Menschen … Hört her! Aufrichtig rede ich. … Ich liebe alle, die mich lieben, und wer mich sucht, der wird mich finden.«
12. **L. L. McKenzie:** *The Two-Edged Sword,* Image Books, New York, S. 52.
13. Lukas 4,21; vgl. **Herman Ridderbos**: *The Coming of the Kingdom,* übers. von H. de Jongste, The Presbyterian and Reformed Publishing Company, Philadelphia 1962, S. 49.

    Dazu auch Mt 12,28, Lk 11,20; 10,9-11.23-26; 11,31-32; Mt 11,46, 12.
14. Vgl. **John White:** *When the Spirit Comes with Power,* S. 94; von Versammlungen, die der Erweckungsprediger Daniel Rowland (1762) in Wales leitete, heißt es: »… die Leiber von zwei oder drei, manchmal zehn bis zwölf Menschen werden heftig bewegt, und sie springen in den verschiedenen Körperhaltungen auf und nieder, oft gemeinsam und über Stunden hin.« **Eifon Evans**: *Daniel Rowland and the Great Awakening in Wales,* Banner of Truth Trust, 1985, S. 317.
15. Exodus 33,11. Von Bedeutung ist, daß Mose später im selben Kapitel danach verlangte, die Herrlichkeit des Herrn zu sehen. In diesem Kontext, als er also um eine noch größere Offenbarung als jene bittet, die ihm schon gewährt wurde, wird ihm geantwortet: »Du kannst mein Angesicht nicht sehen; denn kein Mensch kann mich sehen und am Leben bleiben«

(Ex 33,20). Mose brauchte einen »Sichtschutz«, der ihn vor der vollen Offenbarung der Herrlichkeit des Herrn schützte, als dieser an ihm vorüberzog (Verse 21-23).

16. **James G. D. Dunn:** *Jesus and the Spirit,* SCM Press, 1983, S. 1.
17. Ebd., S. 3.
18. **Johannes Weiss:** *Earliest Christianity,* Harper, 1959, S. 41.
19. Dunn: op. cit., S. 189, 194 und 192.
20. Dunn: op. cit., S. 254.
21. Dunn: op. cit., S. 209-213.

Kapitel 4: In guter Gesellschaft

1. **Ralph Turnbull**, *Jonathan Edwards, The Preacher,* Baker Book House, Grand Rapids (Michigan) 1958, S. 154.
2. Die Ausdrücke »die körperlichen Kräfte rauben«, »den Leib überwältigen« und »Schwäche« scheinen die Entsprechungen des 18. Jahrhunderts für das Hinfallen, das »Im-Geist-Ruhen« und »Im-Geist-Erschlagensein« darzustellen, Dinge, die in der *Airport-Vineyard*-Gemeinde aufgetreten sind.
3. Hervorhebung durch den Autor.
4. Hervorhebung durch den Autor.
5. *The Great Awakening: Documents on the Revival of Religion,* 1740-45, Hrsg. Richard Bushman, Atheneum, New York 1970, S. 3.
6. **Joseph Tracy:** »The Great Awakening: A History«, *New York Times,* 1969, S. 391.
7. Bushman, op. cit., S. xiii.
8. Ebd., S. 118-119.
9. Ebd., S. 291 und 231.
10. Ebd., S. 244; Hervorhebung durch den Autor.
11. Ebd., S. 246. Es ist bedeutsam, daß Chauncy später den Unitariern in leitender Funktion diente. Vgl. William DeArteaga: *Quenching the Spirit,* Creation House, Altamore (Florida) 1992, S. 53.
12. Ebd., S. 254.
13. **Ola Elizabeth Winslow**: *Jonathan Edwards, A Biography,* Macmillan Company, New York 1940, S. 198.
14. Ebd., S. 190; vgl. dazu auch **Winslow:** J*onathan Edwards, Basic Writings,* Meridian, New York 1966, S. 150.
15. **Patricia Tracy**: *Jonathan Edwards, Pastor,* Hill and Wang, New York 1979.

16. **Iain Murray:** *Jonathan Edwards, a New Biography,* Banner of Truth Trust, Edinburgh 1992, S. 238.
17. Hinsichtlich der »Kraft Gottes« beruft Edwards sich auf die folgenden Texte: Lk 1,35; 1 Kor 2,4; Eph 1,19; 3,7; Kol 1,11; 2 Thess 1,11 und 2 Tim 1,7. Er macht die Feststellung: »Der Geist wird also durch einen mächtigen Wind und durch Feuer dargestellt, Dinge, die höchst machtvoll in ihrem Wirken sind« (I.368a).
18. Hervorhebung durch den Autor.
19. Bushman:op. cit., S. 120.
20. Iain Murray: op. cit., S. 253.
21. Hervorhebung durch den Autor.
22. Edwards zitiert Lk 6,44.

Kapitel 5: Die reich Gesegneten

1. **C. H. Spurgeon:** *The Early Years,* 1834-1859, The Banner of Truth Trust, 1962, S. 328.
2. **Melanie Morgan-Dohner**, P.O. Box 754, 1015 Skyline Drive, Hopkinsville, Kentucky, 42240 USA ; Tel: 502 885 7414.
3. **Terry Bone,** Lakemount Worship Centre, 54 North Service Rd., Grimsby, Ontario; Tel: 905 945 8888.

Kapitel 6: Feuer gefangen

1. **Yushi Nomura:** *Desert Wisdom: Sayings from the Desert Fathers*, Image Books, New York 1984, S. 90.
2. **Martyn Lloyd Jones:** *Joy Unspeakable: Power and Renewal in the Holy Spirit*, Shaw Publishers, Wheaton 1984, S. 75.
3. **G. Campbell Morgan:** »The Revival: Its Source and Power« in: *Glory Filled the Land: A Trilogy on The Welsh Revival,* Hrsg. Richard Owen Roberts, International Awakening Press, Wheaton 1989, S. 174.
4. **John Wesley's** Journal, Bd. II, Hrsg. N. Curnock, London, S. 122.
5. Ebd., S. 182.
6. Ebd., II.221.
7. **Eifon Evans:** *Daniels Rowland and the Great Evangelical Awakening in Wales*, Banner of Truth Trust, Edinburgh 1985, S. 158.
8. Ebd., S. 217.
9. Ebd., S. 380.

10. *Christian Research Newsletter,* Bd. 2, 2. Aufl., P.O. Box 3216, Station B, Calgary, Alberta, April/Mai 1994, S. 3-4.
11. Eifon Evans, op. cit., S. 314.
12. Ebd., S. 321.
13. *The Journal of Henry Alline,* Hrsg. James Beverly und Barry Moody, Lancelot Press, Hantsport (Nova Scotia) 1982, S. 123.
14. **Keith Hardman:** *The Spiritual Awakeners,* Moody Bible Institute, Chicago 1983, S. 137.
15. Ebd., S. 146.
16. *The Autobiography of Peter Cartwright,* Abingdon, Nashville 1956, S. 45-46.
17. Ebd.
18. *Authentic Records of Revival,* Hrsg. William Reid und James Nisbet, London 1860, S. 47,49.
19. Ebd., S. 58.
20. **A. E. Horner:** *Ralph C. Horner, Evangelist,* Henderson Printing, Inc., Brockville (Ontario) 1994, S. XIII.
21. **Howard Snyder:** *Signs of the Spirit,* Zondervan, Grand Rapids 1989.
22. **Hilary of Poitiers:** *Tract on the Psalms,* 64.6 ff., vgl. **Kilan McDonnell** und **George Montague:** *Christian Initiation and Baptism in the Holy Spirit,* Liturgical Press, Collegeville (Minnesota) 1991, S. 144-155.
23. *Nicene and Post-Nicene Fathers,* 2. Serie, Bd. VIII, Hendrickson Publications, Peabody, 1994, S. 1.
24. Ebd., S. 15-16.
25. **Eduard Schweizer:** »Pneuma« in: *Theologisches Wörterbuch des Neuen Testamentes,* Bd. VI, S. 394; siehe dazu auch: Eduard Schweizer, *Der Heilige Geist und die Gemeinde,* München, 1968.
26. **Alphonse Mirgana:** *Early Christian Mystics,* Cambridge, Heffer and Sons, 1934, S. 165-167.

Das Wirken des Heiligen Geistes in China:
bewegende Augenzeugenberichte!